メンバーが
実力以上の力を発揮できる
チームの作り方

科学的に
正しい
チームメソッド30

鈴木泰平 Taihei Suzuki

SE
SHOEISHA

はじめに

本書では人材育成・組織開発のテーマでよく取り扱われる30のテーマを科学的に解説しています。科学と一口にいってもさまざまな種類がありますが、本書でベースとするのは、「生命科学」です。

▼実は人財育成・組織開発に有効な生命科学

心身一如という言葉があります。これは身体と心は一体であって、分けることのできないものであり、同じものを2つの側面から見ているという考え方です。私は「人の心に変化があるとき、必ず神経系や内分泌系、免疫系などに変化が起きている」と考えています。心は身体から切り離されたものではなく、身体の変化が意識に表出したものです。大部分で心理学的なアプローチをとっている人材育成・組織開発において、生命科学は別の側面から新たなアプローチを示すことができるのです。

生命科学とは生命現象を物質レベルで解明する学問です。この中にはＤＮＡや遺伝子を扱う分子生物学、タンパク質やアミノ酸などから生命現象を見ていく生化学、脳・神経科学、生理学など幅広い領域を押さえています。本書では一部生命科学には当てはまらない学問も引用しますが、全て生命現象を理解するのに役立つものになっています。世界を含む全てのビジネスパーソンに間違いなく共通していることは「みんなヒトという生命体である」ことです。すなわち生命科学は私たち「ヒト」とそれが作り出す「組織」に原理的な理解を与えてくれます。そしてその原理原則を押さえたうえで、手法を学びアレンジを加えていくことが今後の人材育成・組織開発のあるべき姿だといえます。

▼人材育成・組織開発は胡散臭い？

私は人材育成と組織開発のコンサルタントをしていますが、もともとは大学で生命科学を専攻していました。新型コロナウイルス感染症（COVID－19）によって名が知られるようになった「ＰＣＲ」を活用して遺伝子組み換えやタンパク質の精製などを行っていました。

当時は研究者になりたいという思いで学んでいましが、いざ研究室に入ってみると雰囲気があまり良くなく、個人としても教授と良い人間関係を築くことができませんでした。そこで研究へのモチベーションがとても下がってしまったとき、「いくら志があっても人は組織風土によって変わってしまう」ことを実感しました。その経験から組織開発のコンサルタントになろうと決めました。しかし、自分にとって馴染みのない人材育成・組織開発の業界に身を置いたときは、率直に「何て胡散臭い業界なんだろう」と感じました。もちろん単純に知識や経験の不足、自然科学ではなく人文科学的な背景に馴染みがなかっただけではあるのですが、当時はそう思っていました。そして、テクノロジーやサイエンスなどのほかの業界に比べて若手で著名な人が少なく、経験則や権威によって効果的かどうかが判断されているような感覚を覚えました。人や組織の原理原則よりも、経験や権威が優先されているように見えたのです。

▼なぜチームメソッドに生命科学が必要か

組織開発の案件で多いものの1つに、会社とメンバーのつながりを強化し、離職を防ぐ「エンゲージメント向上」があります。組織開発的な文脈で簡単にいえば、「メンバーの企業理念への共感」を実現できればエンゲージメントが高まるといえます。新入社員の当時、どうすれば共感が起こるかについて「企業理念と自身の価値観とのつながり」や「コミュニケーションの改善」といったことを習いましたが、どんな状態がつながっている状態なのか、どんな状態が改善されている状態なのかがよくイメージできませんでした。そんなとき、ふと大学で勉強した生理学の分野に出てくるホルモンの「オキシトシン」が浮かんできました。オキシトシンとは脳にある下垂体後葉から分泌される母子間の絆を形成するホルモンです。そのとき、直感的にエンゲージメントや共感・つながりといった心理学的な言葉はオキシトシンで理解できるのではないかと思い浮かんだのです。

実際に書籍やウェブサイト、論文などで調べていく中で、組織の動態はオキシトシンと関係するものが多いと確信していきました。生命科学は人材育成や組織開発に役立つというわけです。間違いなくヒトは生命体ですし、組織は生命体の集まりですから。つまり、生命の原理原則を押さえれば、多くの人類（ビジネスパーソン）に当てはまる、より効果的なチームメソッドを行うことができるのです。その気づきから2019年に全4回の「生命科学×人材育成」のテーマでセミナーを実施し、高い満足度を頂くことができました。大企業へのセミナーの納品や、慶應義塾大学主催のshiawase2020への登壇など、反響もありました。

▼原理・原則を押さえないために起こる2つのデメリット

原理原則を押さえないことや、経験則によって判断することの問題には、次の2つがあります。

1つ目に「効率的な手法論に走ってしまったり、縛られてしまったりする」ことが挙げられます。よく「○○大学流メソッド」や「有名企業が実践している○○」といった本やウェブの記事が目に留まります。一時期、ヤフーが導入している1 on 1ミーティング（「12コーチング」で詳しく触れます）が流行し多くの企業で導入されましたが、管理職の業務時間が増える、苦手な上司との1 on 1を望まない部下にストレスがかかるなど、マイナスの効果が多いといった声を聞くことがありました。本来の目的は部下の才能を開花させ、信頼関係を築くことですが、部下との時間を取ること自体が目的になってしまっていたのだと考えられます。1 on 1でどんな変化を起こすかといったことを意識しないとこのようなことが起きます。

もう1つが「自身の認識の範囲内でしか事象を捉えられず、バイアスがかかる」ことです。例えば、メンバーと信頼関係を築くためには経験則的にこうすれば良い、といったやり方はみなさんの中にもあるかもしれません。しかし、その手法が効果的だった場面といまの状況は異なっており、同じ効果を発揮するとは限らないのです。「信頼関係を築くには握手が有効」といった手法があったとしても、リモートワークが進んでいる現在ではその手法が使えません。要するに、その手法によって相手の中にどんな変化を起こすのか、それを引き起こすアプローチは環境や文脈によって異なるということです。だからこそ原理原則を押さえる必要があります。

本書はチームビルディングの手法やいま注目される考え方、組織論などをテーマに分けて解説しています。いずれも、「テーマの解説と問題提起」「生命科学による解説」「生命科学に基づくアプローチ」と、大きく三段構成になっています。基本的にはどの章から読み進めていただいても結構ですが、イントロダクションの「これだけは知っておきたい生命科学」ははじめに読むことをお勧めします。全体を通じて理解しておいた方が良い理論や概念について解説しているためです。ここで、生命科学の基本を押さえましょう。そのあとは、ぜひご自身のチームや組織に必要な点から読み進めてください。

さあ、科学的なメソッドでヒトが生き生きと働けるチームづくりをはじめましょう！

Chapter 1

信頼を高める

Chapter 2

共感を高める

Chapter 5

Introduction

これだけは知っておきたい生命科学の知識

私たちを動かしているものは意識や心と呼ばれるものかもしれません。しかし、そこには**必ず身体にも変化・動きがあります。**自らの活動を制御する神経系、内分泌系、免疫系、筋肉や骨、遺伝子などが調和してヒトという生命を形作っています。なぜ人間関係が良くなるのか、なぜモチベーションが高まるのか、なぜ新しいアイデアが生まれるのか、それを理解するには**ヒトの仕組みや生命の原理を知ること**が必要です。

本章では本書の中で取り上げる特に重要な生命科学の基礎知識と最先端の研究について触れていきます。テーマは「脳・神経」「ホルモン」「遺伝子」です。

脳・神経の重要知識

まずは脳・神経について触れます。みなさんは脳と神経についてどのくらい知っているでしょうか。ヒトの身体は大きく2つの神経系、**「中枢神経系」**と**「末梢神経系」**に分かれます。中枢神経系には脳や脊髄が含まれ、**全身に広がる末梢神経系からの情報を統合しています。**末梢神経系には自律神経や体性神経が含まれ、**身体の制御、運動や感覚を司っています。**なお、よく耳にする交感神経、副交感神経は自律神経に含まれます。

▼脳は3層構造になっている

「頭を使って考えなさい」「彼は地頭が良い」といった表現をよく耳にするのではないでしょうか。この表現から読み取れることは、脳の機能は「考える」という前提が含まれているということです。しかし、脳には「考える」だけでなく「感じる」や「生きる」といった機能も含まれます。ヒトの行動はたった5％しか意識的でなく、残りの95％は無意識で行っ

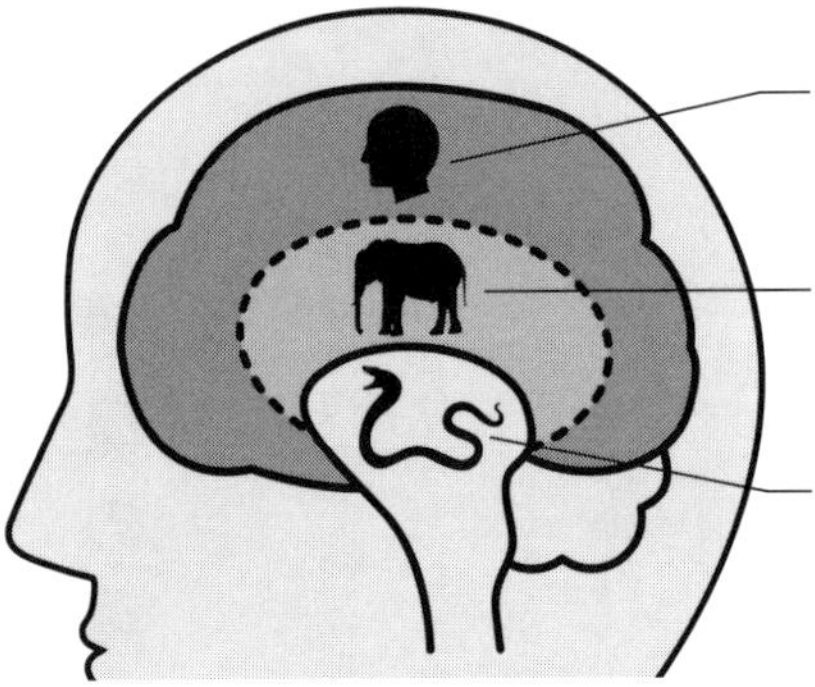
・思考、注意、判断などを司る
・より高度な精神活動、
創造性を制御
・情動や感情、記憶を司る
・快／不快の感情、
食欲や性欲の制御
脳幹：爬虫類脳
・生命維持を司る
・自律神経やホルモン分泌などを
制御

■ 図0-1　三位一体脳モデル

ていると言われており、**脳は思考や理性以外の働きもしています。**

アメリカの神経生理学者ポール・マクリーンは脳の構造は大きく3つに分かれるという**「三位一体脳モデル」**を提唱しました。このモデルでは脳は次のように分かれています（図0-1）。

・脳幹（爬虫類脳・反射脳）・・・心拍、呼吸、姿勢、体温など生命維持

・大脳辺縁系（哺乳類脳・情動脳）・・・快／不快の情動、感情とそれに伴う記憶の蓄積

・大脳新皮質（人間脳・理性脳）・・・認知、判断、思考、注意などの高度な活動

内側から外に向かうほどより高度で、より人間らしい活動を司るといわれています。実はこの説

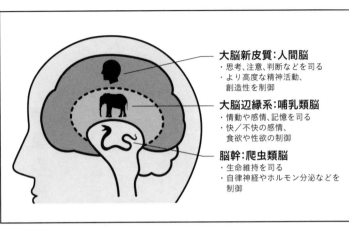

には「脳はそこまで機能が明確に分かれていない」「爬虫類から人間に向かって直線的に進化したわけではない」などの批判もありますが、このモデルの重要ポイントは**脳のエネルギーは内側の脳幹から生命維持のために優先的に使われる**ということです。つまり、**身体や感情の状態が良くないと理性的な思考ができなくなる**のです。このことはさまざまな研究結果からも間違いないといえるでしょう。例えば、とても身体が疲れているときうっかりミスが多くなる、上司に叱られている中で「何か新しいアイデアを出せ」といわれても頭が真っ白になってしまうなど、みなさんの日常でもよくあることでしょう。

▼環境に反応する3つの自律神経

次に神経を見ていきましょう。ここでは自律神経について触れていきます。ストレス社会と呼ばれる現代で「自律神経失調症」という病気をよく耳にするのではないでしょうか。自律神経失調症とは、全身の器官を制御する自律神経のバランスが崩れることによって引き起こされる病気で、慢性的な疲労感、不眠、イライラする、やる気が出ないなどさまざまな症状が出ます。中にはご自身が罹患された方もいるかもしれません。

自律神経はその名の通り中枢神経系から身体の各臓器に接続し、自動的に身体の状態を維

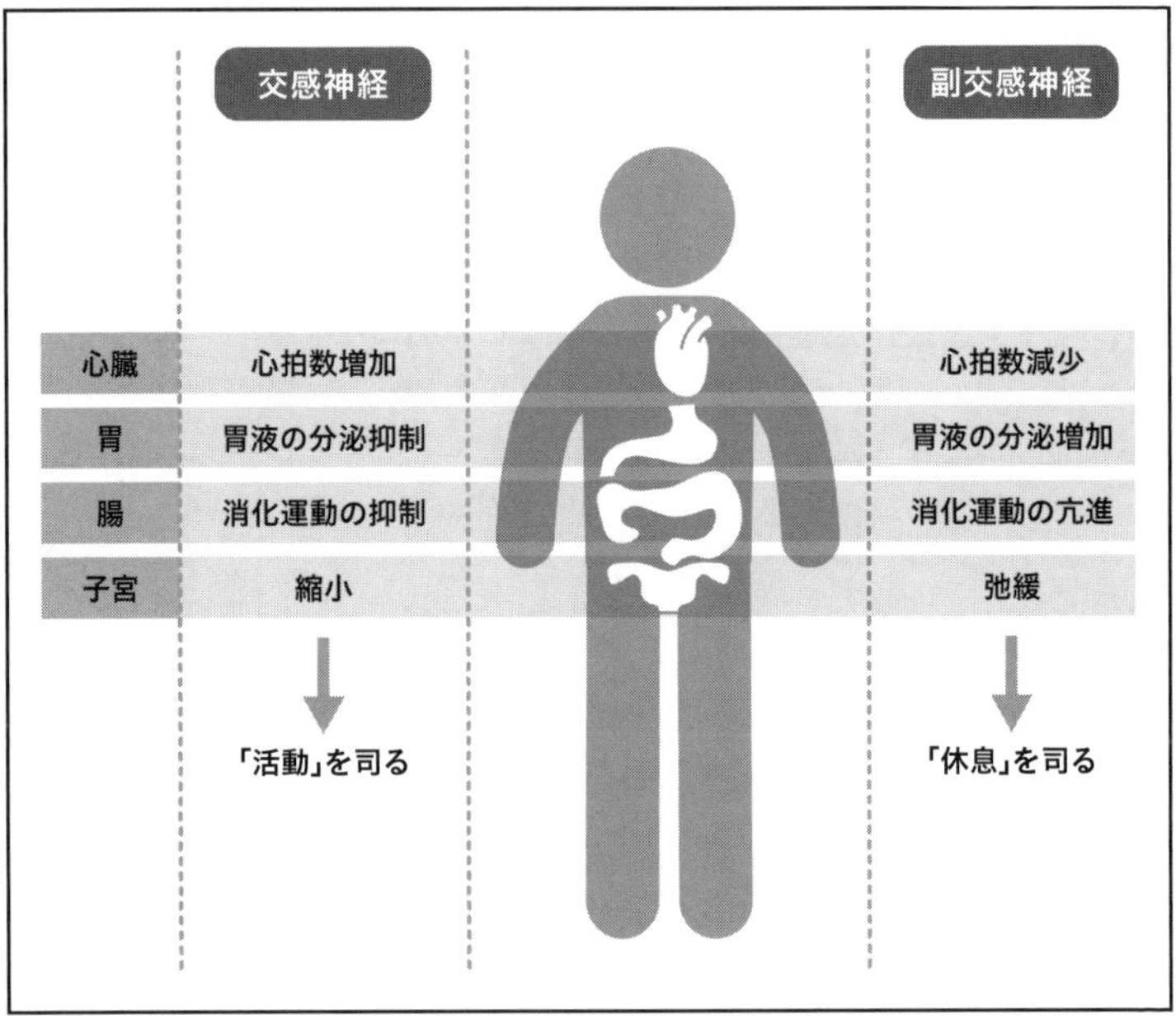

■ 図0-2　自律神経の全体像

持・調整している神経で、**交感神経**と**副交感神経**に分かれています（図0-2）。自律神経失調症は交感神経、副交感神経のバランスが崩れることによって起こるとされています。主に交感神経は「活動」、副交感神経は「休息」を司り、車でいうと交感神経が「アクセル」、副交感神経が「ブレーキ」のイメージです。

これらの神経は**外部の刺激に対して知覚し、生存にとって適切な反応をします。**もし目の前に天敵が現れ危険を感じたとき、交感神経を活性化させて心拍数、呼吸数を上げ、瞳孔を広げ対象に集中

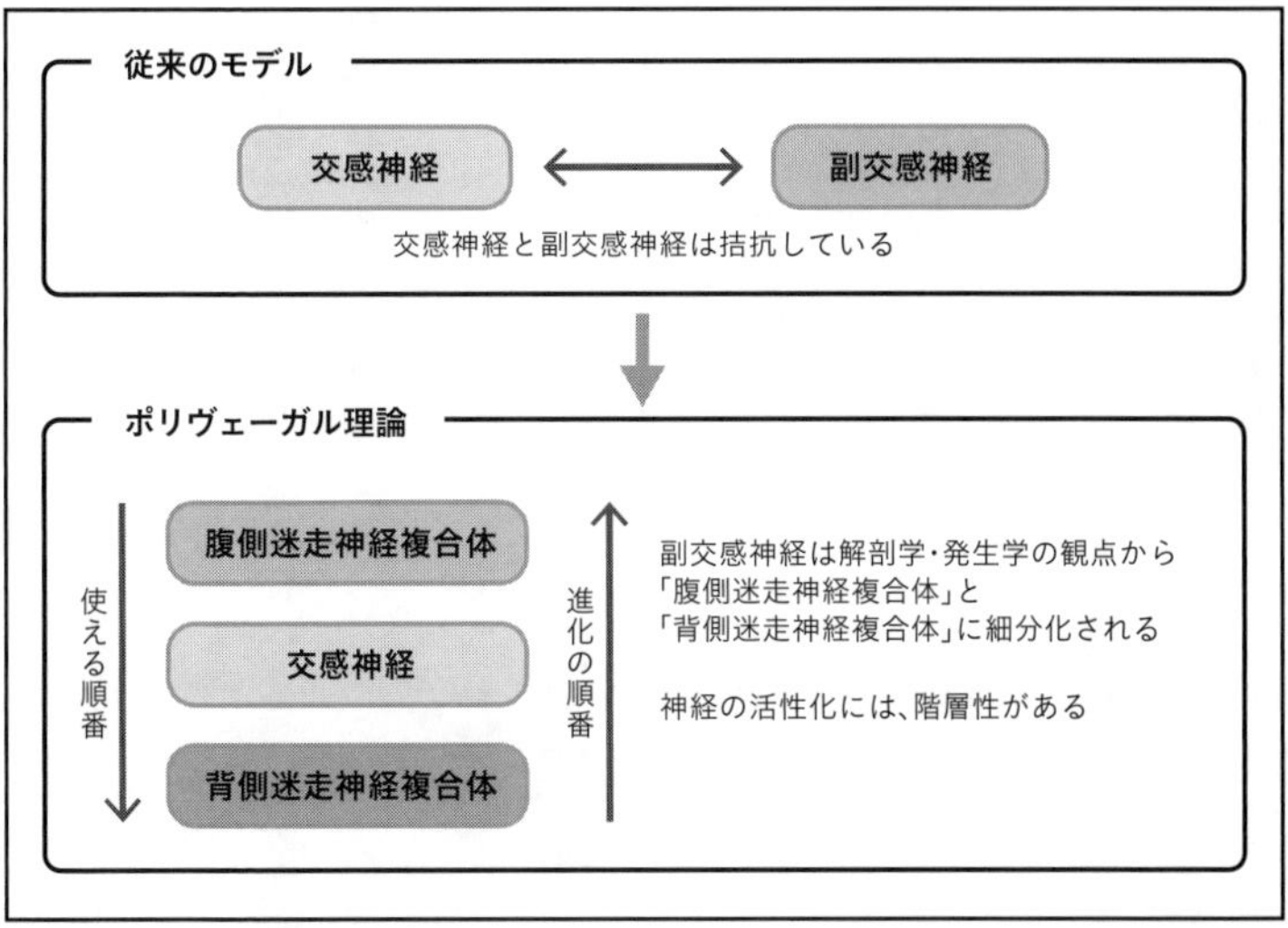
従来のモデル
交感神経
副交感神経
交感神経と副交感神経は拮抗している
ポリヴェーガル理論
使える順番
腹側迷走神経複合体
交感神経
背側迷走神経複合体
進化の順番
副交感神経は解剖学・発生学の観点から
「腹側迷走神経複合体」と
「背側迷走神経複合体」に細分化される
神経の活性化には、階層性がある

■ 図0-3　ポリヴェーガル理論

し、「闘う」か「逃げる」かの準備をします。いわゆる「闘争・逃走反応」です。もしかすると現代でいう天敵は親や職場の上司、はたまた恋人かもしれません。そして危機が去ると副交感神経が活性化し、身体や心は回復していきます。ヒトは基本的にこのリズムの中で生活しています。

さらに、このモデルは自律神経の研究が進む中で新たに見直されてきました。アメリカの脳神経学者スティーブン・ポージェスは精神生理学、心臓神経科学、比較解剖学、系統発生学の研究から新たな神経理論**「ポリヴェーガル理論」**を構築しました（図0-3）。「ポリ」とは「多重」、「ヴェーガル」は「迷走神経」をあらわし、日本語で「多重迷走神経理論」と訳されます。この理論は副交感神経である迷走神経は進化の起源から「腹側迷走神経複合体」と「背側迷走神経複合体」の2つに分かれ、外部の刺激に対してどの神経を使って反応するかは系統発生の観点から優先順位があるという理論です。詳しい内容に関しては後述しますが、ここでは**「自律神経のうち副交感神経は2つに分かれ、腹側迷走神経複合体、交感神経、背側迷走神経複合体の順に使われる」**ことを押さえてください。

ホルモンの重要知識

続いてホルモンを扱います。冒頭でも述べたように、心に変化があるときは、必ず身体の中に変化があります。その1つに神経系の変化がありますが、もう1つ**内分泌系の変化**というものがあります。ここでは内分泌系の伝達物質であるホルモンについて解説します。

そもそもホルモンとは何か、それ理解するためには少しミクロな世界を見ていく必要があります。ホルモンとは**「ある特定の器官で合成・分泌され、血管を通じて標的器官・細胞に作用する生理活性物質」**です。もう少し簡単にいうと、**ある作用を引き起こすための指令をするメッセージ物質のこと**です。実際に、学術的にもホルモンのことを「メッセンジャー」

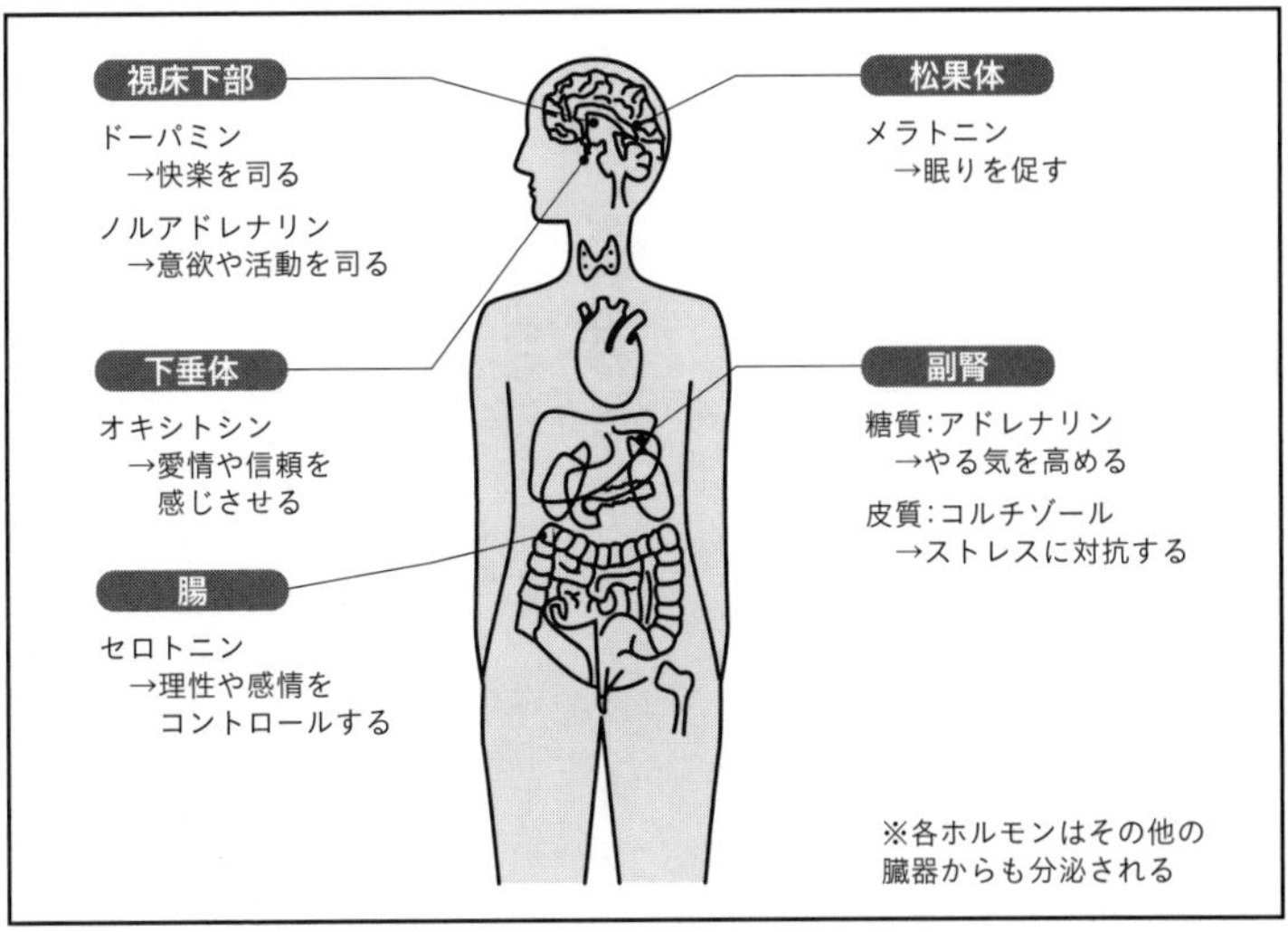

■ 図0-4　ホルモンの一覧

と表現することが多いです。ホルモンの種類は現在、数十種類確認されています（図0-4）。

みなさんも「インスリン」や「アドレナリン」は聞いたことがあるのではないでしょうか。

ホルモンは、ホルモンが受容体に結合することで作用します。ちょうど鍵と鍵穴のように例えられ、特定のホルモンには特定の受容体しか結合することができません。薬が身体の中で作用するのもこの仕組みを利用しています。

実はホルモンと似たものに「神経伝達物質」というものがあります。神経伝達物質はホルモンの神経版といっても差し支えないかもしれません。**ホルモンは血管を通っ**

て作用し、神経伝達物質は神経を通って作用するという違いがあります。

ホルモンと神経伝達物質の違いを大まかに理解いただけたかと思います。少しややこしいのですが、身体の中には神経伝達物質としても、ホルモンとしても働く物質が多くあります。実は明確には分類しにくいという事情もあり、本書では2つを引っくるめて「ホルモン」と表現します。生命科学を学んできた方にとっては若干違和感があるかもしれませんが、わかりやすさを優先させてください。

ここからは個別のホルモンに関して解説していきます。もちろん重要なホルモンはここで挙げるもの以外にもたくさんありますが、本書において特に重要なものに関して解説していきます。

▼身体を理解することは「自分とのコミュニケーション」

日本語が通じない外国の方を理解するために必要なことは、相手の使っている言語を理解することです。もちろん身振り手振りや共通の体験をする中でお互いを知り、信頼関係を築くことも可能ですが、より理解しあうには相手が使っている言語の単語、その意味、文法を理解しなければ難しいでしょう。同様に、自分自身を理解するには、身体がどんな単語（神経・

ホルモンの種類）をどんな意味（神経・ホルモンの効果）で使っていて、その文法（神経・ホルモンの連動）はどうなっているかを理解することが必要です。そして、その言語に意識を向けることで自分の身体をより深く理解することができます。また、身体からのメッセージの意味を理解できるようになると、**身体は何を求めているのか、何が足りないのかがわかり、適切なレスポンスができるようになります。**ワクワクしないときは「ドーパミンが足りていないのかもしれない」、落ち着かないときは「セロトニンが足りてないのかもしれない」など自分の身体の状態にいかに気づいていけるか、これが心身の健康やパフォーマンスに大きく影響します。

▼やる気を生み出すホルモン：ドーパミン

ほとんどの方が**ドーパミン**という言葉を1度は聞いたことがあるでしょう。ドーパミンは主にモチベーションなどに関わる物質で「快楽物質」と呼ばれたりします。分泌された状態では**幸福感やワクワク感を感じ、やる気が湧いて行動力が増します。**ドーパミンは次のようなときに分泌されます。

・楽しんでいるとき

・好奇心が刺激されているとき
・目標達成したとき、ワクワクする目標設定をしたとき
・美味しいものを食べているとき
・適度な運動しているとき

まとめると、ドーパミンの分泌のトリガーは**「心理的快楽」**と**「身体的快楽」**の2つといえます。

▼気持ちを安定させるホルモン：セロトニン

セロトニンもかなりメジャーなホルモンです。セロトニンは「心の安定」に関わるホルモンで、**分泌された状態では緊張を抑えられる、気持ちがスッキリする、平常心が保てる**などの効果があります。またドーパミンやノルアドレナリンなどのほかのホルモンの分泌の調整役でもあります。セロトニンは次のようなときに分泌されます。

・リズム運動をしているとき（散歩・ダンス・咀嚼・呼吸など）

・日光を浴びているとき
・良い姿勢をしているとき
・瞑想を実践しているとき
・感情を表現するとき

まとめると、セロトニンの分泌のトリガーは**「心理的安定」**と**「身体的安定」**の2つといえます。

▼信頼と愛着を感じるホルモン：オキシトシン

オキシトシンは先の2つに比べるとマイナーかもしれません。もしかすると、お子さんがいる方は「母性のホルモン」として聞いたことがあるのではないでしょうか。日常の中で聞き馴染みのないオキシトシンですが、これは今後の人材育成や組織開発において間違いなくキーワードになるホルモンです。オキシトシンは**「つながり」「信頼」「愛着」に関わるホルモン**で、分泌されると「幸福感を感じる」「人に親切になれる」「痛みが軽減される」「学習能力が上がる」「共感力が上がる」など素晴らしい効果が多くあります。オキシトシンは次のようなときに分泌されます。

・ヒトと触れあっているとき
・五感への心地よい刺激があるとき
・親切にされたとき、親切にしたとき
・祈りを捧げているとき、誰かを思っているとき
・仲間と同じ方向を目指しているとき

まとめると、オキシトシンの分泌のトリガーは**「心理的つながり」**と**「身体的つながり」**の2つといえます。

遺伝子の重要知識

最後に「遺伝子」について扱います。遺伝子を理解することは生命科学の根本を理解するためにとても重要です。遺伝子と混同されることが多いものとして、「ゲノム」「染色体」

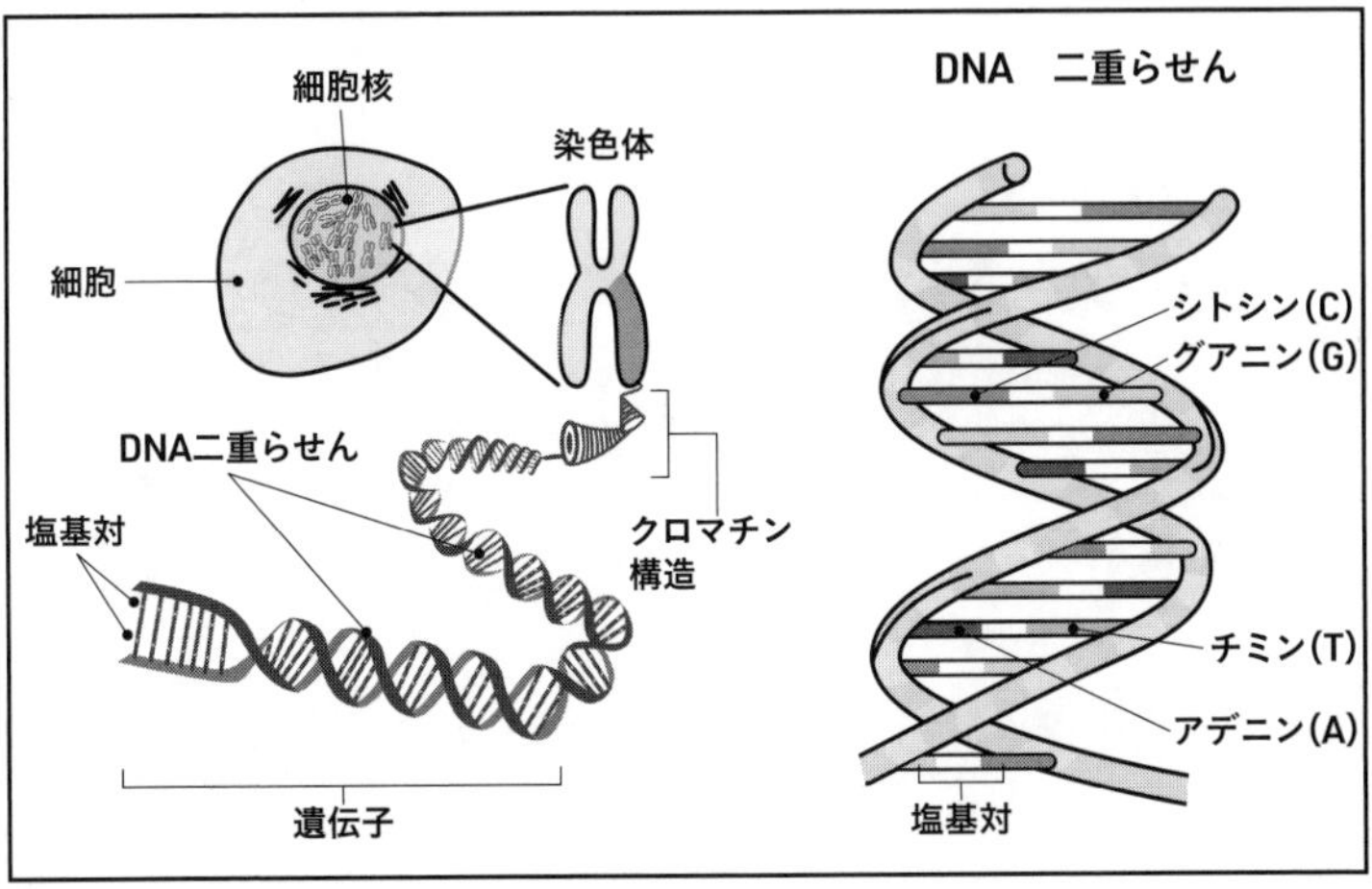

■ 図0-5　細胞から遺伝子までの全体像

「DNA」「塩基配列」「核」などがあります。それぞれの単語の意味を深く理解する必要がありませんが、簡単に違いを理解しておくと生命科学の外観が理解できるでしょう（図0-5）。

私たちの細胞の中には核と呼ばれる球状の遺伝子の格納庫があります。この格納庫の中には私たちを形づくる設計図であるゲノムが超高密度に折りたたまれ、厳重に格納されています。ヒトのゲノム配列情報は約30億塩基あり、原稿用紙にすると約750万枚にもなります。このゲノム配列30億のうち、約2万5千がタンパク質をつくり出す配列で、この部分を遺伝子と呼びます。遺伝子はそのままでは活用することができず、ここで転写と翻訳という過程が入ります。

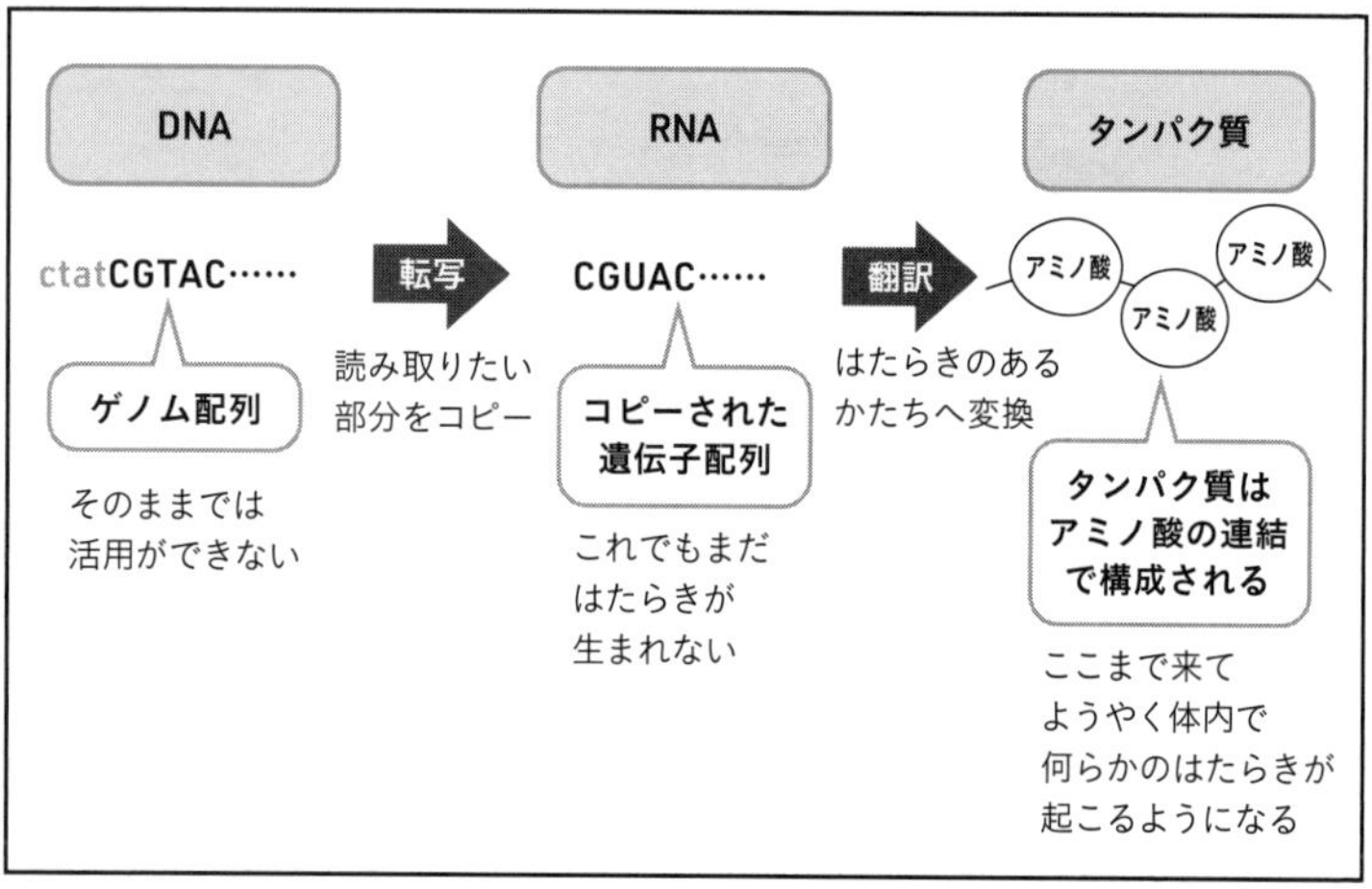

■ 図0-6　転写と翻訳の仕組み

▼転写と翻訳

遺伝子情報は「本」に例えられます。ゲノムが「本の文字全体」で、遺伝子はその中の「単語」に例えることができます。ただし、この本は直接読むことができません。私たちの設計図であるゲノム情報に簡単に触れられ、文字の内容が消えてしまったり書き換えられてしまうと私たちの自分自身のいまの形を維持することができなくなるからです。そこで私たちはまずゲノムの文字全体のうち、読み取りたい単語の部分の遺伝子配列のコピーを取ります。これを「転写」といいます（図0-6）。

しかし、まだこれでは読み取ることができません。転写の過程でできた遺伝子のコピーを意

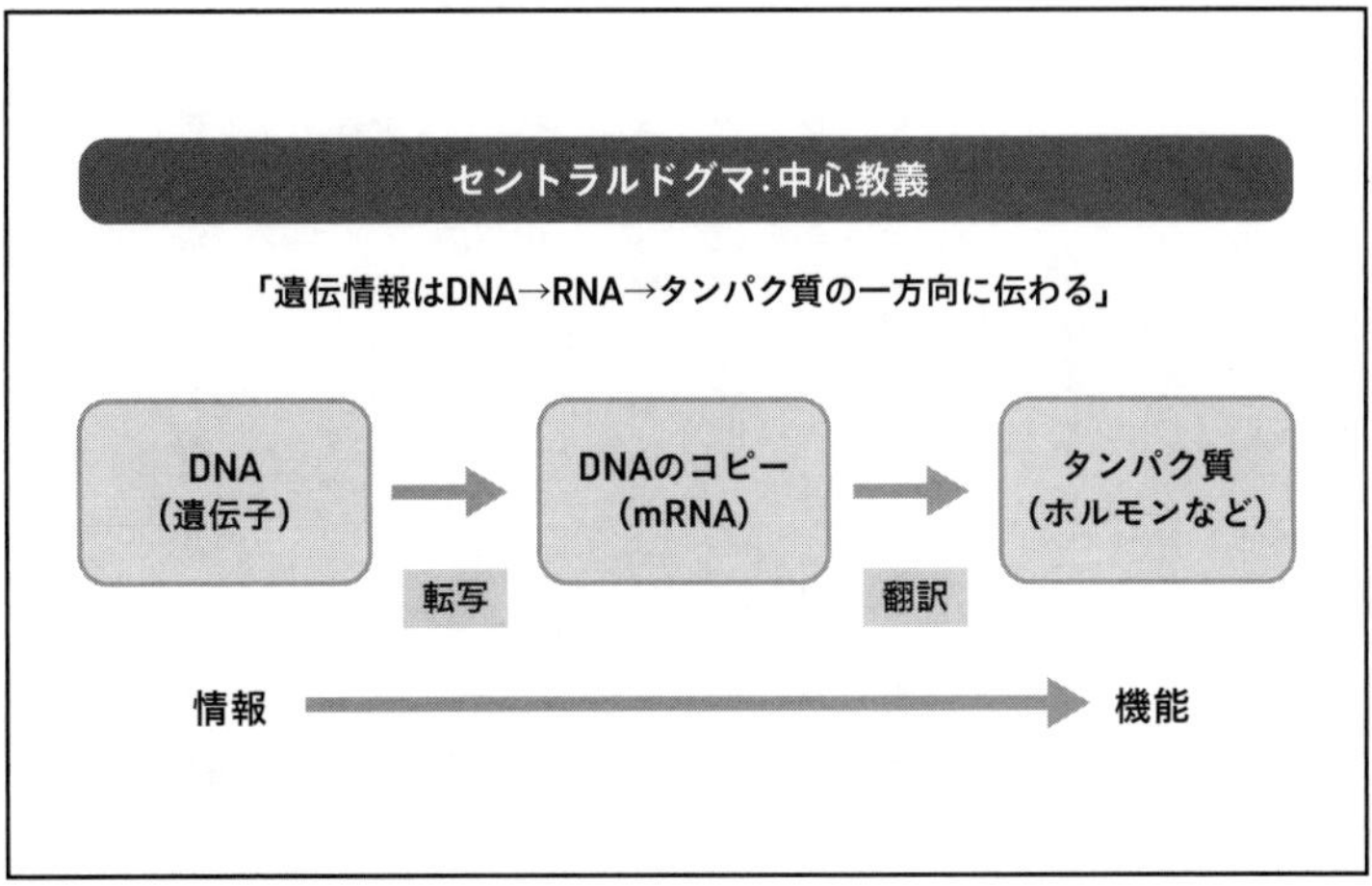

■ 図0-7　セントラルドグマ

味のある形に変換することが必要です。この過程のことを「翻訳」といいます。翻訳では転写で合成された遺伝子のコピーに対し、リボソームと呼ばれる細胞小器官が結合し、タンパク質を合成します。このタンパク質がつくられてはじめて体内で活性が起きたり、何らかの機能が生じます。例えば前の項目で説明したホルモンである「オキシトシン」はオキシトシン遺伝子から転写・翻訳され合成されます。

ここまでの説明で遺伝子からタンパク質までの流れを大まかに理解できたと思います。この流れを**「セントラルドグマ」**といいます（図0-7）。つまり、身体に機能を及ぼすタンパク質などを生成することは一意的に遺伝子によって決められていることがわかります。しかし、近年ではこのあと紹介するような新しい遺伝子の概念が出てきました。

▼環境が遺伝子を変える：エピジェネティクス

「三つ子の魂百まで」「蛙の子は蛙」ということわざがあります。これらのことわざのいいたいことはヒトの運命は生まれつき遺伝子によってある程度決められていて、それは変わらないということではないでしょうか。しかし、一卵性双生児の研究から育った環境や生活習慣によって能力は大きく変わり、なんと見た目まで変化させるということがわかっています。このことを説明する新しい遺伝の概念を「エピジェネティクス」といいます（図0-8）。

エピジェネティクスとは1942年、イギリスのエジンバラ大学コンラッド・ウォディントン博士が提唱したことが始まりだとされます。「エピ（epi-）」とはギリシャ語で「～の上」、「ジェネティクス（genetics）」とは「遺伝学」と訳されます。つまり遺伝子の上流（遺伝子の転写作業を行うプロモーター領域など）の状態を含めた新しい遺伝学の概念です。

細胞は全ての遺伝子情報であるゲノムを保有していますが、全ての遺伝子を活用しているわけではありません。神経細胞は神経細胞の役割に特化した遺伝子を、皮膚細胞は皮膚細胞の役割に特化した遺伝子を活用します。この**遺伝子の使い方を決めているのが「エピジェネ**

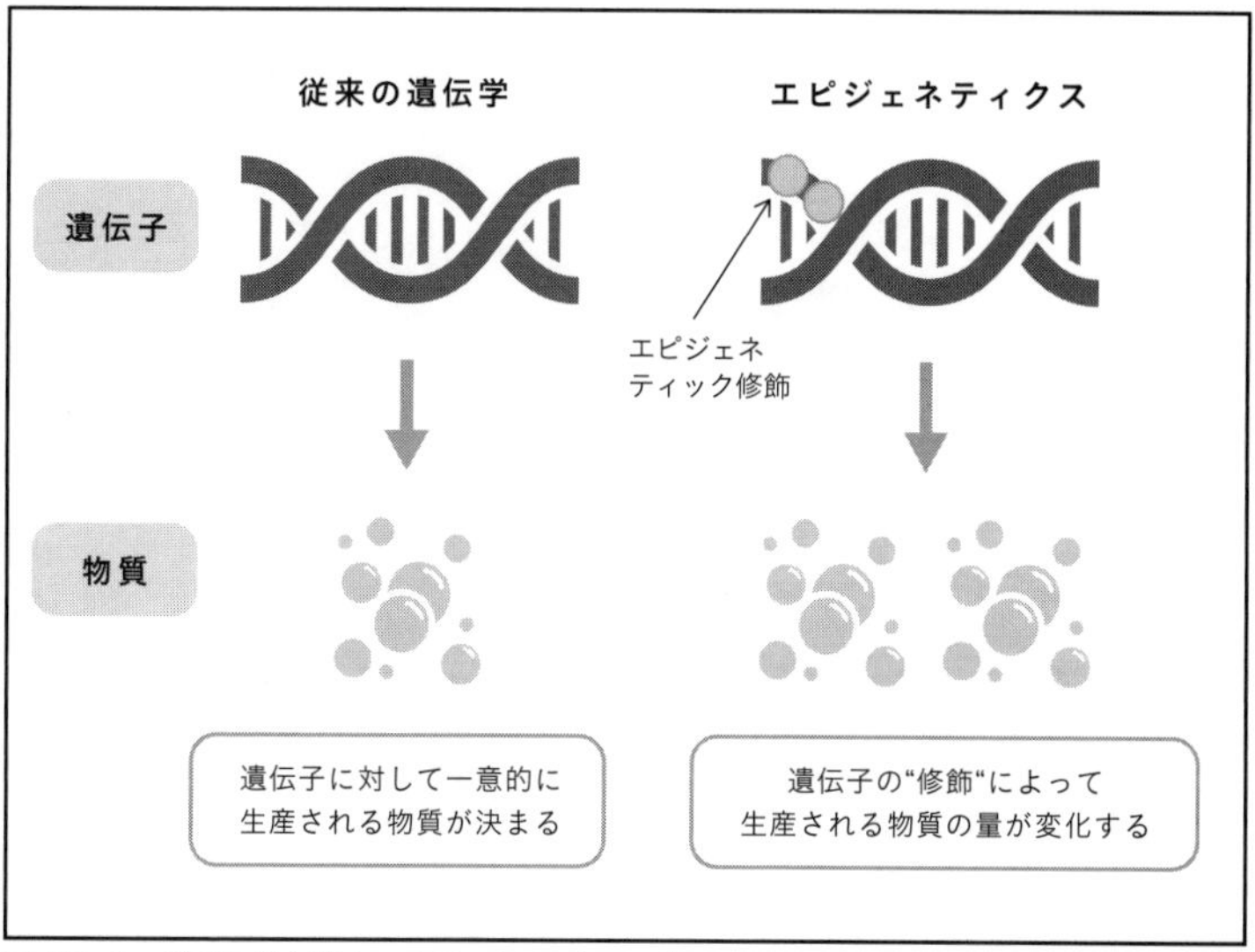
従来の遺伝学
エピジェネティクス
遺伝子
物質
エピジェネティック修飾
遺伝子に対して一意的に生産される物質が決まる
遺伝子の"修飾"によって生産される物質の量が変化する

■ 図0-8　従来の遺伝学とエピジェネティクスの違い

ティック修飾」です。

エピジェネティック修飾とは言葉の通り、遺伝子の上流に修飾（印・マーク）をつけることを意味します。本で例えるならば、重要なところに付せんをつけて、読む（転写する）べきところをわかりやすくするイメージです。この修飾のおかげで、**遺伝子の内容は変わらずに発現するタンパク質の量が変わります。**簡単に表現すると、タンパク質の量が2倍になると、それによって引き起こされる効果も2倍になるということです。

このエピジェネティック修飾は**外部環境や身体の内部の環境によって変化**します。つまり、遺伝子は環境によって変わる、正確には遺伝子の中身は変わらないが発現するタンパク質の量は環境によって変わるということがいえます。

ここまで本書で主に触れる生命科学の知識について解説してきました。本書では、こういった知識を踏まえ、さまざまな組織やヒトの課題に関して考察し、どうすれば効果的な施策が打てるかを解説していきます。

Part 1

関係性を築く

ヒトという生き物は集団を形成することで進化・繁栄をしてきた社会的な生き物です。このパートでは「信頼」「共感」「協力」の3つのテーマを生理学や神経科学、ヒトの進化の観点で解説します。神経やホルモンの観点からも他者との「関係性」はとても重要だといえます。まずはヒトが関係性を築くときに身体で起きている生命科学的な原理を押さえましょう。

Chapter 1

信頼を高める

キーワード

ドーパミン
→025ページ
セロトニン
→026ページ
オキシトシン
→027ページ

誰しもが人との信頼関係は大切だと感じているでしょう。しかし、「信頼」とは一体なんでしょう？　このように問われると言葉に詰まる人も多いのではないでしょうか。信頼とはとても捉え所のない言葉です。もちろん心理学的な定義や考え方はありますが、実は生命科学の観点からもこの言葉を説明することができます。

本章では「信頼とは何か」を、**「信頼ホルモン」と呼ばれるオキシトシン**をメインに解説します。取り上げるテーマは「心理的安全性」「成功循環モデル」「エンパワーメント」です。

信頼とは？　～安心できるチームをつくる～

「信頼」と似ている言葉で「信用」があります。この言葉の意味の違いは辞書によってさまざまですが、私は次のように捉えています。

・信用：相手との理性的なつながり（客観的で合理的な判断）。
・信頼：相手との感情的なつながり（主観的で情理的な判断）。

「信用」と「信頼」は脳の違う領域で生み出されます。信用は理性的な判断を主に司る大脳新皮質、信頼は感情、快・不快の情動を扱う大脳辺縁系と考えられています。イントロダクションで紹介した三位一体脳モデルからも、信用よりも信頼の方がより影響力があるといえます。

「あの人は『信頼』できるけど『信用』できない」「あの人は『信用』できるけど『信頼』できない」、この2つの表現を見ると後者の方が感覚的にも理解できるのではないでしょうか。

さまざまな調査で組織内での「信頼の文化」があることは業績に大きく影響することがわかってきています。そのような信頼を高めるための再現性のある方法について、科学的な原理から押さえていきましょう。

01 心理的安全性
〜チームパフォーマンスを高める重要ポイント〜

▼心理的安全性とは

「心理的安全性」という言葉は、人事領域や経営・組織戦略などに関わる方なら必ずといっていいほど耳にしたことがあるでしょう。これは、世界的に優良企業として認知されているグーグルが２０１２年に実施した「生産性の高いチームの特性」についての調査、プロジェクト・アリストテレスから注目された考え方です。実は心理的安全性はグーグルが生み出したものではなく、アメリカのハーバードビジネススクールのエイミー・エドモンドソン教授が１９９９年に提唱した概念で、起源は意外と古いものです。この調査はエンジニアリング系の１１５チームとセールス系の65チームを対象に4年間かけて行われました。このときの調査では、生産性が高いチームの特性としてメンバーの人種や学歴、能力やチーム独特の文化には共通点が見いだされませんでした。しかし、２０１２年に行われた継続調査で、生産

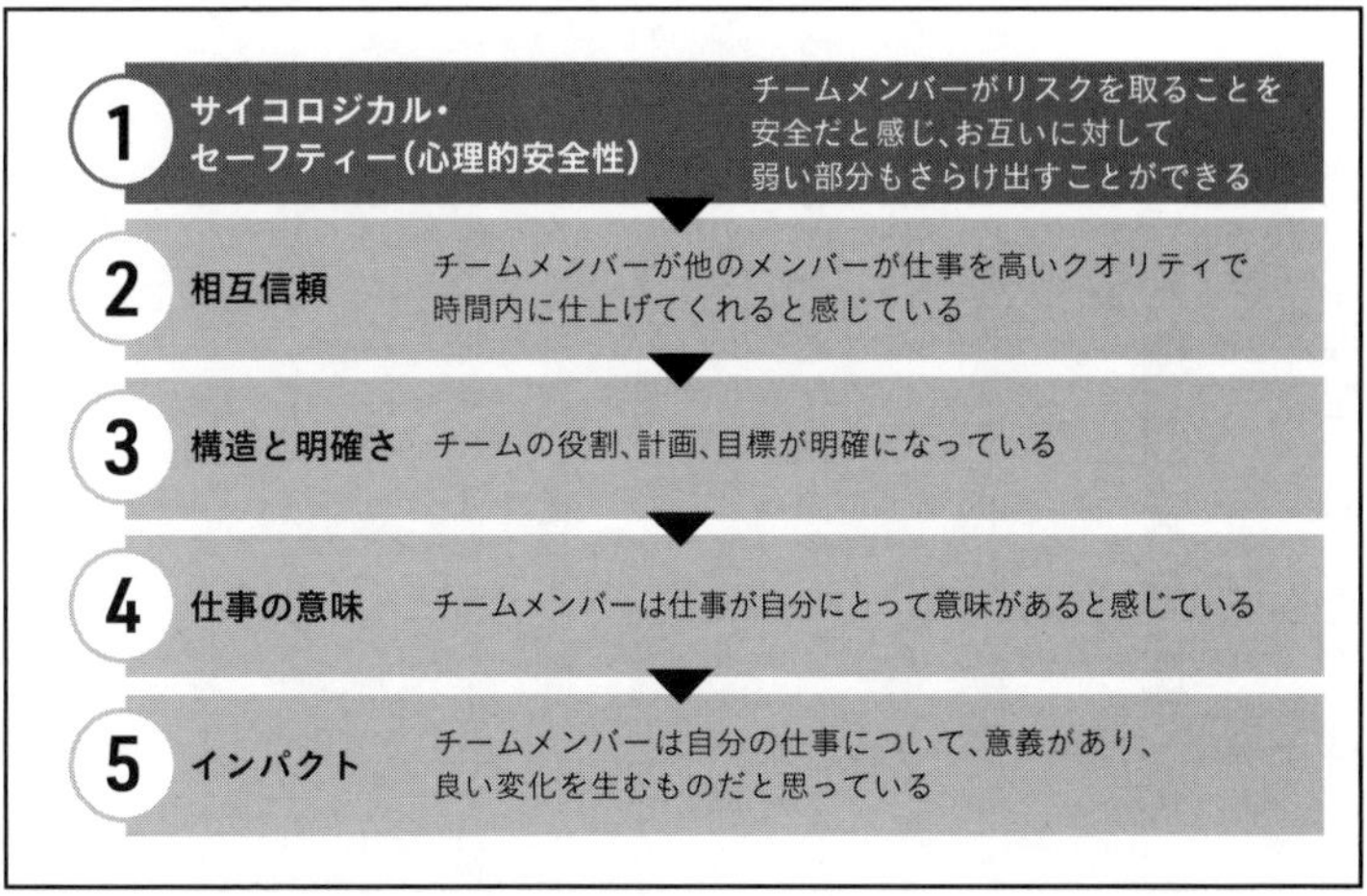
1 サイコロジカル・セーフティー（心理的安全性）
チームメンバーがリスクを取ることを安全だと感じ、お互いに対して弱い部分もさらけ出すことができる
2 相互信頼
チームメンバーが他のメンバーが仕事を高いクオリティで時間内に仕上げてくれると感じている
3 構造と明確さ
チームの役割、計画、目標が明確になっている
4 仕事の意味
チームメンバーは仕事が自分にとって意味があると感じている
5 インパクト
チームメンバーは自分の仕事について、意義があり、良い変化を生むものだと思っている

■ 図1-1　心理的安全性
出所：Google re:Work『「効果的なチームとは何か」を知る』
https://rework.withgoogle.com/jp/guides/understanding-team-effectiveness/steps/introduction/

性の高いチームとしての5つの条件が導き出されました（図1-1）。

①チームの「心理的安全性」が高いこと。
②チームに対する「信頼性」が高いこと。
③チームの構造が「明瞭」であること。
④チームの仕事に「意味」が見いだされていること。
⑤チームの仕事が社会に対して「影響」をもたらすと考えられていること。

そして、この中で**最も重要な条件は①「チームの『心理的安全性』が高いこと」だとされています。**グーグルは、この心理的安全性をベースにコミュニケーションの仕方や評価制度、仕組みづくりを行い、大きな成功を収めています。エドモンドソンは、心理的安全性が不足している状態でメンバーが感じることとして「無知だと思われる不安」「無能だと思われる不安」「ネガティブだと思われる不安」「邪魔する人だと思われる不安」の4つを挙げています。これらを感じる状態の根底にあるものはメンバーやチームに対する「恐怖」だといえるでしょう。

心理的安全性が高まっている状態は、「メンバー1人ひとりが安心して生き生きと働けている状態」「自分らしさを発揮しながらチームに参画できている状態」「何を言っても受け入れてもらえる状態」など、さまざまな表現ができます。ただ、心理学的に考察していくと、論理的にループしてしまうように感じられます。「心理的安全性を高めるには、互いに何を言っても大丈夫な関係をつくることです」「何を言っても大丈夫な関係をつくるには、心理的安全性を高めることが必要です」……。これでは具体的にどうすればいいかわかりません。そこで、心理的安全性が高い状態とはどういう状態かを生命科学的に考察していきます。

▼「心理的安全性」を満たす「身体的安全性」

心理的安全性を高めるためにはどうすればいいか？　結論から言うと、**「身体的安全性」**

を高めればよいのです。身体的安全性を高めるには、神経系（脳・神経）、内分泌系（ホルモン）が生き残りモード（生存の危機に対応している状態）でない状態をつくる必要があります。イントロダクションでも述べた通り、心に変化があるときには必ず身体にも変化があります。ここでは特にホルモンに着目して考えていきます。

ホルモンの作用には大きく次の2つがあるといえます。

① 生き残りホルモン：自身の生存のためのホルモン。ストレスホルモンと呼ばれるコルチゾールやノルアドレナリンなどが含まれる。生存の危機への恐れを感じたときに分泌される。

② 生きがいホルモン：自身の進化・繁栄のためのホルモン。オキシトシンやドーパミン、セロトニンが含まれる。生存への喜びを感じたときに分泌される。

これらのホルモンのバランスによって身体的安全性が担保されます。
生き残りホルモンには、ストレスホルモンと呼ばれるコルチゾールやノルアドレナリンなどが含まれます。このホルモンは生命の危機を感じたり、現状に対して不安を感じたりすると分泌され、身体機能を向上させ、集中力を高めて目の前の危機に対応します。このとき、消化や回復の優先順位が下がるので、ストレス状態が長期化すると、身体を壊してしまいます。

一方で生きがいホルモンには、オキシトシンやドーパミン、セロトニンなどが含まれます。これらのホルモンは自身がより幸福で豊かになったり、集団が繁栄したりする方向に働きます。そしてこれらのホルモンは互いに拮抗して働くことが知られています。つまり、**生き残りホルモンが優位な状態だと生きがいホルモンが抑制され、生きがいホルモンが優位だと生き残りホルモンが抑制されるということです。**

心理的安全性が不足している状態の本質は「恐怖」だと前述しましたが、まさにこの状態は生き残りホルモンが優位な状態だといえます。逆に、心理的安全性が担保された状態は、オキシトシンによるものです。次項で詳しく述べますが、実はオキシトシンが分泌されるとドーパミンとセロトニンが誘発されて分泌されることがわかっています。

セロトニンは心を安定させ、ドーパミンが仕事へのモチベーションや行動力を高めます。これが、心理的安全性が高いチームが生産性が高いことの答えです。そして、これらの起点となるのがオキシトシンなのです。オキシトシン分泌の原則に則れば、グーグルが心理的安全性を高めるために実施し、実際に効果が出ている施策がなぜ効果的なのかが説明できます。

▼身体的安全性を高めるオキシトシンの出し方

オキシトシンの分泌の原則は、**「心理的つながり」**と**「身体的つながり」**です。つまり、心理的安全性を高めるための施策にこの2つの条件を意識すれば必ず効果が出ます。例えば、チーム内での雑談（業務以外のこと、プライベートなことを含む気軽な会話）が有効です。しかし、雑談の中にもただ単に事実の報告だけの会話もあれば、安心を感じたり、心が動きワクワクするようなものもあります。チームでの交流会などで、最初は楽しく話ができていたのに、気づけば数字や業務改善についての話をしてしまっていることはありませんか？

オキシトシンを分泌させる良質な雑談のポイントは主観的で感情が共有されるものです。それは個人の価値観や実現したいこと、好きなものや嫌いなことなどが共有される会話です。日常で感じたことをシェアするのも効果的です。これらを意識することで、雑談の内容に変化が出て来ます。また、身体的つながり（五感への心地よい刺激）という観点からもオキシトシン分泌を高められます。例えば、リラックスできる音楽をかけながら雑談してみる、美味しいお菓子を食べながら話す、いつもと雰囲気を変えて自然のある屋外でやってみるといったことも効果的です。

また、オキシトシン分泌を抑制する**ストレスホルモンを減らすことも有効です。**ろくに休憩もとれずに夜遅くまで残業する、殺伐とした雰囲気の罵詈雑言が飛び交うチームで働く、家に帰っても家族から煙たがられる、まともな睡眠時間が取れない、など。これではストレスホルモンはどんどん分泌され、常態化され、オキシトシンの分泌も抑制されていきます。

ワークライフバランスを重視し、仕事とプライベートは分ける考え方もあります。しかし、こういった観点からすると、仕事とプライベートを切り離すことは難しく、両者は密接に関係していることがわかるでしょう。現状の人材育成の領域は主に職場内にとどまっていますが、リモートワーク推進の文脈からも、この領域が生活の質にまで広がっていくかもしれません。

POINT

- ☑ チームの生産性を高めるためには「心理的安全性」を高めることが重要。
- ☑ 「心理的安全性」は身体の健全な状態の「身体的安全性」によって満たされる。
- ☑ 「身体的安全性」を実現するためにはオキシトシン分泌が重要で、「心理的つながり」と「身体的つながり」によって分泌される。

具体的な方法

- 雑談をするときには価値観や感情が共有されるテーマを選ぶ。
- リラックスできるような音楽をかけたり、美味しいものを食べながら話してみる。
- 生活の質を向上させる。

02 成功循環モデル

～関係の質が結果の質を変える～

成功循環モデルとは、マサチューセッツ工科大学（MIT）元教授のダニエル・キム氏が提唱した、組織やチームでの業績や成果が上がっている良好な状態をサイクルで表したモデルです（図1-2）。

このモデルでは**チームの結果の質（業績・成果）を高めるためにはまず「関係の質」を高めることが重要**だということが示されています。具体的な例を交えて見ていきましょう。

結果重視のチームでは、チームの業績が下がると、まずここの原因を突き止めようとします。そのとき、最初に注目されるのが個人の成績やチームの目標設定です。すると個人目標のみにフォーカスが当たるようになり、責任の押し付けあいや強烈なマイクロマネジメントなどが起こるようになります（関係の質ダウン）。そうなると、メンバーの思考はより目の前の行動・数字に注目するようになり、近視眼的になっていきます。仕事のやり方に新しいアイデアを取り入れる余地がなくなり、どんどんつまらなくなっていきます（思考の質ダウン）。メンバーの行動はより受動的になり、チャレンジや小さな努力が減少していきます。これら

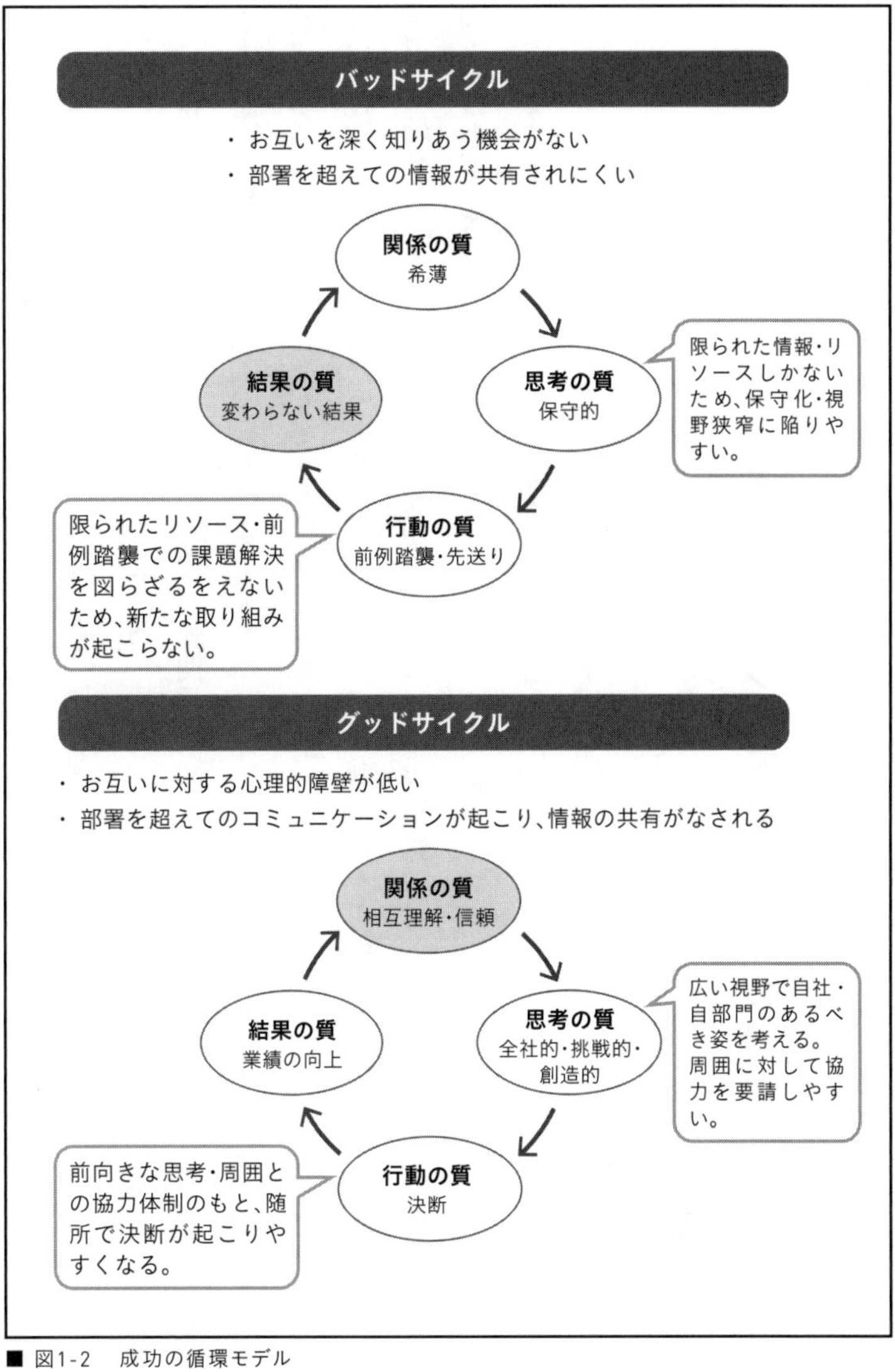
バッドサイクル
・お互いを深く知りあう機会がない
・部署を超えての情報が共有されにくい
関係の質
希薄
思考の質
保守的
限られた情報・リソースしかないため、保守化・視野狭窄に陥りやすい。
行動の質
前例踏襲・先送り
限られたリソース・前例踏襲での課題解決を図らざるをえないため、新たな取り組みが起こらない。
結果の質
変わらない結果
グッドサイクル
・お互いに対する心理的障壁が低い
・部署を超えてのコミュニケーションが起こり、情報の共有がなされる
関係の質
相互理解・信頼
思考の質
全社的・挑戦的・創造的
広い視野で自社・自部門のあるべき姿を考える。周囲に対して協力を要請しやすい。
行動の質
決断
前向きな思考・周囲との協力体制のもと、随所で決断が起こりやすくなる。
結果の質
業績の向上

■ 図1-2　成功の循環モデル

によって業績や成果はもちろん上がらず（結果の質ダウン）、チーム内の関係も悪化していきます（関係の質ダウン）。これをバッドサイクルと呼びます。

一方でグッドサイクルは結果の質が下がったときには、まず関係の質にフォーカスします。関係の質が向上するとメンバーの信頼関係が向上し、何でもいいあえる関係が築かれます（関係の質アップ）。そのことによってチームの結果を高めるためにアイデアを出しあい、共にポジティブに考えていくようになります（思考の質アップ）。すると自らの気づきをもとに自発的に行動し、多少の困難にも仲間の支えと共に努力を続けていきます（行動の質アップ）。その結果、チームは新たな成功を手に入れ（結果の質アップ）、よりチームの信頼関係が向上していきます（関係の質アップ）。

このモデルを見たときに「理想論すぎる」「机上の空論だ」と感じた方もいるのではないでしょうか。しかし、このモデルも生命科学で説明することができます。「関係の質」も、オキシトシンで説明ができるのです。

▼オキシトシンとドーパミン・セロトニンの関係

成功循環モデルをオキシトシンで理解するには、オキシトシンとそのほかのホルモンの関

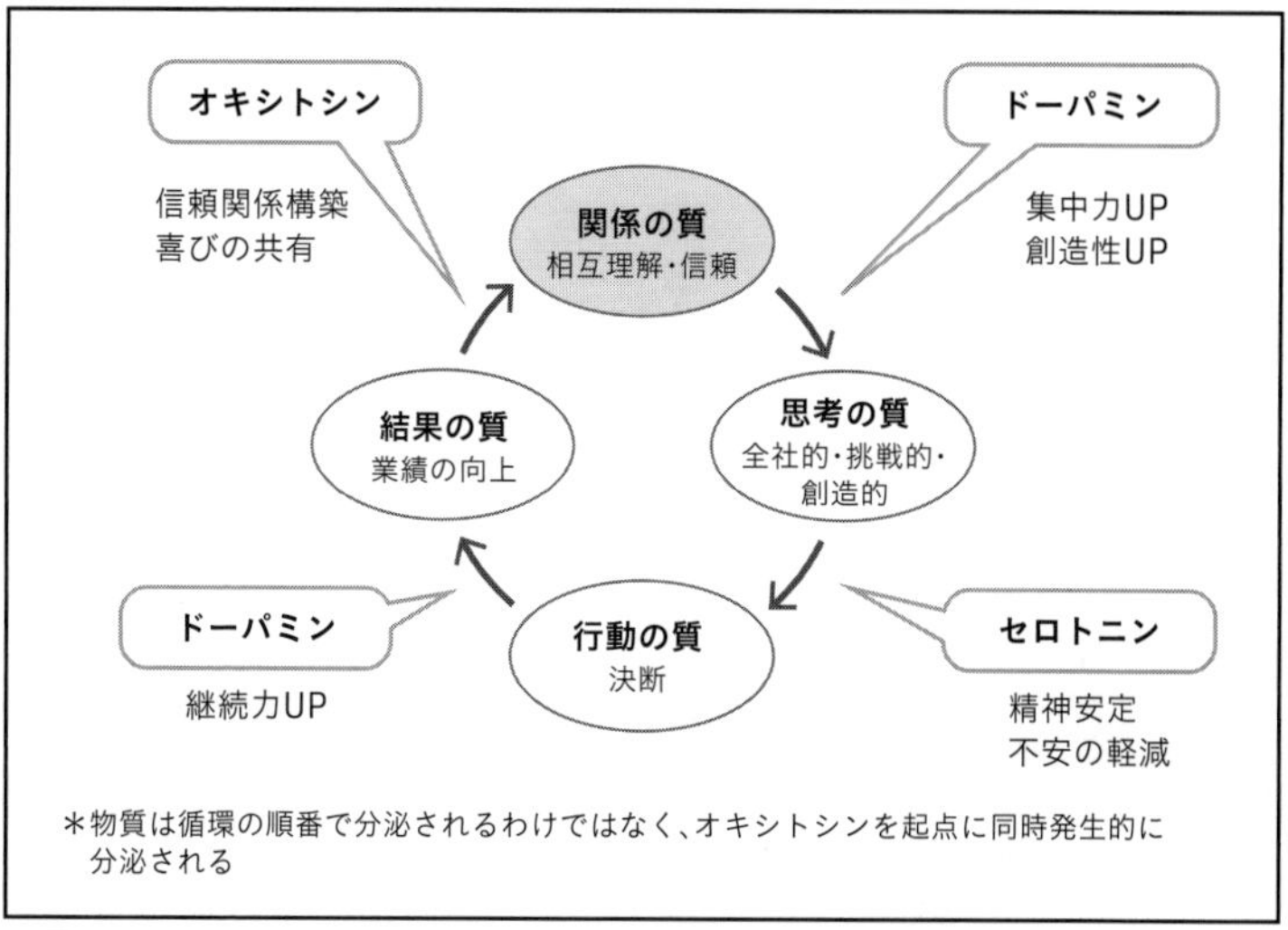

■ 図1-3　オキシトシンと成功循環モデル

係を知る必要があります。オキシトシンが分泌されるとドーパミンが分泌される神経が刺激され、ドーパミンが分泌されます。さらにセロトニンを分泌する神経を刺激することで、セロトニンも分泌されることがわかっています。

この仕組みから、成功循環モデルはホルモンで説明ができます（図1-3）。関係の質を高めることはオキシトシン分泌を促進させます。オキシトシンが分泌されるとドーパミンが誘発されます。この効果により集中力が高まり思考がポジティブなものになります（思考の質アップ）。また、セロトニンの効果と相まって心が安定し、行動の継続性や辛いことに立ち向かい挑戦する意欲が湧きます（行動の質アップ）。これらの行動が継続することによって成果が徐々に上がり（結果の質アップ）、その喜びを共有することで、またオキシトシンが分泌されます（関係の質アップ）。このようにして成功循環モデルはオキシトシンを起点に回っていきます。

反対に関係の質が下がるとストレスホルモンが増加し、オキシトシン、ドーパミン、セロトニンの効果が抑制されることで身体的にもバッドサイクルが生まれてしまいます。ホルモンに注目すると、このサイクルが非常にわかりやすく理にかなったモデルだということがわかります。

▼オキシトシンは伝播する

1人の行動からでも、徐々にオキシトシンを分泌させ、チーム内の関係の質を高め広げていくことができます。**オキシトシンが分泌されると、共感能力と他者への利他性が高まる**ことがわかっていますが、逆も同様で、他者から共感されたり、優しくされたりするとオキシトシンが分泌されます。つまり、関係性が築かれている2者の間にはオキシトシンの循環があります。ある人が他者に親切にするとその人にオキシトシンが分泌され、その効果によって親切をお返ししたり、もしくは別の誰かに優しくなれたりするのです。このようにして信

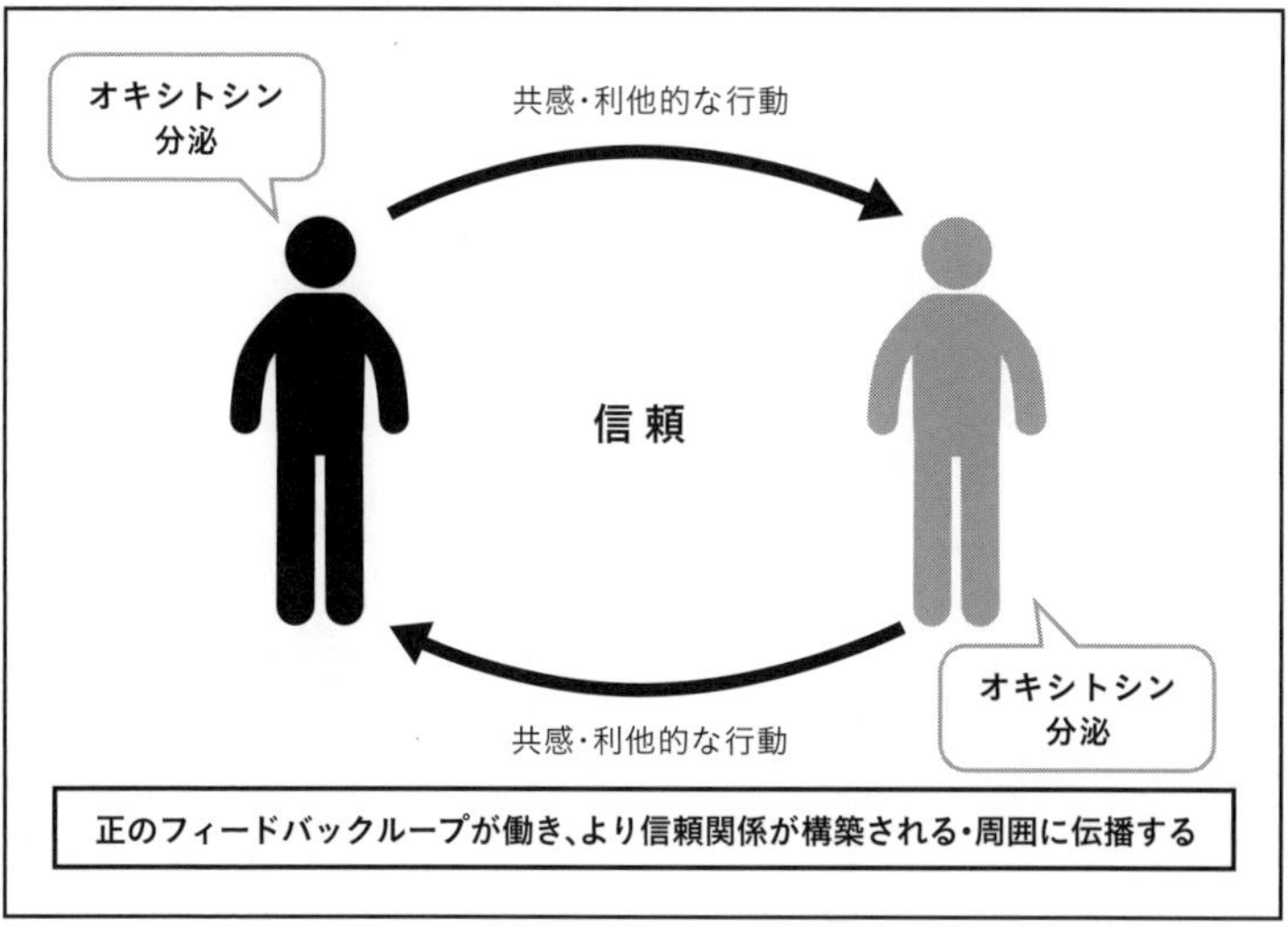

■ 図1-4　オキシトシンの正のフィードバックループ

頼関係はチームの中でどんどん伝播していきます。

また、オキシトシンには正のフィードバックループが働くことがわかっています。正のフィードバックループとは、ある物質が分泌されるとその物質をより分泌しようとする仕組みのことです。この仕組みによってオキシトシンによって形成された関係性はどんどん強化されていきます（図1-4）。

組織内の風土の源泉はここにあるといえるでしょう。誰もが仲間を信頼し、心理的安全性が満たされ生き生きと働いて、支えあい許しあえることが当たり前の風土はオキシトシンで満たされています。反対に、「チームのメンバーはみんな敵で気を抜けばお互いに出しぬこうとしており、信頼できず協力したいとも思えない」、そんな組織はストレスホルモンの循環が起きているかもしれません。

「人は半径5メートルの人間関係に影響を受けている」といった言葉を聞いたことはないでしょうか。ここでの5メートルという数字には特に意味はなさそうですが、とても的を射ています。これは、オキシトシンの分泌の法則の「身体的つながり」が利用できる距離であるからです。オキシトシン分泌が成立する関係の距離と分泌の効果は比例の関係にあるといえそうです。つまり、身体的つながりは近い距離の人のみに効果を発揮してより強い関係性を築きます。また、心理的つながりは言語を介して距離が遠い人にも効果を発揮しますが、関係性の強度は薄まるということです。

よって、**まず身近なチームメンバーに対して身体的つながりを意識する**ことが有効です。例えば、目をしっかり合わせて挨拶や会話をする、お祝いごとのときには握手や（関係性によっては）ハグをしてもよいかもしれません。関係の質は一人ひとりの小さな努力から広げていくことができるのです。場合にもよりますが、目の前に座っている相手とチャットでやりとりをすることは、とてももったいないことです。みなさんのチーム内でも、業務効率化の中で削られがちな身体的つながりについて、改めて見つめ直す必要があるかもしれません。身体的なつながりはオキシトシン分泌のチャンスといえるでしょう。

▼POINT

☑ 結果の質を高めるには、まず関係の質を高めることからはじめる。

☑ 関係の質を高めることによってオキシトシン・ドーパミン・セロトニンが分泌され、成功循環モデルは回る。

☑ 関係の質は個人の小さな努力によってオキシトシンを介してチームに伝播していく。

▼具体的な方法

・目を合わせたり、握手をしたり、身体的なコミュニケーションを意識する。
・不必要なチャットコミュニケーションは控える。
・「ありがとう」を積極的に伝えてみる。

03 エンパワーメント

～任せることでチームは活性化する～

エンパワーメントとは、「em-：～にする」「Power：力」の組み合わせで、「自信をつけさせる」「権限を与える」という意味の言葉です。もともと女性や、先住民、ＬＧＢＴなどのマイノリティーの権利向上などに向けた社会学的な概念です。学術的にはより細かい分類、詳細な考え方などがありますが、ここではビジネス文脈で特に使われる**「権限委譲」**という意味で取り扱います。権限委譲とは主にチームのリーダーやマネージャーがメンバーに対して業務の権限、裁量を与えることをいいます。このことによって、メンバーの主体性、チームの自律性を高めることができます。

オキシトシンと信頼関係や経済活動についての研究、神経経済学の第一人者でクレアモント大学神経経済学研究センター所長のポール・Ｊ・ザック氏は書籍『トラスト・ファクター最強の組織をつくる新しいマネジメント』（キノブックス）の中で、組織内の信頼関係を形成する因子を8つ紹介しています（図1-5）。

彼の主張によると組織内の信頼はこの8つの因子で完全に説明でき、そしてそれぞれの因子がどのくらい寄与しているかの割合も調査から算出しています。ちなみに、この8つの因子の頭文字をとると「O・X・Y・T・O・C・I・N（オキシトシン）」になります。

書籍の中では委任と委譲について「『委譲』とは、強化された『委任』のこと」だと解説されています。どちらも似た意味の言葉ですが、**「自身の行動をコントロールできているという感覚がパフォーマンスや信頼関係にどう影響するか」**で見ていくと整理することが可能です。ここでは、「自律性」をテーマとして取り上げていきます。

因子	内容
Ovation（称賛）	組織の成功に貢献した人を称賛すること
eXpectation（期待）	従業員に期待をかけること
Yield（委任）	仕事の進め方を個人に任せること
Transfer（委譲）	自ら仕事をデザインし、自己管理すること
Openness（オープン化）	情報公開をすること
Caring（思いやり）	利他的な行動をすること
Invest（投資）	従業員に学習機会を与えること
Natural（自然体）	弱さをさらけ出し、誠実であること

■ 図1-5　信頼の8つの要因

▼自律型人材が育たない本当の理由

自律型人材の育成、これは企業の人材育成において最も関心が高いテーマの1つといえるでしょう。「自ら考え行動する社員を育成したいんです」という声を多くの教育担当者から耳にします。しかし、いくら教育によって社員の自律性を高めたとしても組織の制度・システム、風土やマネジメントが自律性を削ぐような状態になっていては意味がありません。

教師の教育スタイルと学生のストレスホルモンの分泌量に関する実験があります。この実験では「コントロールするスタイル」の教師、「自律性を引き出すスタイル」の教師を比較し、実際に学生のストレスホルモン（コルチゾール）分泌に差が出るのかを調査しました。その結果が図1-6のグラフです。

細かい実験の詳細は割愛しますが、ここで示したいのは教師の教育スタイルによって実験対象の学生のストレスホルモンの分泌に変化があったということです。グラフの通り、「自律性を引き出すスタイル」の教師の学生のストレスホルモン濃度は、「コントロールするスタイル」の教師の学生と比べて低くなっています。またニュートラルなスタイルと比較しても低い濃度が示されました。このことから**「自律性を引き出すスタイル」はストレスホルモ**

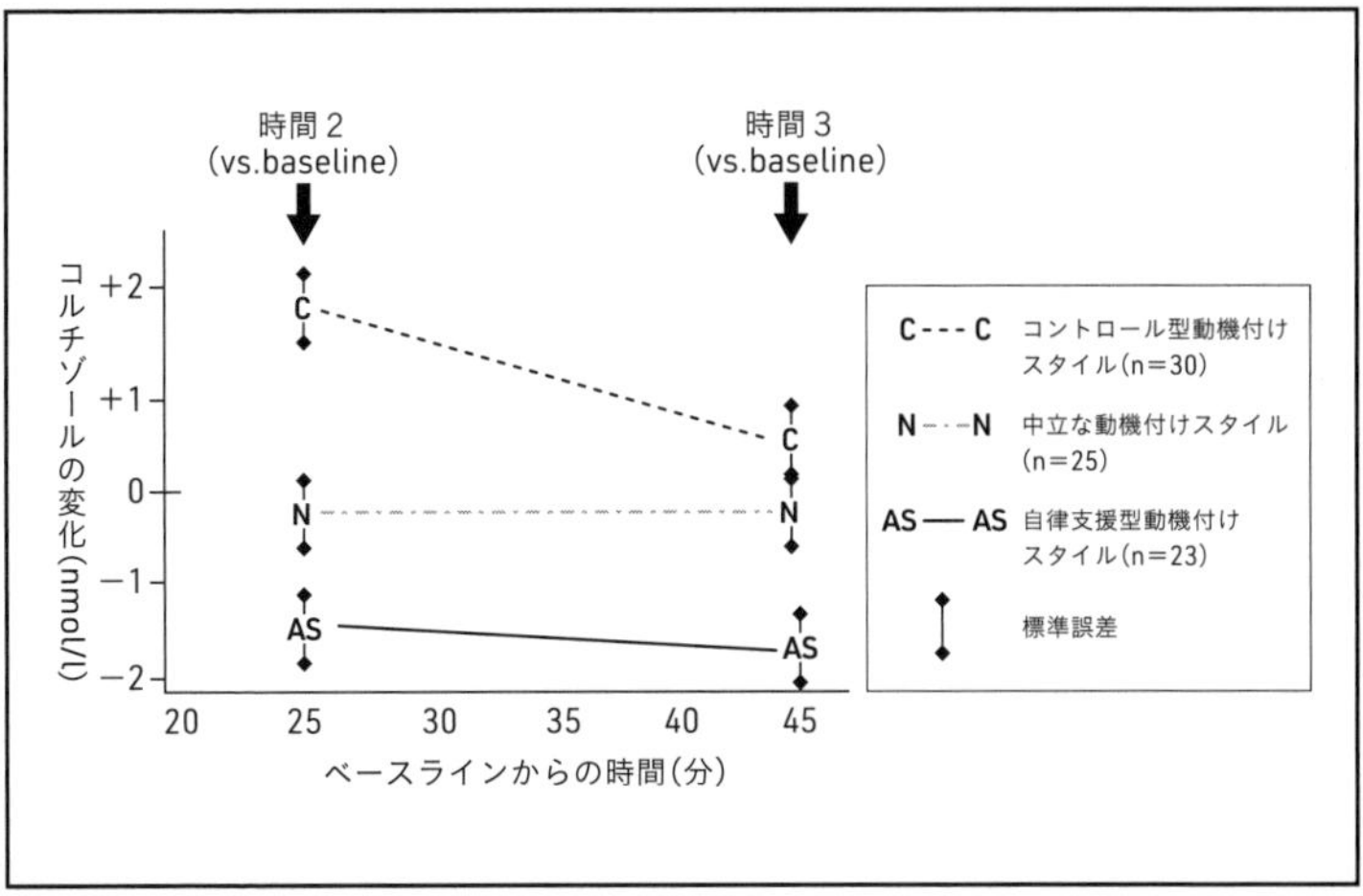

■ 図1-6　教育スタイルとストレスホルモンの関係
出所:「Johnmarshall Reeve, Ching-Mei Tseng (2011), "Motivation and Emotion volume 35:Cortisol reactivity to a teacher's motivating style: The biology of being controlled versus supporting autonomy", p63-74」をもとに著者が翻訳

ンの分泌を抑えることができるということがわかります。ストレスホルモンの恒常的な分泌はメンバーの心身のパフォーマンス、オキシトシンの分泌を抑制することからも組織の環境が人材に大きく影響するということがいえます。

▼マイクロマネジメントの弊害

ストレスホルモンを分泌させる「コントロールするスタイル」には、マイクロマネジメントが当てはまります。マイクロマネジメントとは、上司やリーダーが部下の仕事の進め方を細かく指示し、進捗を逐一報告させ詳細まで干渉するマネジメントスタイルのことです。もちろん、基礎的な教育により基本の型を学ぶ必要がある新人に対しては、ある程度のマイクロマネジメントは有効です。しかし、自ら考える余地が全くなく、自分の活動をコントロールすることができない状態は良いものだとはいえません。

チャプター5で詳しく触れますが、誰かに指示されたりマイクロマネジメントされている状態は、**意欲や行動力に関係するドーパミンの分泌を抑制する**ことが脳の仕組みからもいえます。また、マイクロマネジメントではマネージャーの期待値をもとに未達だと指導が入り、ときには叱責もついてくるものです。そこから生まれる焦りや恐怖によりまたミスが起きたり、モチベーションが湧かなくなったりします。すると、ストレスホルモンがマネージャーとメンバーの間で多く分泌され、関係性とパフォーマンス両方に悪影響を及ぼします。そしてチームに残るのは「言われたことだけこなせばいい」「なるべくマネージャーとは関わりたくない」という殺伐とした空気です。

特にリモートワークにおいてはプロセスを常に見ることができないため、企業のマネジメントが二分されている傾向があります。一方は結果に対する責任を持たせ、プロセスは自由に任せるスタイル、もう一方は細かくスケジュールを組ませタスクが終わるごとに逐一報告、さらにパソコンのアクセス状況からいましっかり働いているかを徹底管理するスタイルです。どちらが効果的かは会社の状況や業務内容、メンバー構成による部分もあるかもしれませんが、ホルモンをベースに考えれば、どちらが有効かは一目瞭然です。

エンパワーメントの効果を最大化するには、マネジメントスタイルを変えるだけでは不十分です。会社全体としての制度にも工夫が必要です。さまざまなイノベーティブな製品開発で有名な3Mでは、1948年当時の社長ウィリアム・L・マックナイトが「個の自主性の尊重」の重要性を説く手紙を全管理職に送りました。

そのメッセージを体現すべく取り入れられた制度が「15％カルチャー」です。この制度は上司の承認がなくても業務時間の15％を会社の成長に貢献すると信じる活動に自由に費やしてもよいというものです。グーグルもこの制度を参考に「20％ルール」という制度を導入しました。この制度はまさにエンパワーメントの効果最大化を体現した制度だといえます。自律的な行動によって生まれる挑戦の喜び、部署をまたいだ活動による組織内の関係性のネットワーク、これによって組織内の信頼関係はより強化され、多くのイノベーションが生まれていったのでしょう。

POINT

☑ エンパワーメント（権限委譲）によってチームの信頼関係は高めることができる。
☑ 自律性を高めるマネジメントはメンバーのストレスホルモンの分泌を抑制できる。
☑ 業務時間内に自由に使える時間をメンバーに与えることで自律性を高めることができる。

具体的な方法

・仕事の進め方を本人に任せるなど自律性を高めるマネジメントの比率を増やす。
・15％ルールのような業務時間内に自由に使える時間を制度として導入する。
・過剰な制限を強いるような制度をなくす。

Chapter 2

共感を高める

近年、ビジネス文脈に限らず、さまざまな場面で「共感」という言葉が注目されています。資本主義による過度な競争経済、貧富・格差の拡大、それに伴う合理性や競争の負の側面から、「ヒトの本質とは何か」「組織や社会はどうあるべきか」が見直されているのでしょう。本章では共感と、それに関わる生命科学的な観点からチームの関係性を考察します。取り上げるテーマは「エンゲージメント」「対話」「ストーリーテリング」です。

キーワード
オキシトシン
→027ページ
ミラーニューロン
→075ページ
エピソード記憶
→083ページ

共感とは？ ～わかり合えるチームをつくる～

実は、共感の学術的な定義はさまざまあります。アメリカのカンザス大学名誉教授のチャールズ・ダニエル・バトソン氏は、共感とは8つの意味で使われているといいます。

①他者の内的状態(思考と感情を含めて)を知ること。
②観察対象である他者と、同じ姿勢になる、または同じ神経的反応が生じること。
③他者が感じているような感情を抱くようになること。
④自分自身が他者の立場にいるところを直感あるいは投影すること。
⑤他者がどのように考えたり感じたりしているかを想像すること。
⑥相手の立場において自分はどのように考えたり感じたりするかを想像すること。
⑦他者が苦しんでいるのを見て苦悩を感じること。
⑧苦しんでいる他者に対して感情を抱くこと。

また慶應義塾大学名誉教授の渡辺茂氏は「対象者の幸福・不幸」、「観察者の幸福・不幸」の2軸から共感を大きく4つに分類するモデルを発表しました。

このように一口に共感といっても、さまざまな意味が内包されています。ビジネス文脈では主に、**組織における理念や仕事内容への腹落ちや自分ごと化、対人関係における相手の立場に立つ、感情を受け入れる**などの意味で使われているといえます。

04 エンゲージメント
～組織と個人のつながり～

▼エンゲージメントの低い日本企業

「エンゲージ」と聞くとエンゲージリング（婚約指輪）を連想する人もいるでしょう。エンゲージリングの風習は紀元前1世紀の古代ローマ時代にまでさかのぼります。当時は「左手の薬指には心臓につながる太い血管が通っている」と信じられていました。「人の心は心臓にある」と思われていたため、この風習には「指輪を贈ることで心を自分につなぎとめておきたい」という意味が込められています。組織の文脈におけるエンゲージメントも同じような意味で使われ、**メンバーの会社に対する思い入れや愛着をあらわす言葉**です。

近年エンゲージメントが注目されているのにはさまざまな理由があります。1つは**人材獲得、人材定着の観点**です。社会の情報化が進むにつれ、企業のホームページには載っていないような、内部の人間しか知り得ない情報がSNSなどを通じて簡単に手に入るようになりました。それによって、所属する企業の待遇への不満や、もっと良い待遇の企業に移りたいという願望が生まれやすくなりました。いわゆる「隣の芝が青く見える」状態です。また、転職市場の活性化により転職をすることの社会的ハードルが以前より下がり、働き方が多様化しています。これらの社会の変化によって、企業が従業員を獲得し、定着させることはどんどん難しくなっていきます。結果として、優秀な人材から流出していってしまうのです。

もう1つは**価値創造の観点**です。企業内の人材の定着率が下がると、採用やオンボーディング（組織に新たに加わるメンバーに向けた、定着への手続きや支援）にコストをかける必要が出てきます。また、人材の流出には組織としてのナレッジの蓄積ができない、関係性の構築が難しくなるため生産性が低下する、イノベーションが起こしにくいといった問題も起きてきます。

エンゲージメントが高い組織のメリットとしては次のようなことが挙げられます。

・離職率が低下し、人材が定着する。
・従業員のモチベーションが向上する。
・生産性・業績が向上する。
・イノベーションが創出される。

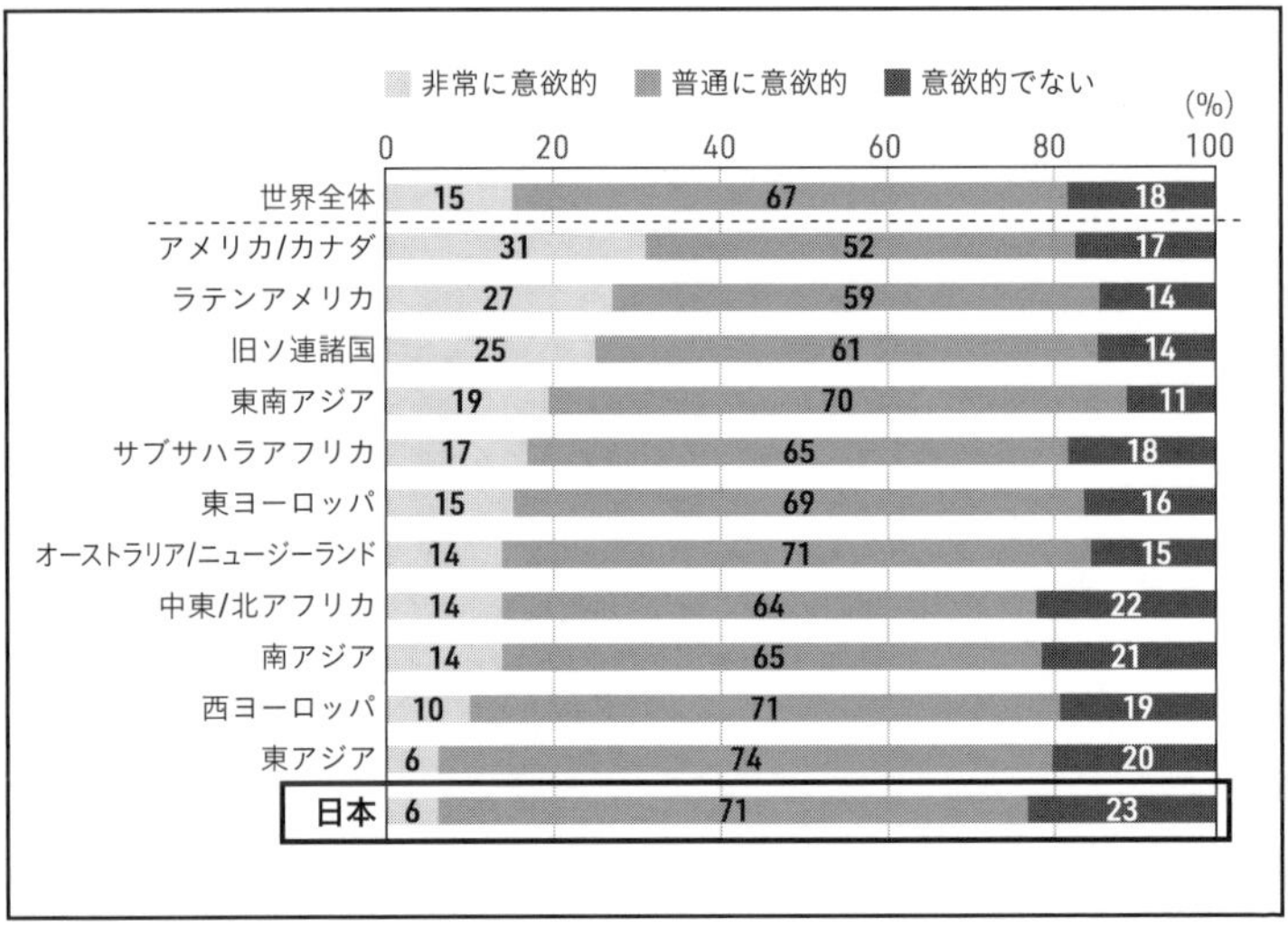

■ 図2-1　エンゲージメントの低い日本企業
出所:ギャラップ社『State of the Global Workplace: 2017 Report』

このようにエンゲージメントが高い組織は素晴らしい状態を維持することができます。しかし、世界の中で日本企業のエンゲージメントは低い水準にあるといわれています。グローバルに展開しているアメリカの調査会社ギャラップは、全世界1300万人を対象にエンゲージメントの高い「熱意あふれる社員」を調査しました。この調査によると日本の「熱意あふれる社員」はたったの6%で、世界139カ国中132位という結果になりました(図2-1)。

もちろん主観的なアンケート調査であるため、質問項目の言葉の意味合いや日本人の国民性・文化などの影響はあります。しかし、さまざまな調査会社の結果を参照しても日本企業のエンゲージメントのスコアは非常に低い結果になっています。

そもそもエンゲージメントという考え方は「ワークエンゲージメント」と「従業員エンゲージメント」の2つに分けることができます。ワークエンゲージメントは仕事に対して熱意を持って主体的に取り組む心理状態、「従業員エンゲージメント」は組織の方向性への共感、愛着、信頼関係があり自発的に貢献しようとする心理状態をいいます。

みなさんの会社でもエンゲージメントを測定するためのサーベイを実施しているかもしれません。そこでは数百にも上る質問項目に回答し、エンゲージメントに関わるキーファクターのスコアが算出され、そのスコアを向上させるための施策が示唆されます。

しかし、各ファクターはそれぞれ影響しあい、どれかを高めればどれかが下がるといった関係性にある可能性が非常に高いです。つまり、低いファクターのスコアを高めることで、ほかのファクターのスコアを低めてしまい、逆効果になることもありえるということです。決してサーベイのスコアを高めることは悪ではありません、ただ各ファクターがなぜエンゲージメント向上につながるのか、どういった原理で従業員・メンバーは組織にエンゲージメントを感じるのかを理解しておくことはとても重要です。ここでは共感とオキシトシンをテーマにエンゲージメントの原理を紐解いていきます。

▼エンゲージメントを求めるホモ・サピエンス

エンゲージメントが重要なのは、生産性や業績の向上などの企業側のメリットだけでなく、メンバーの根源的なニーズを満たすことができるからです。私たちホモ・サピエンスは高度な思考力を発揮するための大きな脳を持っています。ただその大きな脳を母親の胎内で完成させることはできません。成長しきった脳の大きさでは、産道を通ることができないからです。そのため私たちは生まれたあと自立するまでの間に親に守ってもらうことで、長い期間をかけて脳を含めた身体を大きくしていきます。

キリンやゾウなどの哺乳類の出産シーンをテレビなどで見たことがある人は多いでしょう。これらの動物の子どもは、大体生まれたあとすぐに立って歩くことができますし、魚や爬虫類の赤ちゃんは生まれた瞬間にほぼ一人前です。これは、自立したたくさんの子どもを産んで、種としての生存確率を高めるためです。

このように、私たちホモ・サピエンスにとって自身の生存は親とのつながりがとても重要で、母子共につながるための基本的な機能が生まれながらにして備わっています。この仕組みが**オキシトシン回路やミラーニューロン、社会交流神経系**などに当たります（ミラーニューロン、社会交流神経系については後述します）。実は、この「親」の存在は本当の親である必要はありません。また、これは決して子どものみに当てはまることではなく、大人にも当てはまることなのです。

実は、**企業が従業員にとって安心できる親のような存在で、共に生きていきたいと共感・信頼できるとき、生き物としての私たちのニーズが満たされて生き生きと働ける**のです。ここに、エンゲージメントを高めることの本質があります。

クレアモント神経経済学研究センター所長でオキシトシン研究の第一人者ポール・J・ザック氏はオキシトシンを起点とした共感性、道徳性の自己強化の回路「HOME（Human Oxytocin Mediated Empathy：ヒトオキシトシン媒介共感）回路」を発表しています（図2-2）。

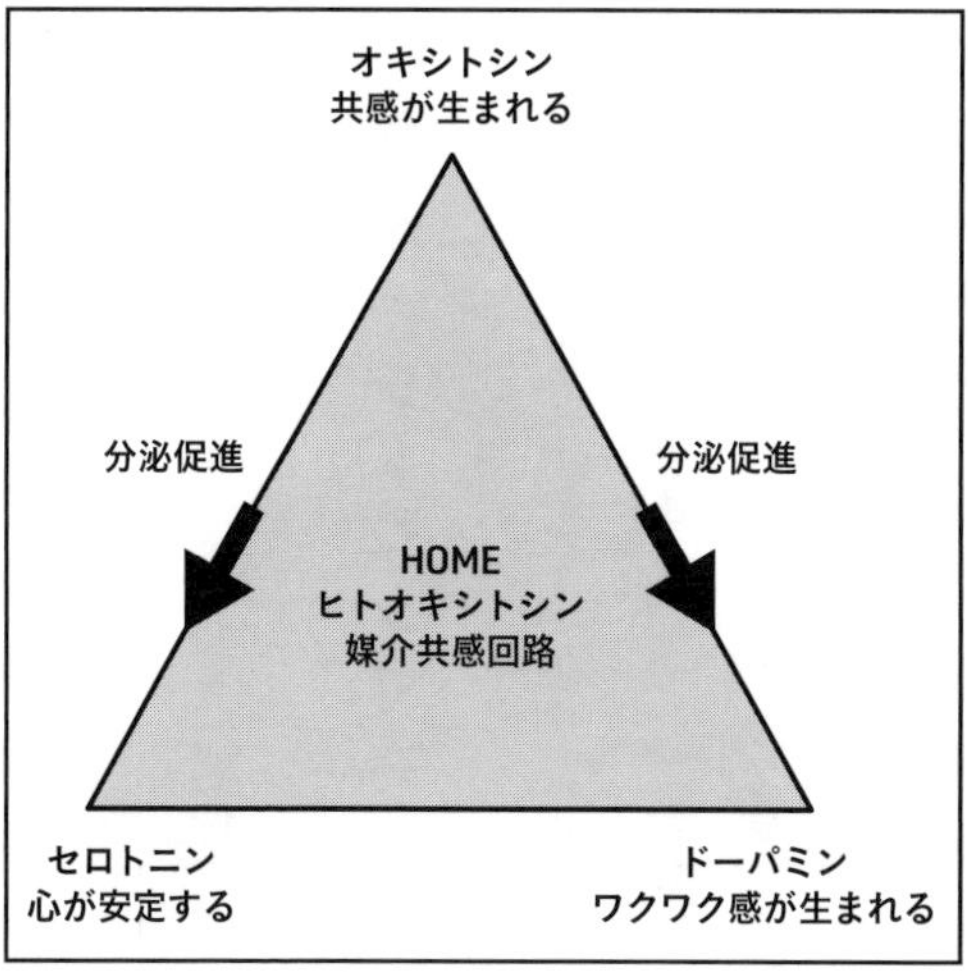

■ 図2-2　HOME回路の仕組み

チャプター2でも示したように、オキシトシンが分泌されることによってドーパミンとセロトニンが分泌されます。セロトニンの効果によって自身の心は安定し、ドーパミンの効果によってワクワク感、そしてこの回路が報酬に反応し、よりオキシトシンを分泌したいと思うようになります。そして共感性、道徳性がより高まっていきます。

▼オキシトシンで高めるエンゲージメント

理念への共感や組織への愛、信頼である従業員エンゲージメントはオキシトシンによって実現することができます。そして**従業員エンゲージメントを高めることがワークエンゲージメントを高めることにつながります。**そのためには、組織を形成する各要素が従業員にとって、**オキシトシン分泌を促進させるような状態である必要があります。**

アメリカのコンサルティングファーム「マッキンゼー・アンド・カンパニー」が提唱した7Sモデルでは、組織の要素を7つに分類しています。そして優良企業といわれる組織では例外なく7つの要素がバランスよく補い合っているといわれています。

最も重要な要素は、図2-3の中心にあるシェアードバリューだといわれています。これは**企業に共通した価値観や基本理念、ミッション、ビジョン、企業の存在意義などを指します。**シェアードバリューは、従業員にオキシトシンを分泌させるように共感されやすく、

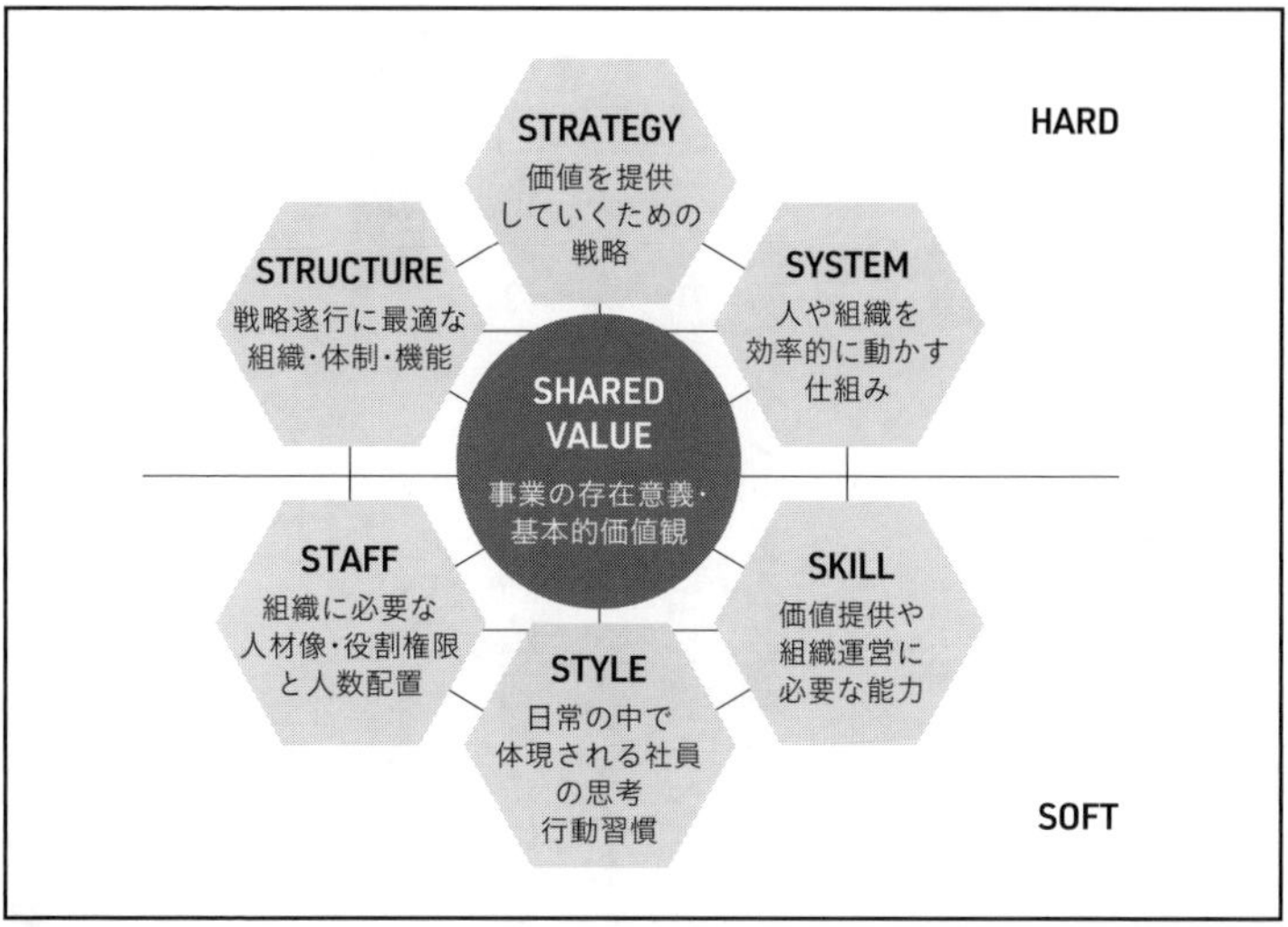

■ 図2-3　7Sモデル

ドーパミンを分泌させるようなワクワク感、セロトニンを分泌させるような安心感を与えるものであることが重要です。そしてこれらのホルモンの効果により、仕事に対して熱意を持って主体的に取り組む心理状態である「ワークエンゲージメント」が自然に高まっていきます。

ほかの6つの要素でもシェアードバリューとの整合性をとったうえで、従業員にネガティブでなくポジティブな刺激を与えられるようなデザインをすべきです。例えばワクワクする未来のビジョンや戦略を示したり語ったりする機会をつくる、コミュニケーションによるストレスを減らすITツールやタレントマネジメントシステムを導入するなども効果的です。

もちろん、どんな組織デザインが理想的かは企業のフェーズやメンバー構成によってさまざまですが、**生き物である私たちにとって普遍的にポジティブな刺激を取り入れることは、組織の活性化においても有効なのです。**

▼POINT

☑ 企業の人材定着・価値創造にはエンゲージメントを高めることが重要。
☑ ホモ・サピエンスにとって親を含む他者や組織とのつながりは根源的なニーズである。
☑ つながりを形成しエンゲージメントを高めるにはオキシトシン分泌を促進させる組織デザインをする必要がある。

▼具体的な方法

・ワークエンゲージメントより前に従業員エンゲージメントを高める。
・未来を語るなど、ポジティブな刺激が生まれるような場をつくる。
・円滑なコミュニケーションが取れるようなＩＴツールを導入する。

05 対話
～心と身体の共有が共感を生み出す～

▼対話とは何か

国同士の外交上のすれ違いや問題が起きたときに「継続的な対話を続けていく」というような表現を報道で耳にしますが、「継続的な議論を続けていく」とはあまり聞きません。「議論」と「対話」という言葉は似ていますが、そこには明確に違いがあります。**組織開発の領域においても、対話は1つの手法として地位を確立しており、近年では変革に取り組むコアチームの継続的な対話による「対話型組織開発」という手法が注目されています。**

「議論」と「対話」の英語での語源を知ると明確な差があります。「議論（Discussion）」は英語で「Dis（徹底的）」と「Cuss（叩く）」という言葉から成り立ちます。Concussion：脳震盪、Percussion：打楽器と同じ語源です。つまり議論には相手を打ち負かす、勝ち負けを決める、分析して白黒はっきりさせるなどの意味が含まれています。一方で「対話（Dialog）」はギリ

議論	対話

意見の選択と合意、妥当性の検証が目的	意見の発散と創造、多様性の共有が目的
意見を主張、相手を説得し、妥協点を見つける	判断を保留し、新たな気づきを得る
相手を説得する	相手に共感する

■ 図2-4　議論と対話の違い

シャ語のDialogosから来ていて「Dia（通じて・通わす）」と「Logos（言葉・意味・概念）」から成り立っています。そこには**意味の流れの生成、新たな理解の形成、勝ち負けではなく共につくるという意味が含まれています。**言葉の成り立ちからもわかるように「議論」と「対話」では明確に目的とプロセス、態度が異なります（図2-4）。

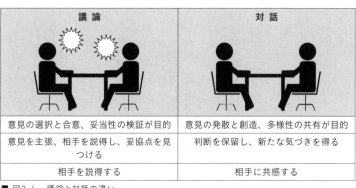

対話が注目されている理由として、いまが「VUCA」と呼ばれる先の見えない時代であることが挙げられます。誰にも正解がわからず、進むべき方向が見いだせない、個人の知識や経験が通用しないといった状況にあるからです。もちろん議論が重要な場面も存在します。

対話には関係性構築の側面と問題解決の両方の側面がありますが、ここでは関係性構築の側面にフォーカスを当てます。また対話には「話す」と「聴く」がありますが、特に共感的な態度を持って聴くということが良い対話には不可欠です。この項では共感的に聴く態度につい

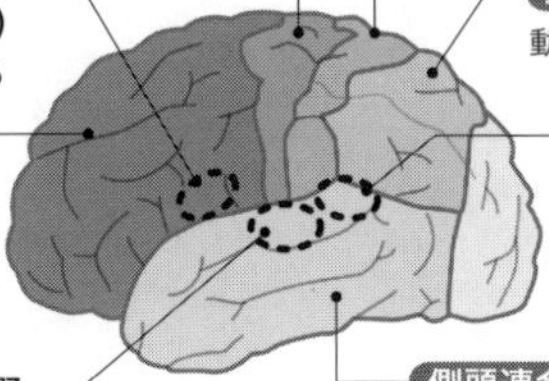

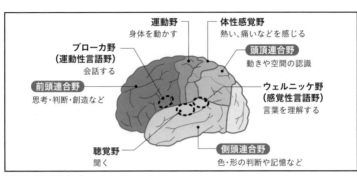

■ 図2-5　脳の領野

て **「ミラーニューロン」というヒトが生まれながらに持っている脳の仕組み**から解説していきます。

▼ミラーニューロンと認知・感情・身体の共感

ミラーニューロンとは、「模倣する脳細胞」という意味です。これは1996年、イタリアのパルマ大学のジャコモ・リッツォラッティ氏によってはじめて発見されました。通常、脳はある行動をするときそれを司る脳の領域が活性化します。例えば運動しているときは運動野、言葉を話すときは言語野が活性化するといった具合です（図2-5）。

ミラーニューロンの発見は、分子生物学におけるDNAの発見と同等レベルの偉大なものだといわれています。その所以はさまざまですが、1つに共感を神経科学的に説明することが可能になったことがあります。

ミラーニューロンとは文字通り、**相手の行動を見たり、言葉を聞いたりするだけで自身も同じ行動をしたように同じ脳の領域が活性化する特殊な細胞**です。例えば相手が笑っているときは自分も笑っているときに活性化する領域が活性化しますし、相手が泣いていれば自分も泣いているときに活性化する領域が活性化するのです。これは人間だけのものではありません。研究によって、マカクザルの赤ちゃんに向けて舌を出すとマカクザルの赤ちゃんも舌を出し返すことが確認されています。飼い犬が自分に向けて笑いかけているように感じるなど、ペットを飼っている方がペットが飼い主の感情を読み取っているように感じるのはミラーニューロンによるものかもしれません。

前述の通り、ミラーニューロンは相手の行動・言動を受けることによって自身も同じ行動・言動の脳の領域が活性化します。同じ情動（身体の生理学的な反応）が発生することで同じ感情（情動によって表出する心理的なもの）が湧き上がるため、**相手の立場や視点に立って物事を考えることができるのです。この仕組みによって私たちは意識的でなく無意識的に他者に共感します。**

共感はスキルのように論じられる場面もありますが、実はヒトが生まれながらにして持っている性質なのです。

しかし、全ての動物が他者の視点を得ているわけではありません。相手と同じ情動が生じ

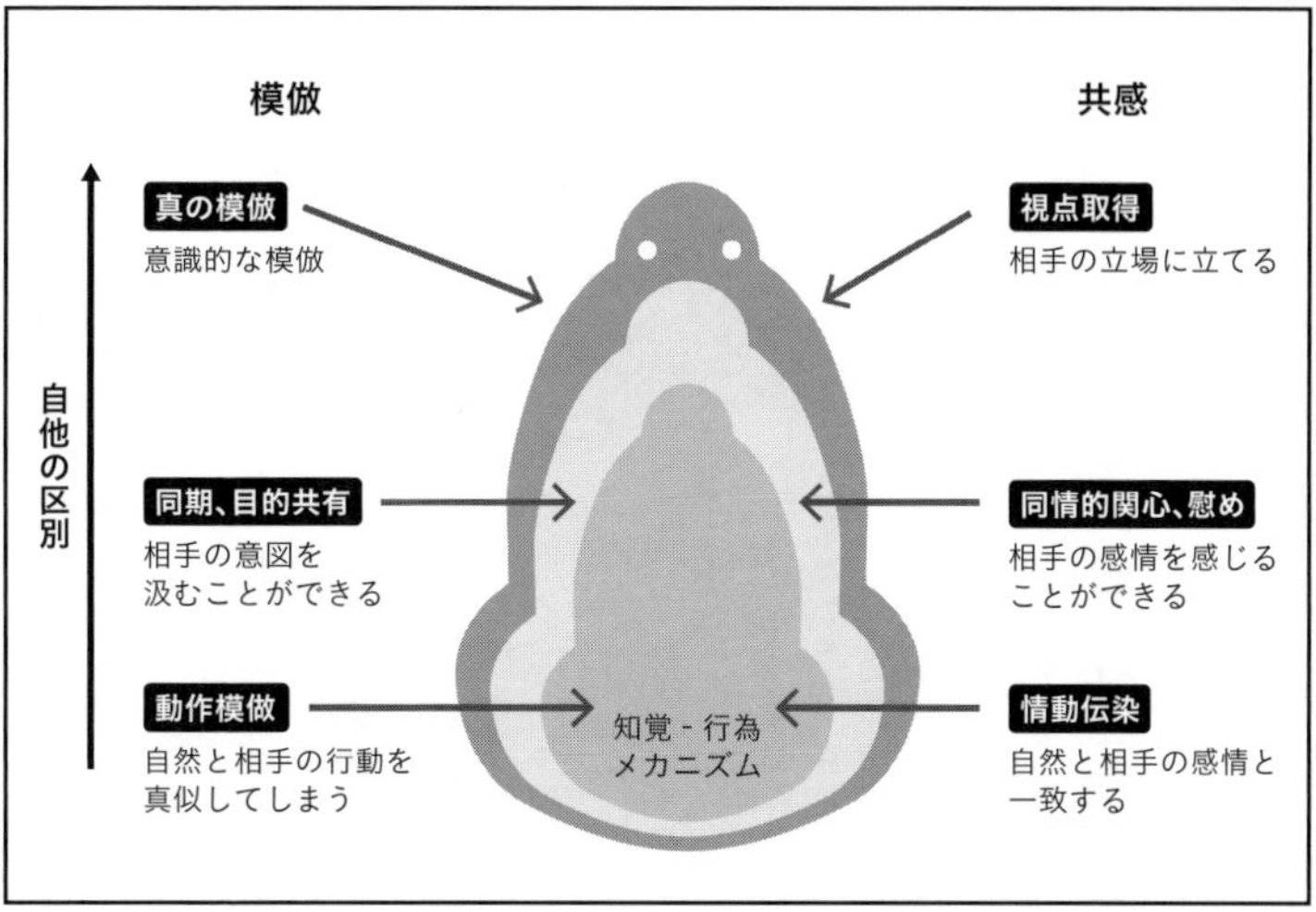

■ 図2-6　共感のマトリョーシカモデル
参考：THE AGE OF EMPATHY『FREQUENTLY ASKED QUESTIONS』
https://www.emory.edu/LIVING_LINKS/empathy/faq.html

る「情動感染」は多くの動物で観察されていますが、他者の視点を得ることは私たちヒトにおいて特に発達した機能です。脳の階層モデルのように、共感も進化の過程でより高度な機能が追加されていったといわれています。動物行動学者のフランス・ドゥ・ヴァール氏はマトリョーシカモデルとして、共感を紹介しています（図2-6）。

▼リアクションが共感を強化する

ミラーニューロンの仕組みからも、共感には模倣が重要だといわれています。それは模倣されることによって、自身の感情が相手に伝わっていて、情動が共有されていることを確認できるからです。実際、**模倣されることと共感には相関があるという実験結果があります。**

相手に自分が共感していることを伝えるには、模倣を含めたリアクションによってそれを明確に伝えることが必要です。いくら共感していたとしても、無表情や無言だとその共感は相手にはうまく伝わりません。リアクションは、次の3つの次元に分けるとわかりやすいでしょう。

- 認知共感リアクション：相手の考えていることの確認、オウム返し。
- 感情共感リアクション：相手の感情への同情、寄り添い。
- 身体共感リアクション：相手の動作・表情への同調・応答、さりげない模倣。

ヒトは生まれながらにして共感能力を持った生き物です。しかし、ヒトは思考によって自身の行動をコントロールできるため、共感していたとしてもそれを表現しないように表情や感情を意図的に操作することができます。だからこそ、**他者に共感をしていることを意図的に態度で示すことが重要**です。そのとき、自身の考え方や視点、価値観から生まれるような感情に基づくリアクションや別のことをしながらのぎこちない反応だと、この3つの共感リアクションを返すことは難しいです。

最近ではリモートワークの流行によりＷＥＢ会議も増えてきています。そのときビデオオンとオフの開催のどちらが共感を育むことができるかは明らかです。日々の何気ない会話や対話の場面では、**認知・感情・身体のリアクションに意識を向けること**をお勧めします。

▼POINT

☑答えがない問題の解決、関係性の構築には議論ではなく対話が有効である。

☑共感の基盤はミラーニューロンにあり、意識的でなく無意識的なレベルで共感が生じる。

☑共感にはリアクションが重要であり、認知・感情・身体のレベルで伝える。

▼具体的な方法

・あえて大きく頷いたり、反復したりと意図的に相手の動作に同調してみる。
・フラットな思考・感情で相手の話に素直に反応する。
・WEB会議はビデオオンで行う。

06 ストーリーテリング
～共感を生み出すコミュニケーション法～

▼ストーリーテリングとプレゼンテーション

企業の中での公式なコミュニケーションは、ほとんどがプレゼンテーションではないでしょうか。多くのビジネスパーソンはプレゼンテーションの機会が頻繁にあり、研修などの教育の場においても話を端的に伝えるためのトレーニングを多く経験します。しかし、**端的でわかりやすいだけでは相手に内容を理解させることはできても、共感を生んで気持ちを高めたり、相手の行動を変えたりすることは難しい**です。そんな中で注目されているコミュニケーション法がストーリーテリングです。

ストーリーテリングとは、伝えたいことや思いを体験談やエピソードに載せて語ることで**共感を生み出し、仲間に行動を喚起したり一体感を高めたりするコミュニケーション法**です。図2-7にプレゼンテーションとストーリーテリングの違いをまとめました。

	一般的なプレゼンテーション	ストーリーテリング
	物事を**理解**させる、してもらう	**共感**を生み、行動を喚起する
構成	**・伝えたい結論とその根拠を端的に伝える** ・PREPやSDSなどの構成が用いられることが多い ※一方的な伝達、指示命令になりがち	**・伝えたいメッセージについて、体験談やエピソードを織り交ぜ「物語」として語る** ・物事の変化、登場人物の成長・感情の起伏などを織り交ぜて、物語を語り、聴衆にも語る場を提供 ※テーマについての前提を共有し、思いを引き出す
特徴	**・論理や必要性のみに訴えかけがち** ・結論とそれを支える根拠(データ/事実)を知れる ・プレゼンテーションの構成によっては、聴き手が自分との接点を見いだせず、共感されない場合がある	**・論理と感性の両方に訴求する** ・結論とそれを支える事実の間にある、「意味」や「意義」が伝わりやすい ・語り手の価値観やバックグラウンドに触れるため、聴き手の中で意味付けがなされ共感を生みやすい

※SDS :Summary (要約) Details (詳細な説明) Summary (要約)というプレゼンテーションの流れ
※PREPとは「Point(結論)Reason (理由) Example (具体例) Point (まとめ)」というプレゼンテーションの流れ

■ 図2-7　プレゼンテーションとストーリーテリングの違い

なぜストーリーテリングは、共感を生み出すことができるのか? それは、私たちホモ・サピエンスがストーリーに強く反応するようにできていて、そのおかげでここまで繁栄することができたからです。

▼ストーリーに共感するホモ・サピエンス

ホモ・サピエンスは約20万年前、東アフリカで誕生したといわれています。10万年前には少なくとも6種のヒトが暮らしていたとされていますが、現在生き残っているのは私たちホモ・サピエンスだけです。ヒトの種がほかの哺乳類よりも繁栄した理由として高度な思考力、道具の使用、直立二足歩行など挙げられますが、最も重要な進化は、新しい思考と高度な言語を獲得したことだといわれています。『サピエンス全史』（河出書房新社）の著者ユヴァル・ノア・ハラリ氏はこのことを「認知革命」と呼んでいます。新しい思考とは、**虚構（フィクション）を想像し、信じる能力**です。この力により、お金や国家、法律などの見えない概念やルールを生み出すことができるようになりました。そして、さらに高度なツールである言語によって、その概念を周囲に伝え、絵や文字などのシンボルに残すことで、種の拡大が加速しました。私たちは仲間と大きな集団を形成し、協力して敵と闘い、世代を超えて道具作成の技術などの知識や概念を蓄積していくことで、より繁栄してきました。つまり、**虚構や見えない概念についてのストーリーを語り、共有することは私たちホモ・サピエンスにとって大きな影響を持ち、これにより一体感を形成してきた**のです。

ストーリーがなぜ強力な力があるかを脳の構造と記憶の仕組みからもう少し掘り下げていきます。記憶の分類は諸説ありますが、大きく短期記憶と長期記憶に分けられ、長期記憶は陳述記憶と非陳述記憶に分かれ、さらに陳述的記憶は意味記憶とエピソード記憶に分かれます（図2-8）。

ここでは特に**意味記憶**と**エピソード記憶**に注目します。エピソード記憶とは**時間や場所、感情の起伏を含んだ体験や経験の記憶**のことです。例えば「昨日、犬に噛まれて痛かった」などです。一方で意味記憶とは**知識や概念などに関する記憶**です。例えば「犬は怖い」など

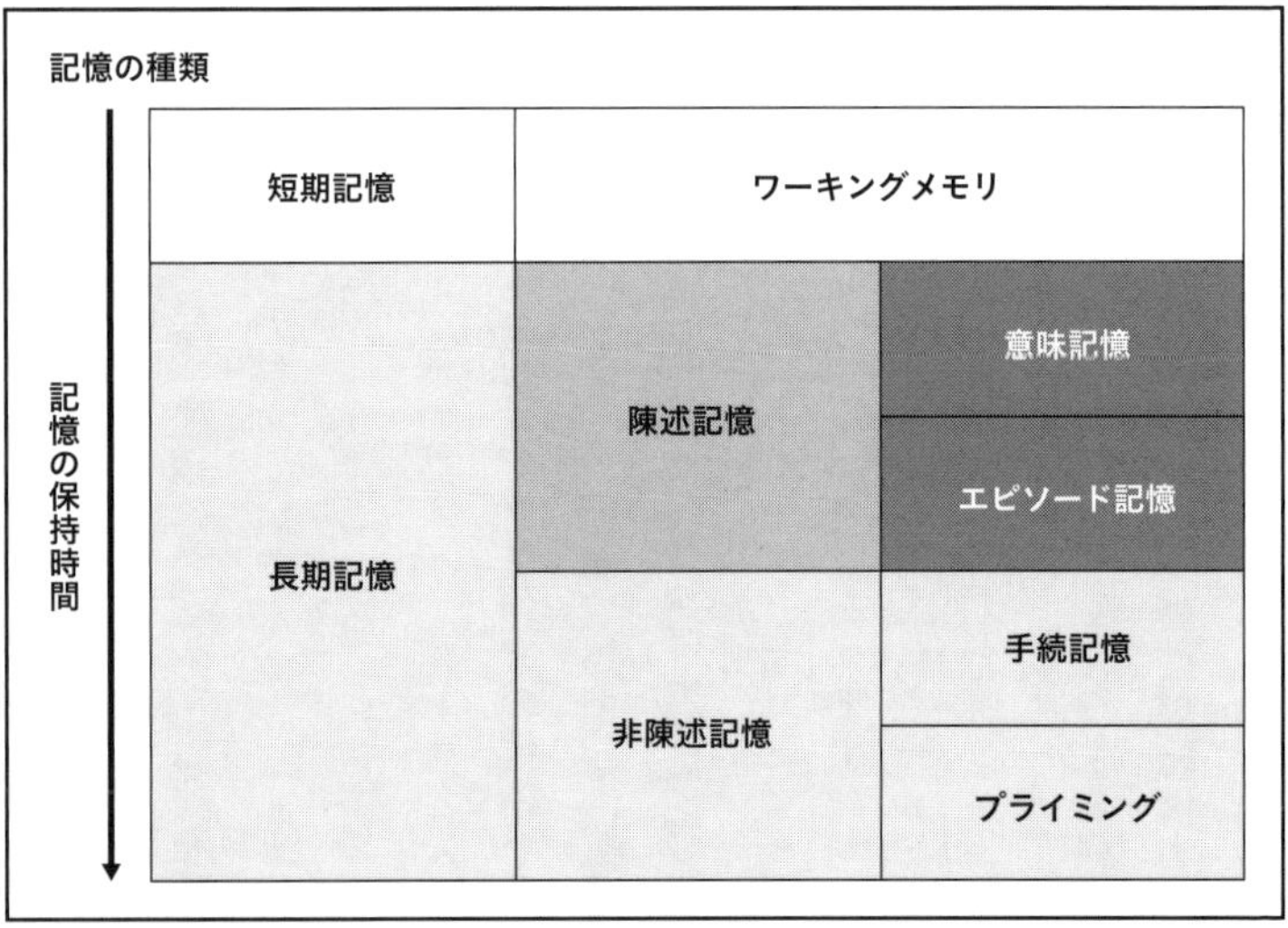

■ 図2-8　記憶の分類

です。エピソード記憶は同じような体験をすると一つひとつのエピソードは識別が難しくなり、意味記憶へと変化していきます。例のように、「犬に噛まれて痛かった」という経験を繰り返すと「犬は怖い」という概念に変換され、具体的なエピソードは曖昧になっていきます。このように、**ある知識や意味、概念を記憶するには感情を伴うエピソード（ストーリー）が重要**です。よく印象に残っていることの記憶は、大きく感情が動くような具体的なエピソードがセットであるということは感覚的にもわかると思います。これが、ストーリーテリングが相手の記憶に残りやすい理由です。

また、**具体的な体験や経験を感情とセットで伝えることは相手のミラーニューロン**

を活性化させます。つまり、感情が乗ったストーリーは、相手の脳内で擬似的に同じ体験経験を再現することが可能で、これが相手の中でエピソード記憶として残り、そこから生まれた概念や知識・信念は意味記憶として定着していくのです。

▼ストーリーを体現する

ストーリーテリングは組織の大切にしている価値観、目指したい方向への共感・一体感を醸成することに非常に有効です。そのストーリーを作成するうえでのポイントをわかりやすくまとめたのがサイモン・シネックの著書『WHYから始めよ！』（日本経済新聞出版）で紹介されたゴールデンサークルです。彼は「WHY：なぜ」、「HOW：どのように」、「WHAT：何を」の順で伝えることが影響力のあるリーダーが実践していることだと発見し、それを体系化しました。そしてこの構造は脳の構造と一致しているといわれています（図2-9）。

このようにWHYとHOWは感情を司る大脳辺縁系を刺激し、理性的な理解より強力に影響を与えることでヒトの行動変容や意思決定に影響をあたえるのです。

組織が大切にしている価値観をメンバーに伝えるには、自分がなぜその価値観に共感して

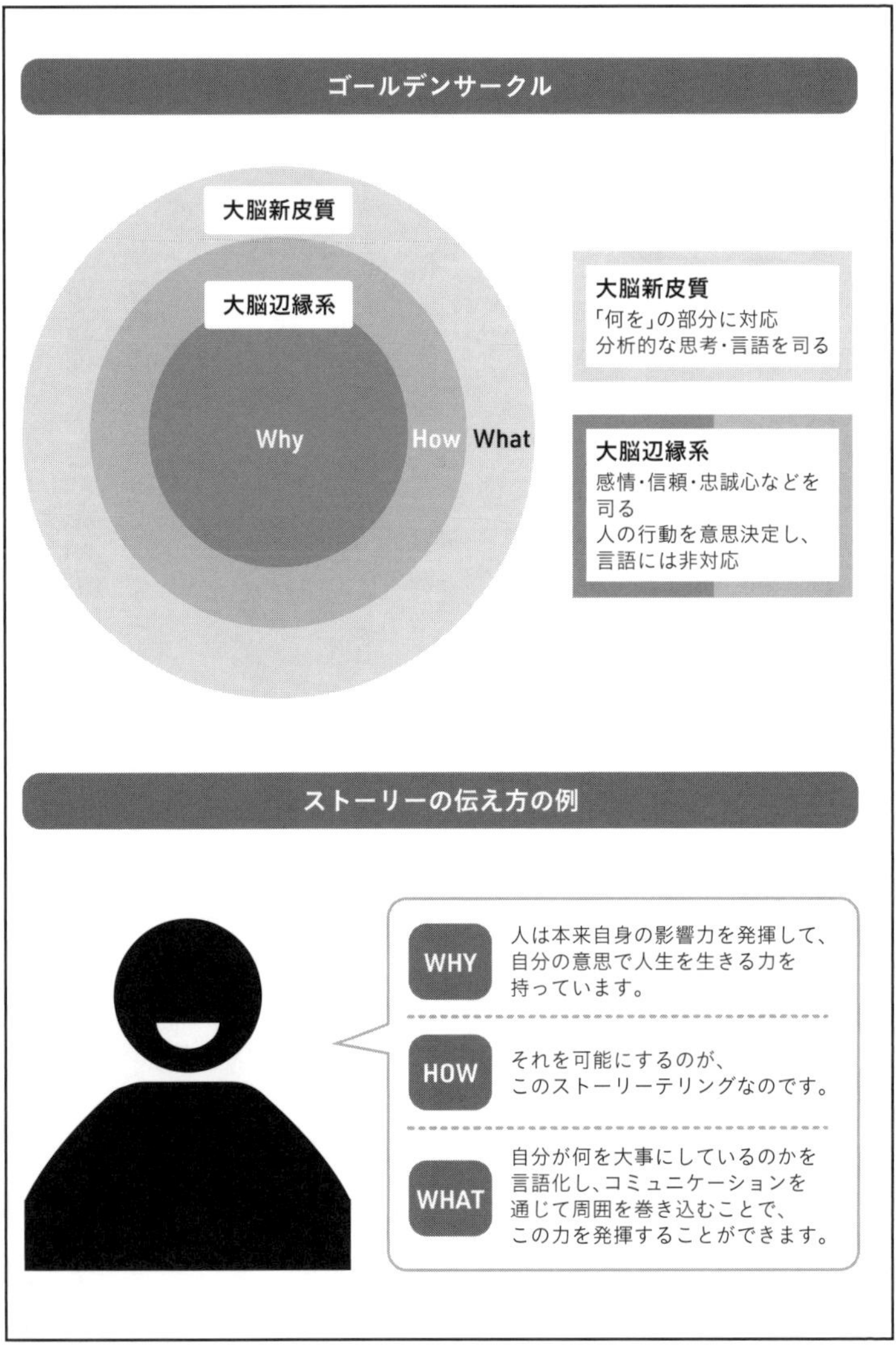
ゴールデンサークル
大脳新皮質
大脳辺縁系
Why
How
What
大脳新皮質
「何を」の部分に対応
分析的な思考・言語を司る
大脳辺縁系
感情・信頼・忠誠心などを司る
人の行動を意思決定し、
言語には非対応
ストーリーの伝え方の例
WHY
人は本来自身の影響力を発揮して、自分の意思で人生を生きる力を持っています。
HOW
それを可能にするのが、このストーリーテリングなのです。
WHAT
自分が何を大事にしているのかを言語化し、コミュニケーションを通じて周囲を巻き込むことで、この力を発揮することができます。

■ 図2-9　ゴールデンサークル

いるのか、それに対してどういった過去の経験や体験があるのかを探求する必要があります。それを土台にしたストーリーを語ることで、組織への共感を高めるだけでなく、リーダーとしての影響力を高めることができます。数値やデータにフォーカスしたコミュニケーションでは共感は生まれません。しかし、うわべでは良いことをいっていても、日々の行動が伴っていないリーダーだとそのうちボロが出ます。ストーリーテリングで語ったことを実践することを**「ストーリードゥーイング」**と呼びます。ストーリーテリングもストーリードゥーイングも、実践することで組織のメンバーだけではなく、企業やブランドとして顧客も同じストーリーに乗せることができます。

例えば、アウトドアアパレル企業のパタゴニアは素晴らしいストーリードゥーイング企業です。創業者のイヴォン・シュイナード氏は、14歳の頃からロッククライミングを楽しんでいた登山家でした。彼は大自然の中でクライミングをしているとき、多くのギア（登るために使用する道具）が岩に打ち込まれたまま放置されていることに気がつきます。そこで、繰り返し使えるギアを自分でつくることにしました。その後、彼の作成したギアの需要は急速に拡大し、アメリカで最大のクライミング・ギアのサプライヤーとなることができました。しかし、それと同時に自身が岩にギアを打ち込み破壊している張本人になっていることに彼は気がつきます。1973年、岩を傷つけるギアの製造をしない決意のもとパタゴニアを創業。当時抱いた環境への配慮の精神がいまも続いています。

パタゴニアは2019年に企業理念を刷新し「私たちは、故郷である地球を救うためにビジネスを営む」という言葉を打ち出しました。そしてそれを実現するさまざまの事業や施策を展開しています。また消費者も環境負荷の低いパタゴニアの商品を購入し使うことで、自身も環境保全に貢献しているというストーリーに乗ることができます。このように**ストーリーは、組織の結束力を高めるだけではありません。ステークホルダーの共感を生みストーリーに巻き込むことで、ブランドは確立され永続的な成長が見込める**のです。

POINT

☑ストーリーは私たちホモ・サピエンスにとって共感・一体感を生み出す強力な力を持つ。

☑ストーリーを語ることで組織への共感とリーダーとしての影響力を高めることができる。

☑ストーリーは語るだけでなく実践によってより大きな影響を与えることができる。

具体的な方法

・感情を伴う経験や体験を自らの言葉で語る。
・ゴールデンサークルを意識してWHYから話す。
・言葉だけでなく行動も伴ったストーリーの実践を行う。

Chapter 3

協力を強める

キーワード
ドーパミン
→ 025ページ
オキシトシン
→027ページ
腹側迷走神経
→109ページ

ヒトがここまで大きな文明を築き、高度に発達してきた理由は、「協力することができたから」だといわれています。ヒトが組織やチームを組む意義は、集団で行動することによって個体ではなし得ない大きな力を発揮できることにあるといえるでしょう。本章では、神経科学や進化生物学の観点から協力について考察し、具体的な施策のタネをご紹介します。取り上げるテーマは「セクショナリズム」「パーパス」「チームビルディング」です。

協力とは？ ～分断のないチームをつくる～

国家、会社、サークル、家族など、私たちは必ずといってよいほど何かしらのチームの一員として活動しています。チームの一員として活動する中でさまざまな恩恵や喜びを感じることがあると思います。特にビジネスにおいては、協力して大きな結果を出すことが求められる場面がほとんどです。

私たちホモ・サピエンスは霊長類に分類されます。これは万物の首長、全ての動物のトップという意味が込められています。つまり、私たちを含むサルの仲間は全ての動物の進化の最終形態であるということです。また、ホモ・サピエンスは「賢い人間」という意味で、ここまで繁栄したのは高度に発達した脳の知性によるものだといわれてます。前章でも触れましたが、ここでいう**知性とは、「仲間と協力をする能力」**のことです。

この世界では私たち以外にも別個体と協力する動物は存在します。例えば、アリやハチが挙げられます。このような社会性昆虫は女王をトップとして巣作り、餌集め、子育てを分担する組織を形成します。分業と協力、コミュニケーションによってアリやハチの社会は成り立っているのです。またライオンやオオカミも血縁関係のある集団の中では社会性が見受けられます。彼らは群れのボスを中心に、血縁のメスが狩りと子育ての役割を担います。このように、協力によって個を超えた集団を維持する生き物はホモ・サピエンス以外にも存在します。

では、このような社会性を持って協力しあえる生き物と私たちホモ・サピエンスは何が違うのでしょうか。それは**血縁関係のない個体間での協力**です。会社などのビジネスのための組織、同じ地域に住む住民同士でのコミュニティー活動などがそれに当たります。アリやハチ、ライオンなどの社会性が発達している生き物も血縁関係のない個体間では協力は基本的にはできません。

みなさんの生活を振り返ってみても、血縁関係のない個体間で協力しあうのが当たり前ではないでしょうか。このような広範囲に及ぶ協力関係によってホモ・サピエンスは高度に文明を築き、支配の範囲を広げることによって「霊長」という全ての生き物のトップの地位を確立しました。そして、この協力体制を維持するようにさまざまな進化を遂げていきました。

しかし、現代社会においては、「集団」で過ごすがゆえ引き起こされる負の側面も存在します。さっそく具体的に見ていきましょう。

07 セクショナリズム
～自然に起こりうる組織の癖～

▼セクショナリズムはなぜ起こる？

　セクショナリズムとは、他チームへの貢献意欲・協力がない状態をいいます。例えば、営業部と管理部がいがみ合っている、派閥によって双方で情報共有がなされないなどといった状態です。この現象は、ビジネスにおけるチームだけでなく、スポーツのチームや学校などの集団、友人関係でも必ず起こりえます。みなさんも所属する組織・チームで思い当たる経験があるのではないでしょうか。平成・令和、いずれの時代も大ヒットを記録したドラマ『半沢直樹』シリーズでも旧態依然とした日本企業の体質として、セクショナリズムが表現されていました。

　セクショナリズムには大きく2つの型があります。**「無関心・非協力型」**と**「批判・排他型」**の2つです。

・無関心・非協力型：所属する自分の組織の利益やメリットのみを考え、コミュニケーションをとらずに必要以上の協働や貢献をしようとしない状態。

・批判・排他型：別の組織に対して敵対的になり、排除しようとしたり、あえて有益な情報を共有しようとしない状態。

このようにセクショナリズムにはさまざま弊害や問題点がありますが、生じる原因は基本的に集団の維持のためです。私たちは生存のために集団を形成し、協力することによって繁栄してきました。それゆえに外部に対して敵対的で裏切り者に排他的であることが仕組みとしてインプットされています。この仕組みもオキシトシンによって理解することができます。

▼オキシトシンの負の側面

オキシトシンの機能・効果についてさまざまな角度からすでに触れてきましたが、これからもう少し本質の部分を見ていきます。オキシトシンは信頼関係の構築、共感力の向上、利他の意識の醸成などに関与しますが、この**本質は「一体感の形成」にあります。**

人の脳の頭頂部には頭頂葉と呼ばれる領域があり、ここは自分と他人の区別をする機能を

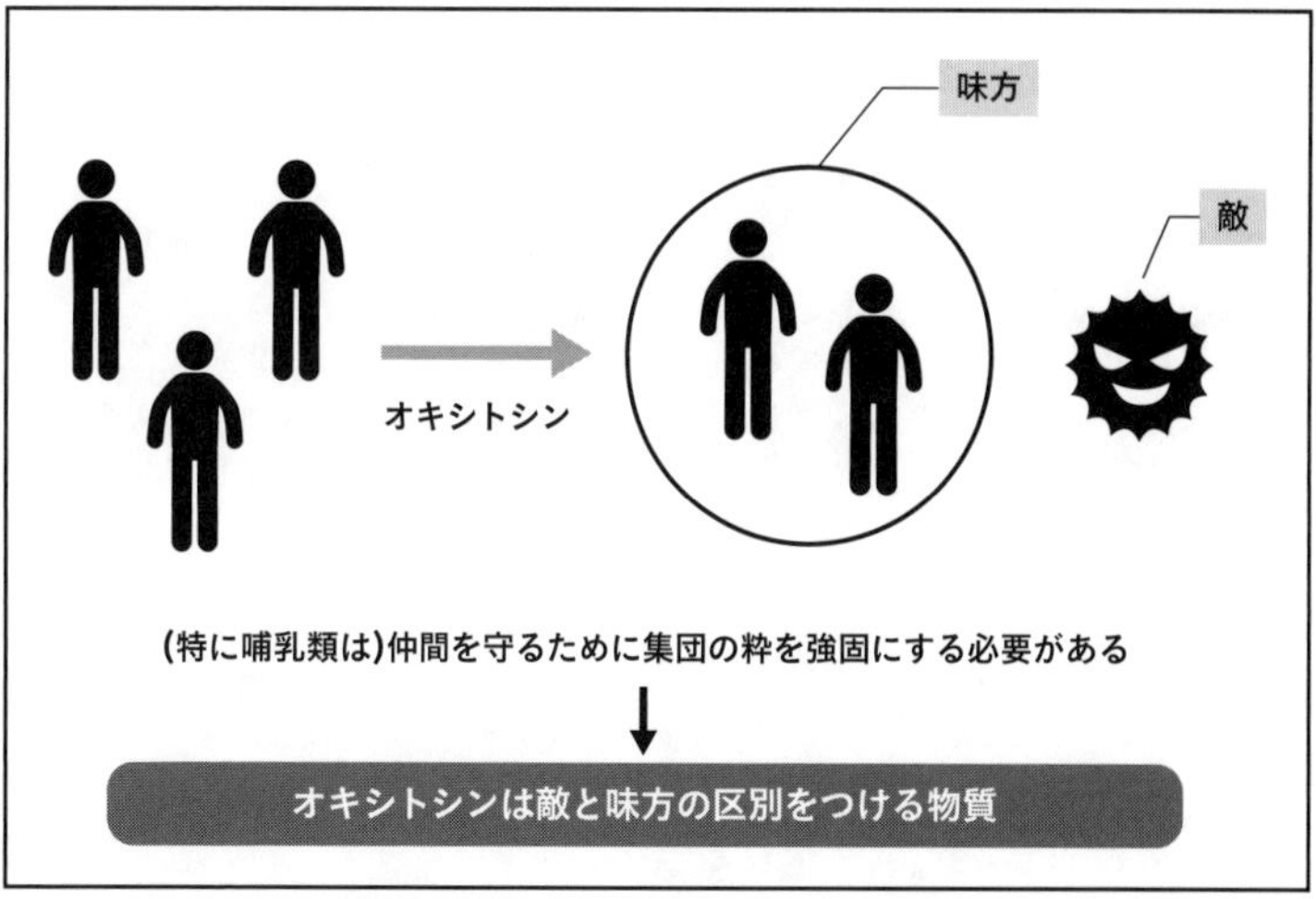
味方
敵
オキシトシン
(特に哺乳類は)仲間を守るために集団の枠を強固にする必要がある
オキシトシンは敵と味方の区別をつける物質

■ 図3-1　オキシトシンの負の側面

持つといわれていますが、オキシトシンが分泌されている状態では、この頭頂葉の機能が抑制されます。つまり、**オキシトシンが分泌されている状態では、オキシトシンを受けた対象に対して自他の境界があいまいになり、一体感を感じるようになる**のです。これは国や地域、宗教など、目に見えない概念への共感によっても起こりえます。

セクショナリズムのような負の側面について理解するには、もう少し踏み込む必要があります。先ほどの説明と逆に聞こえるかもしれませんが、オキシトシンは「自分と他人の区別をつける」ホルモンでもあります（図3-1）。女性が子どもを産んだあと、夫に対してイライラしたり、攻撃的になってしまったりすることを「産後クライシス」といいま

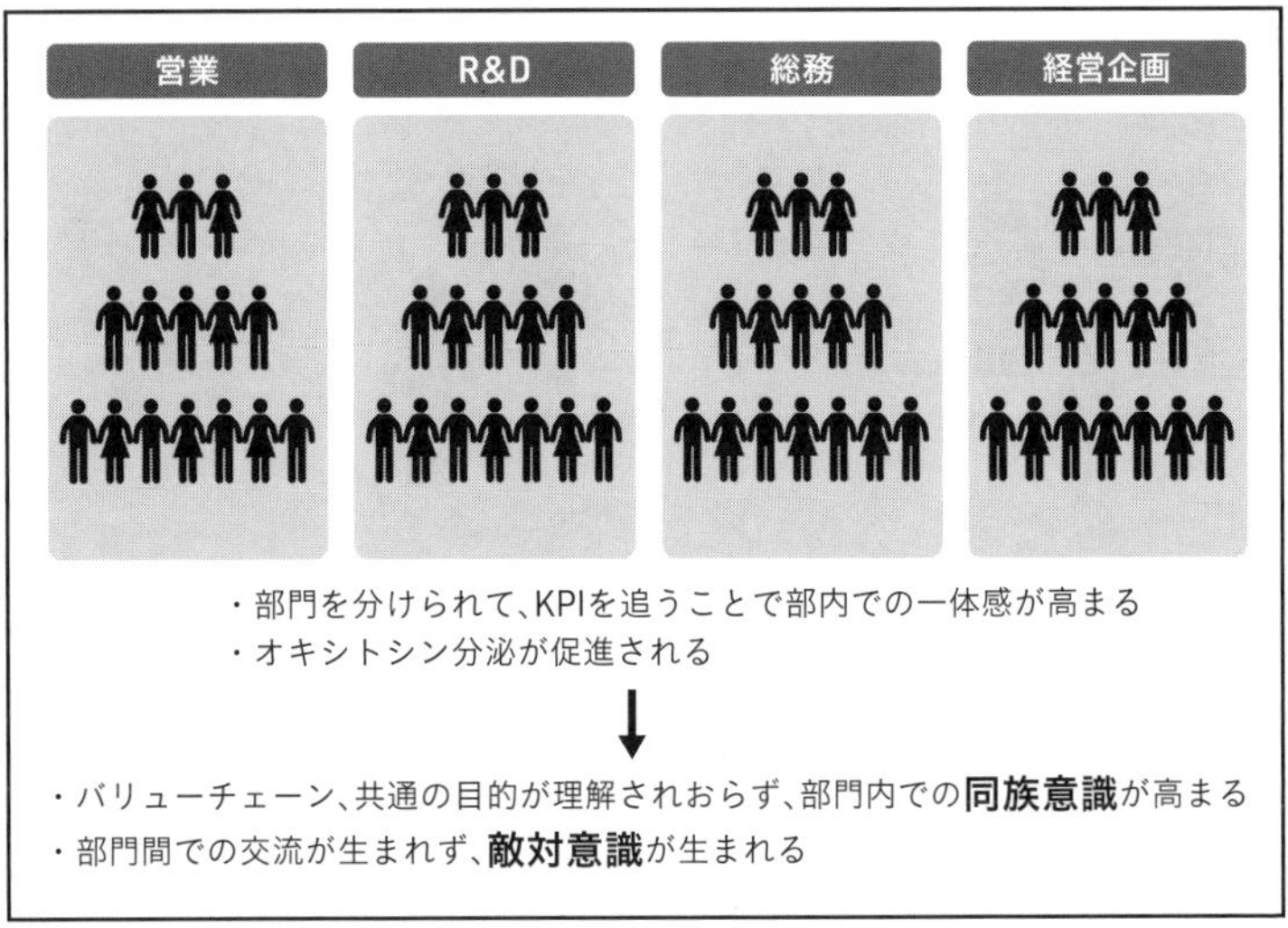
営業
R&D
総務
経営企画
・部門を分けられて、KPIを追うことで部内での一体感が高まる
・オキシトシン分泌が促進される
・バリューチェーン、共通の目的が理解されおらず、部門内での**同族意識**が高まる
・部門間での交流が生まれず、**敵対意識**が生まれる

■ 図3-2　オキシトシンとセクショナリズム

す。この現象はオキシトシンの効果によるものだといわれています。女性は子どもが生まれたとき、オキシトシンを含むさまざまな女性ホルモンの作用により身体的にも母親モードになり、子どもに大きな愛情を注ぐようになります。このとき、母子間でのオキシトシンの効果による絆の形成はされていきますが、夫が子育てを手伝わなかったり非協力的であったりすると、夫を敵と見なすようになります。つまり、**母子間の絆が強化されることによって相対的に夫婦間の絆が低下し、夫はオキシトシンによる一体感のエリア外に行ってしまう**のです。

そしてこれが、セクショナリズムが起きることの生命科学的な理由です。図3-2

のように日本企業の多くは縦割り組織の形をとり、部門の役割と責任、それに伴う数値目標が設定されています。この共通の目的や目標を追うことによって部門内の協力・交流が生まれ、オキシトシンの分泌が促進されることによって一体感が生まれてきます。しかし、部門内の同属意識が強化され、同時に他部門に対する敵対意識も強まります。そして、部門間のコミュニケーションが減り、セクショナリズムが加速していくのです。

▼セクショナリズムを防ぐ3つのポイント

アメリカの経営学者チェスター・バーナード氏は組織が成り立つ3条件として「貢献意欲」「コミュニケーション」、そして「共通の目的」を挙げています。共通の目的のもと組織が集い、目的に向かってコミュニケーションが生まれ、それによって貢献意欲が醸成され組織のパフォーマンスが向上する。この流れは、オキシトシンの分泌の源とその効果をシンプルに体系化したものをあらわしていると思われます。

ここにセクショナリズムを防ぐポイントがあります。つまり、セクショナリズムを防ぎ、組織全体への貢献意欲を高めるためには、組織全体の共通の目的を明確にし、部門をまたいだコミュニケーションを強化することが重要です。そのため、オキシトシンが分泌される同

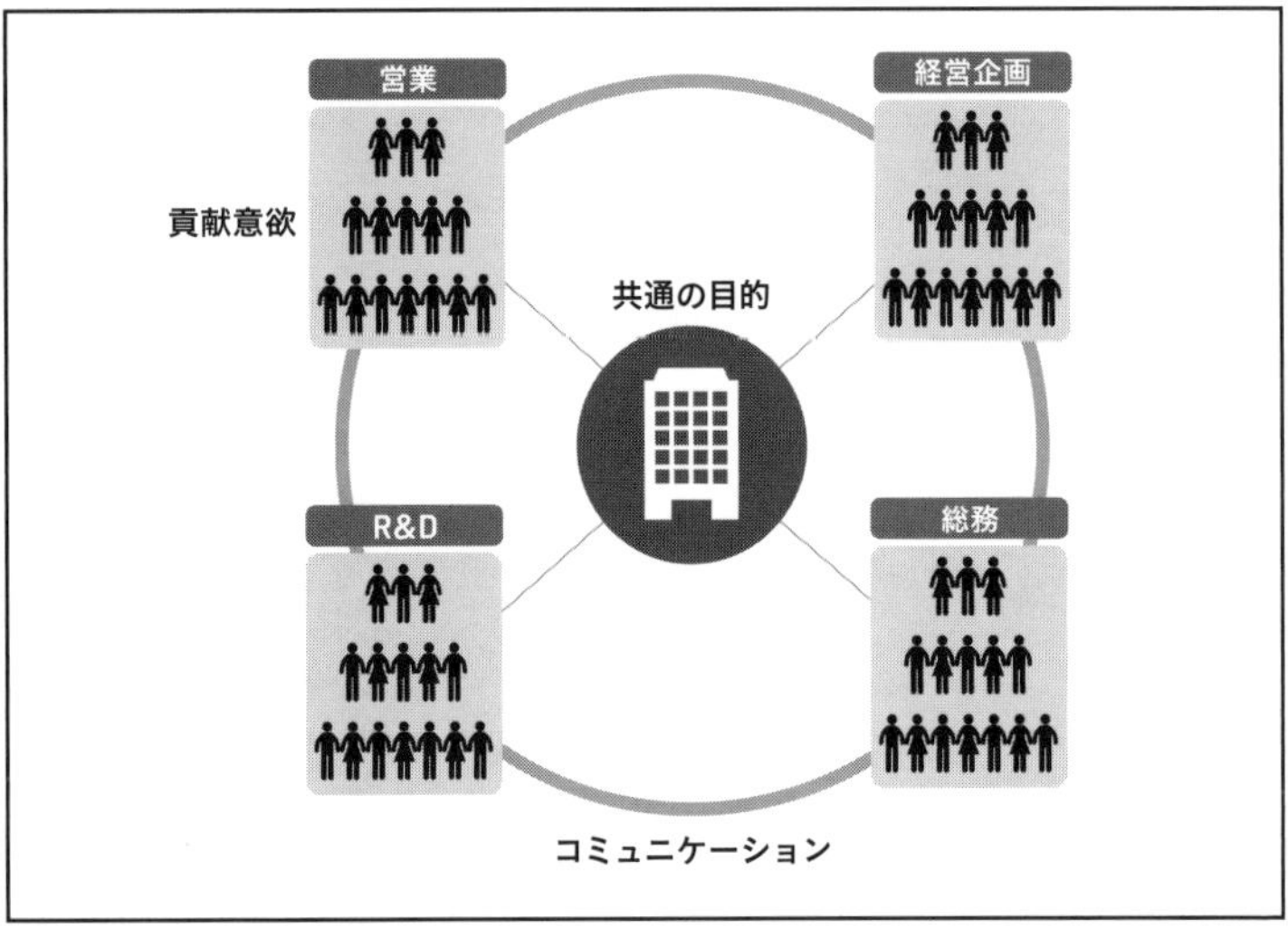

■ 図3-3　セクショナリズムを防ぐ組織のモデル

族意識の範囲を組織内から組織全体に広げるための仕組みや制度、教育を導入するとよいでしょう（図3-3）。

具体的には**各部門の目標やKPIを組織全体の目的、存在意義やミッション・ビジョンに紐づけることが大切です。**このことによって組織内のメンバーは自部門と組織全体のつながりと他部門とのバリューチェーンを意識することができます。また、コミュニケーションの範囲を広げるために、意図的な人事異動や公式・非公式を含む部門を超えたチームビルディング、社内SNSなどを通じた情報共有が有効です。メンバー一人ひとりがなぜこの組織に所属するのか、この組織のメンバーとして社会にどんな貢献をしたいのかを引き出し言語化する教育も効果的です。

もちろん具体的に取り組むべき施策やその優先順位は組織の大きさやメンバー構成によってさまざまですが、こういったことを意識して組織をデザイン・運営をしていくとセクショナリズムを防ぐことができ、貢献意欲であふれた一体感のある組織をつくることができます。

POINT

- ☑ **オキシトシンは「一体感の形成」と「自分と他人の区別をつける」ホルモンである。**
- ☑ **オキシトシン分泌によって部門間の敵対意識が生まれ、セクショナリズムが起こる。**
- ☑ **セクショナリズムを防ぐためにはオキシトシン分泌の範囲を組織全体に広げる。**

具体的な方法

- **部門内の目的・KPIを組織全体の目的やミッション・ビジョンにつなげる。**
- **社内SNSを使った組織全体への情報共有。**
- **メンバー一人ひとりの組織・社会への貢献の方向性を明確にする教育を行う。**

08 パーパス
〜存在意義がチームを束ねる〜

▼なぜ経営に目的が必要なのか

前節でチェスター・バーナード氏の「組織の3条件」をご紹介しました。この3つのうち、ヒトが形成するチームにおいて最も重要な要素は「共通の目的」です。ミクロな細菌から大きな哺乳類まで、何かしらの方法を使ってコミュニケーションはできますし、社会性のある昆虫や哺乳類は表面上では利他的で貢献意欲を持ったような行動をとることができます。しかし、**全ての生き物の中で唯一私たちだけが虚構の概念（共通の目的）を信じることができます。**このことが動物の群れと私たちの組織の違いです。

さまざまな経営学の理論や組織論を見てみると、組織の要素や組織を束ねるための大事なポイントとして必ずといっていいほど「共通の目的」と似た概念が入ってきます。

ここでは特にパーパスという言葉を取り扱います。パーパスとは「目的」という意味の言葉ですが、ビジネス文脈においては「存在意義」という意味で使われています。2018年に日本で出版され新たな組織モデルを提案した『ティール組織』（フレデリック・フルー著、英治出版）の中でも、ティール組織を実現する3つの要素として「セルフマネジメント（自主経営）」「ホールネス（全体性）」「エボリューショナリー・パーパス（存在目的）」が挙げられます。また2019年8月には、「ビジネス・ラウンドテーブル」（アメリカにおける日本の経団連にあたる団体）で企業のパーパスについて議論され、「今までの『株主第一主義』から『社会的な意義・貢献性を重視』した運営に取り組むこと」が表明されました。このように企業のパーパスは近年注目され、既存のパラダイムからの転換が求められています。

パーパスに似たような概念としてミッション・ビジョン・バリューという言葉があります。ミッションとは任務や使命をあらわす言葉で、目指す状態に対して何をすべきかの方向性を示します。ビジョンは企業が目指す理想の状態・未来像、バリューは企業の行動や意思決定において大切にしたい価値観や信条をあらわす言葉です。

一方、パーパスは企業がなぜこの世界に存在するのか、この世界に存在する価値は何かをあらわす言葉です。つまり、企業の根本的な存在理由をあらわしています。そして、パーパス的な意味合いでミッションを掲げている企業が多いのが実情です。

▼「誰かのために！」と「ワクワク！」が力になる

企業の中の目的や目標の多くは、売上の拡大や数値目標の達成にフォーカスがあてられています。メンバーは決められた目的・目標に対して、金銭などのインセンティブをもとに愚直に努力しますが、あるとき次のようなことが頭をよぎります。「この目標を達成することに何の意味があるのだろう？」「この努力の先に何があるのだろう？」「この会社は社会に存在する意味があるのだろうか？」……。

私たちは高度な社会性を持った生き物であるため、他者への貢献や誰かの役に立つことに対して、生まれながらにしてポジティブな反応を示します。このことからも、企業のパーパスを策定するうえでは「私たちは何者か」と「世界のニーズ」の接点を探求することが重要です。優れたパーパスを発見することができれば、メンバーは一体感を持ち、サステナブルなモチベーションを維持することができるようになります（図3-4）。

パーパスをもう少しわかりやすく表現すると**「貢献テーマ」**と**「関心テーマ」**に分けられます。ヒトは誰かの言葉や宗教などの見えない概念からパワーを受けることができます。そして、それらに心が触れるとき、身体レベルで変化が起こります。**身体でホルモンが分泌さ**

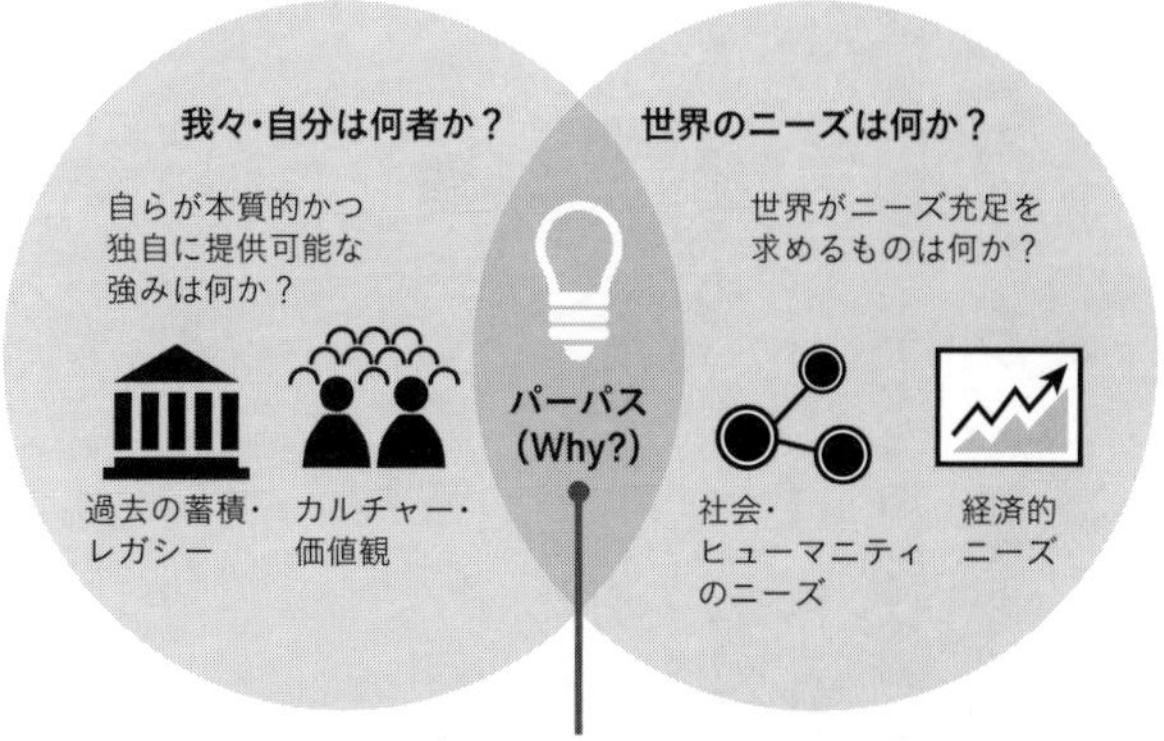
社会に対する独自の強みを通じた提供価値
＝存在意義

■ 図3-4　パーパスとは何か？
出所：ボストン コンサルティング グループ 編著『BCG 次の10年で勝つ経営』2020, 日本経済新聞社

れるのです。

貢献テーマは誰かのためになりたい、誰かを救いたいといった方向性を示すもので、オキシトシンを引き出します。一方で関心テーマはこんなことが好きで得意、こういうことにワクワクするといった方向性を示すもので、ドーパミンを引き出します。これらのホルモンがブレンドされ、メンバーの中でモチベーションや心身の健康といった作用を示すようになります。

実際に、社会課題をテーマとしたアンケートの実施時に、目的を示したもの、示さないものでオキシトシン濃度を比較すると、目的を示したアンケートの方がオキシトシン分泌が高くなることが実験からわかっています。

このように、企業のパーパスがメンバーを同じ方向に束ねるだけのただのアンカーでなく、一人ひとりにパワーを与えられるような素晴らしいものを策定することが非常に重要です。よりパワフルで持続可能な経営をするためにはこういった効果をパーパスだけでなく、ミッション・ビジョン・バリュー、クレドや社是などの言葉にも持たせることが求められます。

▼個人と組織の目的を重ね合わせる

パーパスから生まれるオキシトシンやドーパミンの効果を利用するためには、メンバー一人ひとりがその言葉からパワーをもらう感覚が大切です。なぜならそのパワーの感覚がオキシトシンやドーパミンによって引き起こされる安心感やワクワク感だからです。

パーパスを策定する場合は、経営層によるトップダウンによるものでなく、メンバーを巻き込んだボトムアップの策定が効果的です。一人ひとりの過去を振り返り、「どんなことが好きか」「どんなことにワクワクするか」「大切にしたい価値観や社会にどんな価値を提供したいか」などを探求していくと、そこには必ず自身の貢献テーマと関心テーマがあります。それをチーム内で統合することで、パーパスがつむがれていきます。

多くの企業では経営のトップ層が密室でディスカッションを繰り返し、綺麗な言葉でパーパスがまとめられていきます。ただ、このやり方ではメンバーの共感が得られにくく、お飾りのパーパスが出来上がってしまう可能性が高いです。

企業の規模によってはボトムアップで作成していくことが難しい場合もあります。その場合は、個人のパーパスと組織のパーパスの接点を探すことが求められます。組織のパーパスと個人のパーパスが完全に一致していることはまずありません。ただ、部分的につながっているところや共感するところを探求し、言語化することで接点を築くことができます。そうすればメンバーは組織のパーパスからパワーがもらえ、生き生きとしたチームをつくることができるでしょう。

POINT

☑ パーパスは組織がこの世界に存在する意義をあらわす概念である。

☑ パーパスは組織の「貢献テーマ」と「関心テーマ」の重なりであり、オキシトシンとドーパミンの効果をメンバーに与える。

☑ 個人のパーパスと組織のパーパスの接点を探求することでメンバーにパワーを与えることができる。

具体的な方法

- パーパスには安心感がある、ワクワク感がある言葉を選ぶ。
- トップダウンでなくボトムアップでの策定をする。
- トップダウンの場合は個人のパーパスと組織のパーパスとの接点を探求する。

09 チームビルディング

～メンバーの交流がチームを束ねる～

▼チームビルディングに対する日本と海外の捉え方の違い

チームビルディングは特に海外の企業で積極的に取り入れられています。超巨大ＩＴ企業のＧＡＦＡ（グーグル、アップル、フェイスブック、アマゾン）やマイクロソフトでもさまざまなチームビルディングが行われています。グーグルでは、海の上でセーリングを楽しんだり、マイクロソフトでは謎解きゲームをしたりしています。さまざまなバックグラウンドを持った社員が所属するグローバル企業では、文化を超えた協働関係を築くためにチームビルディングに多くの費用をかけられています。

チームビルディングの明確な定義は難しいのですが、一般的には組織開発とイベントやアクティビティーを合わせたニュアンスで使われていることが多いです。ここではわかりやすく**「静的チームビルディング」**と**「動的チームビルディング」**の2つに分けて考えていきます。

①静的チームビルディング：対話などを通じた相互理解、目的・目標の共有による一体感の醸成を行うもの。主に人の心にフォーカスしたチームビルディング。
②動的チームビルディング：アクティビティーを通じた相互理解、共通の体験による一体感の醸成を行うもの。主に人の身体にフォーカスしたチームビルディング。

いわゆるイベントや屋外でのアクティビティーは「動的チームビルディング」に当たります。ここでは「動的チームビルディング」を扱います。

イベントやアクティビティーはあそびのように捉えられて、業績が悪化したときに真っ先に削られる分野の1つです。しかし、一見遊んでいるかのように見える「動的チームビルディング」は関係性向上にとても有効です。実際に、学校での部活動や子どものあそびでは「共通の目的」についての対話や、コミュニケーションの見直しはほとんど行われていませんが、大抵はチームに一体感が生まれ、仲良くなることへ結びつきます。そしてその効果は神経レベルで説明することができるのです。

▼安心安全とつながりをもたらす社会交流神経

イントロダクションで自律神経系の理論「ポリヴェーガル理論」を紹介しました。ここではポリヴェーガル理論から神経レベルでの「つながり」を考えていきます。

ポリヴェーガル理論とは、環境に対して自律神経がどのように知覚し反応するかを説明する理論で、生き物が生存のために環境に適応するように神経と共に進化してきた過程をまとめています。それぞれの神経の特性に合わせ、生き物は異なる3つの生存戦略が存在しています。

ポリヴェーガル理論では自律神経の進化の階層に則って3つに分かれます。腹側迷走神経複合体（以下、腹側迷走神経）、交感神経、背側迷走神経複合体（以下、背側迷走神経）の3つです（図3-5）。最初に発達した神経は「背側迷走神経」です。この神経は爬虫類より前に誕生したほぼ全ての生き物に備わっています。ヒトにおいては横隔膜より下の臓器に対して休息・回復の方向で働きます。爬虫類より前に誕生した生き物はこの神経を適応的に使え、生存の危機のときに身体の活力を下げて、「死んだふり」「不動化」をします。

一方、交感神経は爬虫類、哺乳類を含む硬骨魚類以降の生き物で発達していて、全身の臓

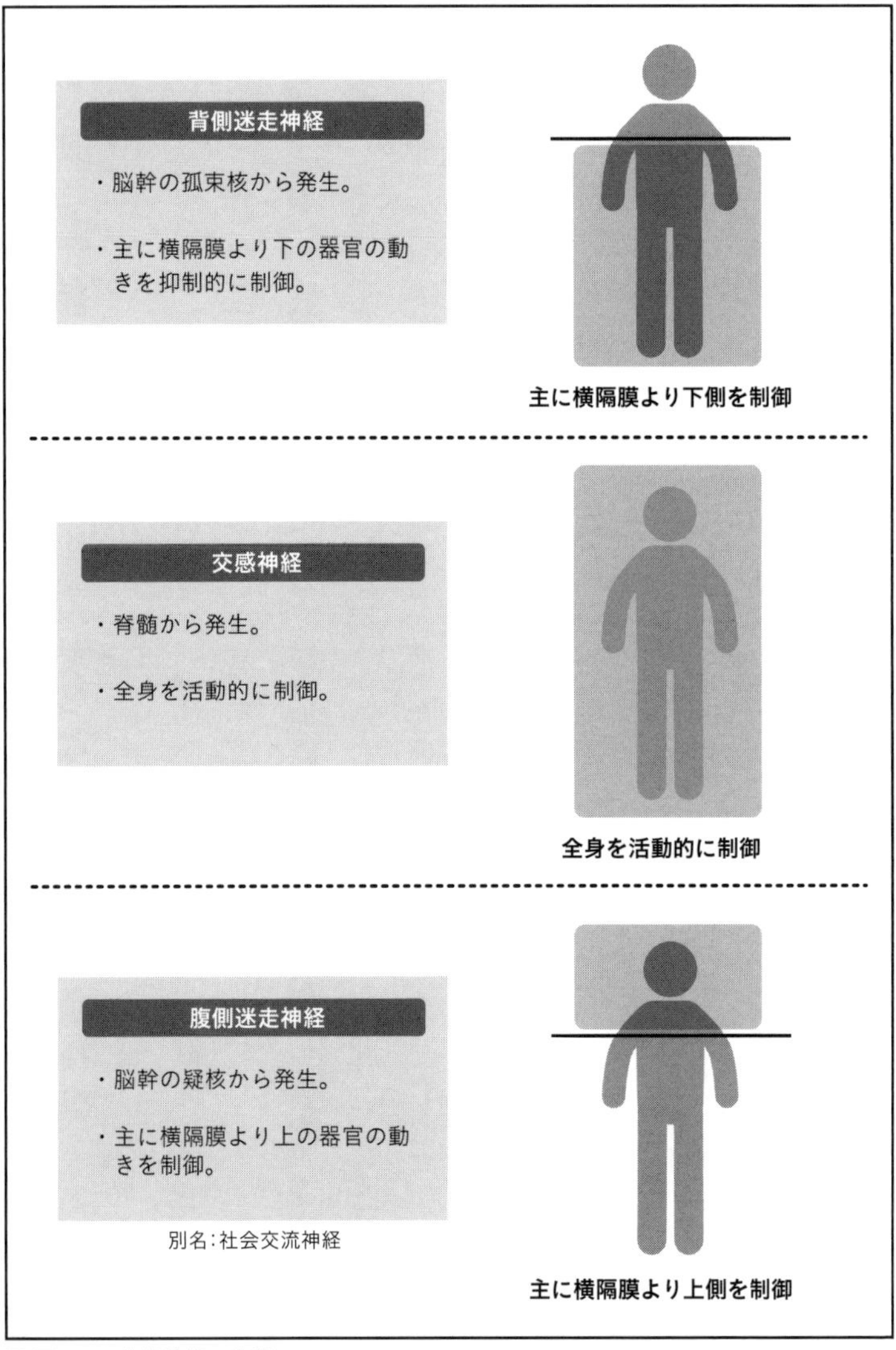
背側迷走神経
・脳幹の孤束核から発生。
・主に横隔膜より下の器官の動きを抑制的に制御。
主に横隔膜より下側を制御
交感神経
・脊髄から発生。
・全身を活動的に制御。
全身を活動的に制御
腹側迷走神経
・脳幹の疑核から発生。
・主に横隔膜より上の器官の動きを制御。
別名：社会交流神経
主に横隔膜より上側を制御

■ 図3-5　自律神経の分類

器を活動的に制御します。生存の危機のときはいわゆる闘うか逃げるかの「闘争・逃走反応」を起こします。

そして、爬虫類から哺乳類に進化する過程で別の迷走神経、「腹側迷走神経」が発達してきました。ヒトにおいては横隔膜より上の臓器制御を行い、顔や頭の筋肉を調整することができるようになりました。ヒトや哺乳類のみこの神経を持っていて、生存の危機のときは顔にあるコミュニケーションに使う器官（表情筋・喉・耳など）を使って、相手に敵ではないことを伝える、心臓と肺を制御して自己鎮静するなどの行動をとります（図3-6）。

ヒトは背側迷走神経、交感神経、そして高度に発達した腹側迷走神経を使って3つの生存戦略をとることができます。ヒトは背側迷走神経で不動化する、交感神経で闘うか逃げるかを決定する前に、腹側迷走神経を使って自分を落ち着かせる、相手とコミュニケーションをとってつながりを見いだし安心安全を感じることができるようになるのです。

逆に、腹側迷走神経を使ったコミュニケーションでも相手の攻撃性が収まらないときは、交感神経を使った「闘うか逃げるかモード」に切り替わります。そして闘っても勝てない、逃げることもできない場合、背側迷走神経を使った不動化モードに変わり、全身の活力を失うことになるのです。

爬虫類の場合、不動化モードになったあとも正常に戻ることは簡単ですが、ヒトの場合は

進化 →

起源			
	爬虫類	哺乳類	高等哺乳類 (霊長類・ヒト)
主な神経系	副交感神経系 (背側迷走神経系)	交感神経系	社会交流神経系 (腹側迷走神経系)
生存戦略	不動化・硬直・シャットダウン・死んだふり		
		闘争・逃走	
			他者との交渉 適応 自己鎮静

■ 図3-6　各神経と生存戦略

1度不動化モードになると正常な状態に戻るのが難しいです。この状態が続くことがいわゆるうつ状態やトラウマの状態に当たります。つまり、**トラウマとは精神的な状態というよりも、身体的な状態から引き起こされる**ものなのです。

　背側迷走神経は、回復や消化に使われます。副交感神経（背側迷走神経）と聞くと、こちらをイメージする人も多いでしょう。しかし、これは安心安全を感じているときのみです。危険を感じているときには、爬虫類のように身体の活動レベルを極端に下げ、「死んだふり」「凍りつき」などの不動化モードになります。

　このように、**ヒトは腹側迷走神経を使って他者とコミュニケーションをとり、つな**

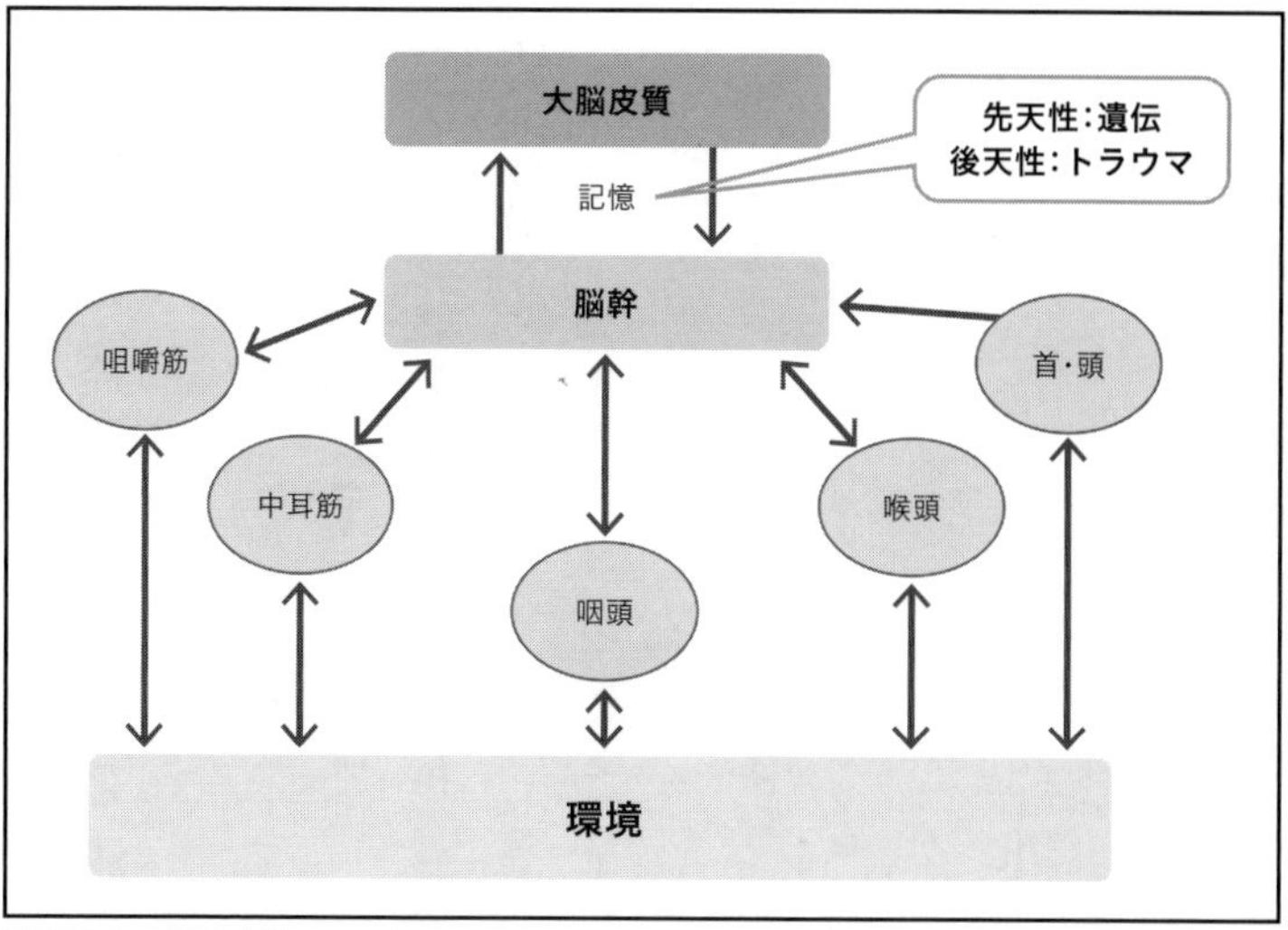

■ 図3-7　社会交流システム

がりを感じることで安心安全の状態になることができます。このことは、**社会交流システム**と呼ばれています（図3-7）。社会交流システムの顔の器官を使うことで、他者に自分は敵でないということを伝えることができます。能面やアンドロイド、無表情に恐怖や不気味さを感じたことはないでしょうか？　このように社会交流システムを使った他者とのやりとりは、哺乳類の私たちにとってつながりと安心安全を感じる重要な関わりなのです。

▼社会交流システムを使ったチームビルディング

これまで紹介したように、安心安全な他者との関係性を築くためには社会交流システムを使った関わりが重要です。これが前述した動的チームビルディングのプロセスと効果です。よって、**顔の表情や声の抑揚の変化、頭の動き、ジェスチャーなどを意識的に使ったアクティビティーはチームビルディングに有効**です。

ポリヴェーガル理論（21ページ）を体系化したポージェス氏は他者との関係を築くために「あそび」が重要だといいます。あそびとは、**他者と顔と顔を合わせ、身体を使った活発な活動**のことです。**神経レベルでいうと「交感神経」と「腹側迷走神経」を使った活動**です。

つまり、1人でゲームをしたり、オンラインでの会話は「あそび」には当たりません。腹側迷走神経の役割は、他者とのコミュニケーションと自己の交感神経を落ち着かせることによる自己鎮静です。腹側迷走神経が活性化すると身体が落ち着き、怒りが湧いてきてもコントロールできるようになります。つまり、「あそび」は安心安全の環境の中で交感神経を使った活発な活動であり、自身の腹側迷走神経を活性化することで他者の腹側迷走神経を活性化させ、互いの交感神経の調整を行っているのです。

子犬がお互いにじゃれ合って甘噛みをしているシーンを見たことがあるかもしれません。これはまさに交感神経と腹側迷走神経を使ったあそびのイメージにかなり近いです。私たちヒトにおいても、一緒にチームでスポーツをするだけで自然と仲良くなるのは、あそびの条件がそろっているからだと考えられます。これらの神経を使った動的チームビルディングによってチームの関係性は向上し、一人ひとりの安心安全の感覚と交感神経を抑えるレジリエンスがつきます（レジリエンスに関してはチャプター7で解説します）。

あそびを入れた動的チームビルディングのよい例として、ダンスがあります。ダンスは皆で声を出しあって動きを合わせ、互いにコミュニケーションを取り合いながら行う活発な活動です。また、全体で一体感を出すためには他者からのフィードバックを受け、全力で動きながら他者と動きを合わせる必要があります。これは、非常に高度な活動です。チーム全員で動きがピッタリとそろったときに生まれる一体感は、神経レベルで作用しているのです。ほかにも合唱や合奏、協力して行うアスレチック、大きな創作物をみんなでつくるようなイベントも有効です。「仕事中にあそぶのは良くない」という価値観が世の中にはありますが、こういった観点で見ると仕事中に「あそぶ」こともチーム運営には非常に大切であるといえます。

▼POINT

☑身体を使ったチームビルディングを動的チームビルディングという。

☑他者とのつながりと安心安全と感じるためには腹側迷走神経を使った社会交流が重要である。

☑腹側迷走神経と交感神経を使った「あそび」により神経の調整が起こり、チームの一体感とレジリエンスを生み出すことができる。

▼具体的な方法

・チームで競い、連携しながら行うスポーツやアスレチックなどのアクティビティーを行う。

・コミュニケーションをとりながら動きを合わせるダンスや合唱・合奏をする。

・バーベキューや飲み会など適度にハメを外せる懇親会の場を作る。

Part 2

エネルギーを生み出す

ヒトを動かす仕組みを理解し、活用できればパフォーマンスは確実に高まります。このパートでは「モチベーション」「生産性」「回復力」というテーマを生理学や神経科学、時間生物学などの観点で解説します。ヒトの神経やホルモンの仕組みから、どのようにしたらエネルギーを生み出すことができるのかを理解しましょう。

Chapter 4

モチベーション（やる気）を引き出す

キーワード

ドーパミン
→025ページ
セロトニン
→026ページ
オキシトシン
→027ページ
ノルアドレナリン
→120ページ

社員のモチベーションを高めること、これは人事領域における最も重要なテーマの1つです。みなさんのチームや会社でも、メンバーのやる気がなく生産性が下がっている、主体性がなく新しいことにチャレンジしようとしない人がいる、新人がいわれたことしかやらない、などモチベーションが起点と考えられる課題が顕在化しているのではないでしょうか。

本章ではモチベーションについて神経科学・生理学の視点から考えていきます。取り上げるテーマは「目標マネジメント」「主体性・挑戦」「コーチング」です。

モチベーションとは？　～自立型のチームをつくる～

モチベーション（motivation）は英語の動詞：move（動く）と同じ語源からくる言葉です。端的にいうと**「何かを動かすエネルギー」**と表現できるでしょう。一般的にこのエネルギーは心のエネルギーと認識されていることが多いですが、根性や精神力をモチベーションとして捉え、結果や成果が出ないときに「根性なし」「精神力が弱い」など評価することは体育会系な働き方によくあることです。しかし、誰しも自ら望んでモチベーションを下げているわけではありません。また、やる気が出ないのにもかかわらず、**無理やり根性や精神力でどうにかするようでは必ず身体に無理が生じます。**

私たちがいわゆる心のエネルギー（やる気・モチベーション）を使う土台には身体のエネルギー（ホルモン・神経）の存在があります。本当の意味で自身のモチベーションを理解してコントロールし、組織のメンバーのモチベーションを支えるためには、モチベーションの原理となるホルモンや神経の仕組みを理解することが重要です。

ホルモンの違いによってモチベーションがどう変わるかを、**ドーパミン**と**ノルアドレナリン**を取り上げてご紹介します（図4-1）。ドーパミンは「あれが欲しい！」や「もっとやりたい！」など、何かを求めるときに働くモチベーションのもとです。接近型モチベーションと表現されることもあります。仕事で誰かに評価されたとき、目標を達成したとき、またワクワクする目標を設定したときにも分泌されます。このドーパミン型モチベーションは、目

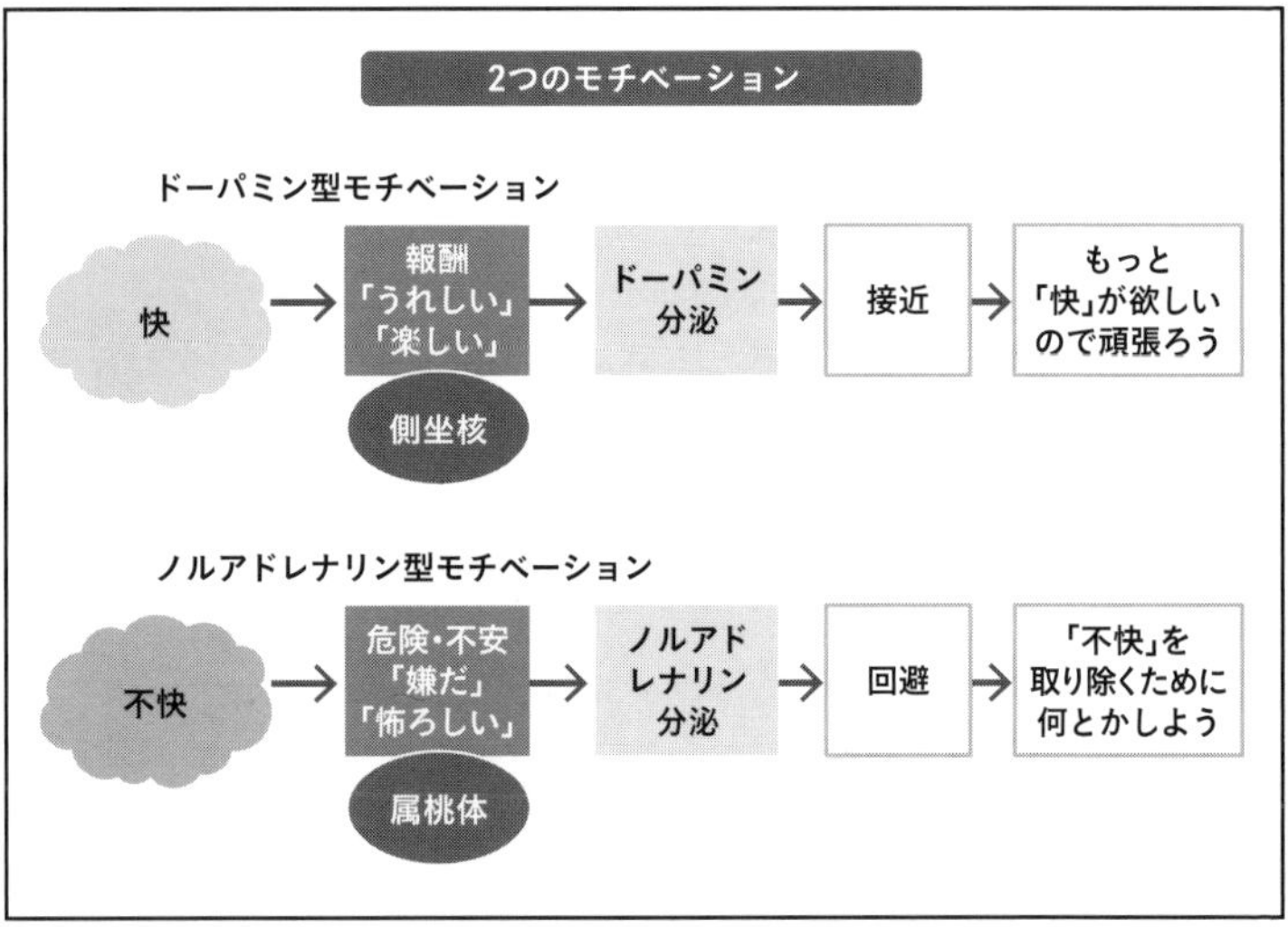

■ 図4-1　ドーパミン型とノルアドレナリン型モチベーション

標を達成したあとでもさらに上を目指そうとするため、**終わりがなく長続きする**のが特徴です。

一方でノルアドレナリンは闘争と逃走反応のときに分泌され、何かを回避するときに働くモチベーションのもとです。回避型モチベーションと表現され、期限に追われているとき、ライバルを成果で圧倒したいとき、いやいやながらも任された仕事をこなしているときに分泌されます。このノルアドレナリン型モチベーションは対象に対する回避がベースにあるため**長続きがしませんが、短期的には集中力を高め、大きなパワーを発揮する**ことができます。

これら2つのモチベーションは決して良い悪いで分けられるものではありません。

バランスとタイミングが重要です。ドーパミンによるモチベーションが過多の状態では、「欲望に任せて好きなことしかやらない」「報酬を得るために目標達成に手段を選ばない」など、ノルアドレナリンによるモチベーションが過多の状態では、「行為が持続しない」「ストレスで身体を壊してしまう」などのことが起きる可能性があります。

長期的にはドーパミン型モチベーションでワクワクしながら仕事に取り組む、短期的にはノルアドレナリン型モチベーションにより集中して作業をテキパキこなす、そのようなバランスが理想的です。

10 目標マネジメント

～やる気を引き出す目標設定～

▼ゆらぐ動機付けのモデル

従業員の動機付け・モチベーションの管理は企業経営において長年研究されてきました。最も有名でシンプルなのがアメリカの心理学者ダグラス・マクレガーが提唱した**X理論**と**Y理論**です。これらの理論はとても対極的な理論になっています。

X理論は**「人間は本来怠け者で、強制や命令されないと仕事をしたがらない」**という性悪説的な立場をとります。そのため、従業員を働かせるためには報酬と罰によってインセンティブを与えなければならないとされています。この理論をベースとしたマネジメントはミスが許されない正確性が求められる仕事（安全管理や品質管理など）に有効です。

一方でY理論は**「人間は適切な条件のもとでは主体的かつ創造的に働く」**という性善説的な立場をとります。そのため、従業員を働かせるにはマズローの法則における承認欲求や自己実現欲求を満たすような目標を自ら設定させることが有効だとしています。この理論をベースとしたマネジメントは個性的で創造性が求められる仕事（研究開発やデザイン、接客業など）に有効です。

しかしこの2つの理論には、それぞれデメリットがあります。X理論では、徹底した管理統制によって従業員の主体性が下がり、必要以上の働きをしようとしない、イノベーションが起きないなど、Y理論では、環境変化によって金銭的な余裕がなくなったとき、やりがいよりも金銭的な欲求に引っ張られて成り立たなくなることなどが挙げられます。

この2つのバランスをとった理論がアメリカの経営学者ウィリアム・オオウチ氏が提唱した**Z理論**です。この理論はX理論とY理論のいいとこ取りをした理論だといわれています。もともとは、当時優れていた日本的経営についてオオウチ氏が分析してまとめたもので、**平等で親密な関係性とコミュニケーション、支え合い安心安全が満たされる風土によって従業員は自発的に行動する**というものです（実はZ理論は2つありますが、ここではオオウチ氏のZ理論のみ扱います）。

しかし、Z理論にも「馴れ合いが生じる」「社内政治が強くなってしまう」という欠点があります。このように全ての動機付けモデルにはメリットとデメリットがあります。

▼心の三原色

どのモデルを適用することが生命科学的に正しいのかを、ホルモンの仕組みから見ていきましょう。

人を動機付け、安定したパフォーマンスを維持するにはドーパミン、ノルアドレナリン、そしてセロトニンが重要だといわれています。すでに何度も触れていますがドーパミンは快を求めること・ワクワク感、ノルアドレナリンは不快を避けること・戦うこと、セロトニンは落ち着き・安定感と関連しています。セロトニンの研究で有名な脳生理学者の有田秀穂氏は、この3つのホルモンのバランスがとれているときに最も脳のパフォーマンスが高まるという**「心の三原色」**という考え方を提唱しています（図4-2）。

ドーパミンが足りないと運動機能が低下したり、意欲が失われたりします。一方で過剰に分泌されると依存状態になります。ノルアドレナリンが足りなくなると意欲や集中力が下がりますし、過剰分泌されると心身を壊すことになります。そしてドーパミンとノルアドレナリンの分泌の調整をしているのはセロトニンです。ドーパミンやノルアドレナリンが過剰分泌されたとき、セロトニンの効果によりそれらの分泌を抑制します。このようにして3つの

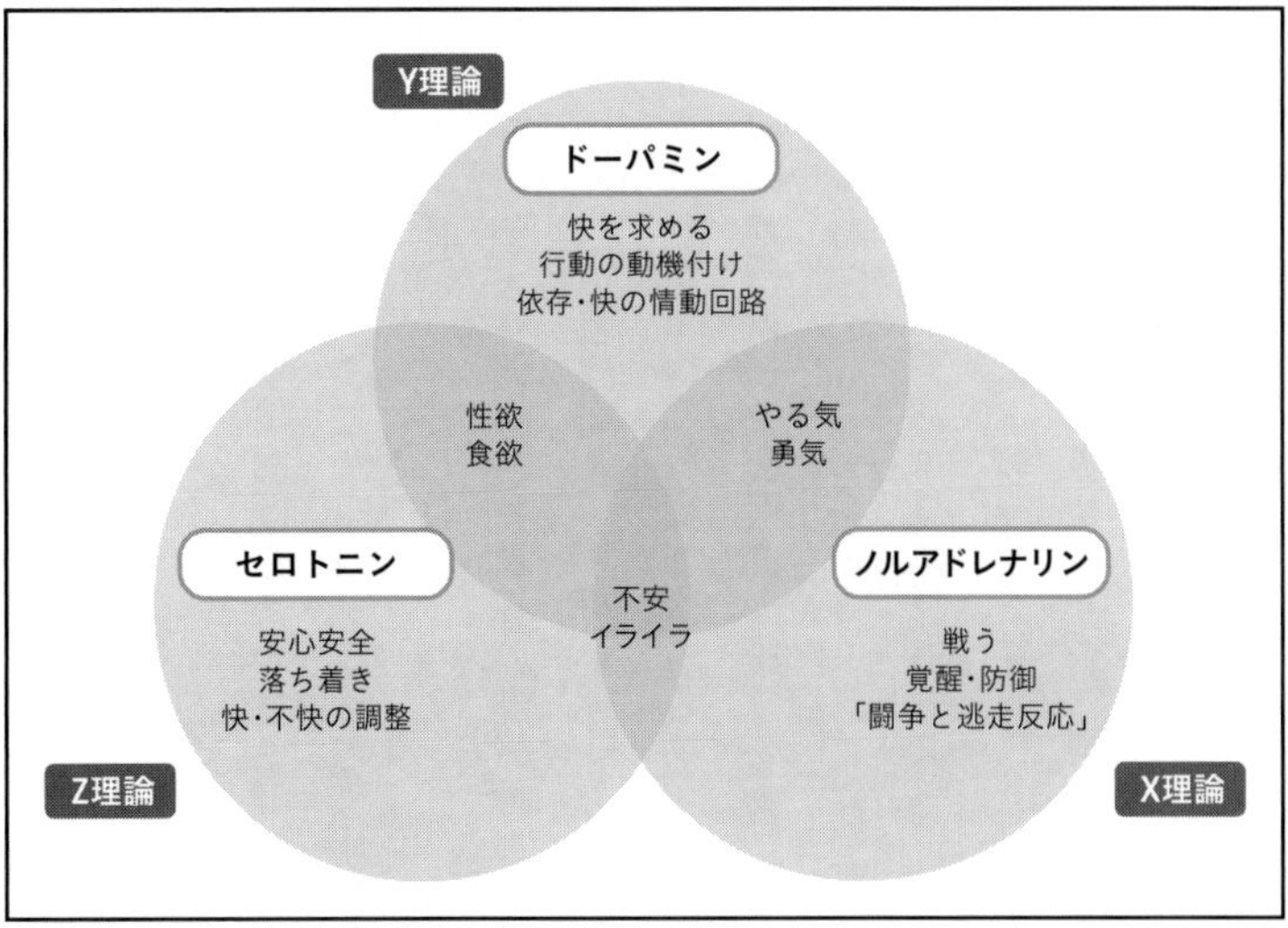

■ 図4-2　X理論、Y理論、Z理論と心の三原色の関係性

ホルモンのバランスを保っています。

ホルモンの観点でいえば、動機付けの「X理論」「Y理論」「Z理論」は全て重要です。X理論の適度なプレッシャーで強制的にやらせることは、ノルアドレナリンを分泌させますし、Y理論の自らワクワクする目標を設定させ自走させることは、ドーパミンを分泌させるアプローチだといえます。そしてZ理論の平等で親密な関係性、安心安全な風土によって社員が自発的に行動することは、セロトニンの効果によるものだと考えられます。

▼心の三原色をマネジメントする

現在の企業経営における人のマネジメントの難しさ、失敗の要素は1つのホルモンに偏ってしまっていることが原因だと考えられます。社員のモチベーションを持続的で健全な状態でマネジメントするにはドーパミン、ノルアドレナリン、セロトニンの3つのホルモンをバランスよくマネジメントする必要があるのです。この3つのホルモンのバランス状態によって、社員の状態は図4-3のいずれかのようになると考えられます。みなさんのチームメンバーもどれか1つには当てはまるのではないでしょうか。

3Mの執行役員大久保孝俊氏は著書『3Mで学んだニューロマネジメント』（日経BP）の中で、脳科学の知見をベースとした新たなマネジメントモデル「SSRイノベーション・マネジメント・スパイラルプロセス」（以下SSRマネジメント）を紹介しています。

SSRとは「ストレッチ（Stretch：背伸びした目標設定）」「サポート（Support：精神面を含めたさまざまな支援）」「リワード（Reward：正当な評価と報酬）」の頭文字をとったものです。これはそれぞれノルアドレナリン（ストレッチ）、セロトニン（サポート）、ドーパミン（リワード）を分泌させるアプローチです。

ドーパミン	ノルアドレナリン	セロトニン	状態
○	○	○	バランスが取れた健全な状態
○	○	×	夢中になって目の前の仕事に取り組むが、心身に支障をきたし燃え尽きやすい
○	×	○	好きなことに夢中になって取り組むが、自分の殻を破るような新しい挑戦はしない
×	○	○	いやいや物事に取り組む、ワクワクする感覚がない
○	×	×	好きなことしかやらない、刹那的な快を求める
×	×	○	その場に閉じこもる、現状維持を好む
×	○	×	常にプレッシャーの中にいる、心身を壊す
×	×	×	無気力、うつ状態

■ 図4-3　3つのホルモンのバランスによる状態

ヒトは楽で安定した状態ではなかなか新しいことや難しいことに挑戦しようとしません。そこで、まずストレッチでは**ノルアドレナリンを分泌させるような「背伸びした目標の設定」**をします。創意工夫して知恵を絞り、全力を尽くしてはじめて達成できるような目標です。もちろん達成が不可能で非現実的な目標では意味がありません。ほどよく高い目標と適度なプレッシャーによって安定した状態を崩します。しかし、この状態が続くとストレス過多となり身体を壊してしまいます。

そこで、サポートのステップに入ります。ストレッチのステップで立てた高い**目標の達成に向けて、セロトニンが分泌され本人が安心を感じるような応援や励ましを**

伝えるのです。本当に困ったときには助けてくれるというような日々の態度も重要です。そして安心した状態で行動をし続け、**成果が出たときにリワードとして正当な評価と報酬を与えます。**報酬には、金銭以外にも仲間からの称賛や感謝なども含まれます。達成したあとのワクワク感や個人にとっての成長のイメージを一緒に考え、明確にすることも効果的です。

そして、ストレッチのステップに入り達成によって生まれた有能感を適度に壊し、サイクルを循環させていきます。このとき、安易に高い目標を設定したり、適当に励ましたり褒めたりするのではなく、**本人のレベルに合わせた目標設定や言葉の投げかけが重要です。**そうでないと各ステップで適切なホルモンの分泌がどんどん鈍化し、サイクルがうまく回らなくなります。

マネージャーのほとんどは「とにかく褒めることが重要」「高い目標を設定すれば成長する」など、1つの観点でマネジメントをしていることが多いです。また、自分の得意なスタイルに固執し、相手の状態を見極めてアプローチができていないこともあります。メンバーの成長が停滞している場合は、どれかの観点がかけている可能性があります。日々のマネジメントスタイル、また目標や評価を決める人事制度をドーパミン、ノルアドレナリン、セロトニンの観点で見直してみるとその状態を打破できるかもしれません。

POINT

☑ 動機付けのモデルはさまざまあり、場面や状態によって使い分けることが重要である。

☑ 安定した脳のパフォーマンスにはドーパミン、ノルアドレナリン、セロトニンのバランスを保つことが必要である。

☑ ストレッチ、サポート、リワードによって3つのホルモンをバランスよくマネジメントすることができる。

具体的な方法

・相手のどのホルモンの分泌が不足・過多になっているかを見極める。
・相手の状態を観察し、そのときに適切なアプローチをバランスよく行う。
・自分の得意なマネジメントスタイルに固執しない。

11 主体性・挑戦
～やる気があふれる自立型人材を育成する～

▼主体性と挑戦が求められる人材育成

多くの会社で、「社員の主体性がない、挑戦する人材が少ない」という声を聞きます。「04 エンゲージメント」で述べた通り、ギャラップ社の調査によると日本企業において「熱意あふれる社員」はたったの6％というデータがあります（図2-1）。日本のエンゲージメント水準が低いことは、類似調査でも報告されています。また、欧州や北米、中南米といった他国や地域と比較しても、日本は熱意を持って働いてる社員の比率が低い傾向にあります。こういった点からも日本人は主体的に行動したり、新たなことに挑戦する熱量が低い傾向にあると言わざるを得ないでしょう。

本書では、主体性を**「他者や組織に対して貢献しようとする自らの態度」**、挑戦を**「自身の殻を破り困難なことに挑もうとする行動」**と定義します。ビジネスの生産性の向上、イノベーション創出という文脈においては、主体性と挑戦は重要なキーワードです。そのために主体性を導くマネジメントをしたり、強制的に新たな機会やポジションを与えたりしています。

しかし、多くの企業では、主体性を「発揮させる」方向でマネジメントや評価制度が設計されています。怒られたくないからという理由や評価されたいがゆえに発揮される主体性には、そもそも「主体」がなく本末転倒です。主体性を発揮し新たなことに挑戦していくためには、それが自然と「発揮される」状態に導き、サポートすることが重要です。ここでは主体性を発揮し挑戦し続けられる状態について、神経の観点から解説していきます。

▼神経レベルで主体性を失い挑戦できない理由

主体性がなく挑戦できないことは、精神的な状態によるものや、生まれつきの特性であると捉えられていることがあります。しかし、神経レベルで見れば、ヒトは生まれつき主体的で挑戦を好む性質を持っているのです。そうでなくなってしまうのは人間関係を含む周囲の環境による影響が大きいと考えられます。

先ほど主体性とは「他者や組織に対して貢献しようとする自らの態度」と定義しました

が、この前提には**「自らの思考・行動を自らがコントロールする感覚」**があります。『身体はトラウマを記録する』（紀伊國屋書店）の著者で、トラウマ研究の権威ベッセル・ヴァン・デア・コーク氏は書籍の中で主体性について、「『主体性』とは、自分の人生を自ら取り仕切っているという感じを示す専門用語であり、自分がどこにいるかを知っていること、自分に起こることに対して発言権があるのを知っていること、自分の境遇を形作るそれなりの能力を持っているのを知っていることだ」と述べています。

このように、**主体性とは自己の内部の感覚から生じてくるもの**です。もちろん組織の制度やシステムによって社員の主体性を引き出すことは有効ではありますが、前提となる感覚のベース、神経の基盤が麻痺している場合は環境がそろっていても主体性は発揮されにくいのです。実際に、ポリヴェーガル理論（21ページ）を使えば、主体性が失われていき挑戦できなくなるプロセスを説明することができます。

高度に社会性が発達した私たちヒトは、まず腹側迷走神経を使った「交渉」「自己鎮静」によって危機を乗り越えようとします。それによって危機を脱せなかったとき、交感神経を使った「闘争・逃走反応」によって対応します。そして、それでも切り抜けられない場合は背側迷走神経を用いて身体の活動レベルを下げ、感覚をシャットダウンして「不動化」します（図4-4）。

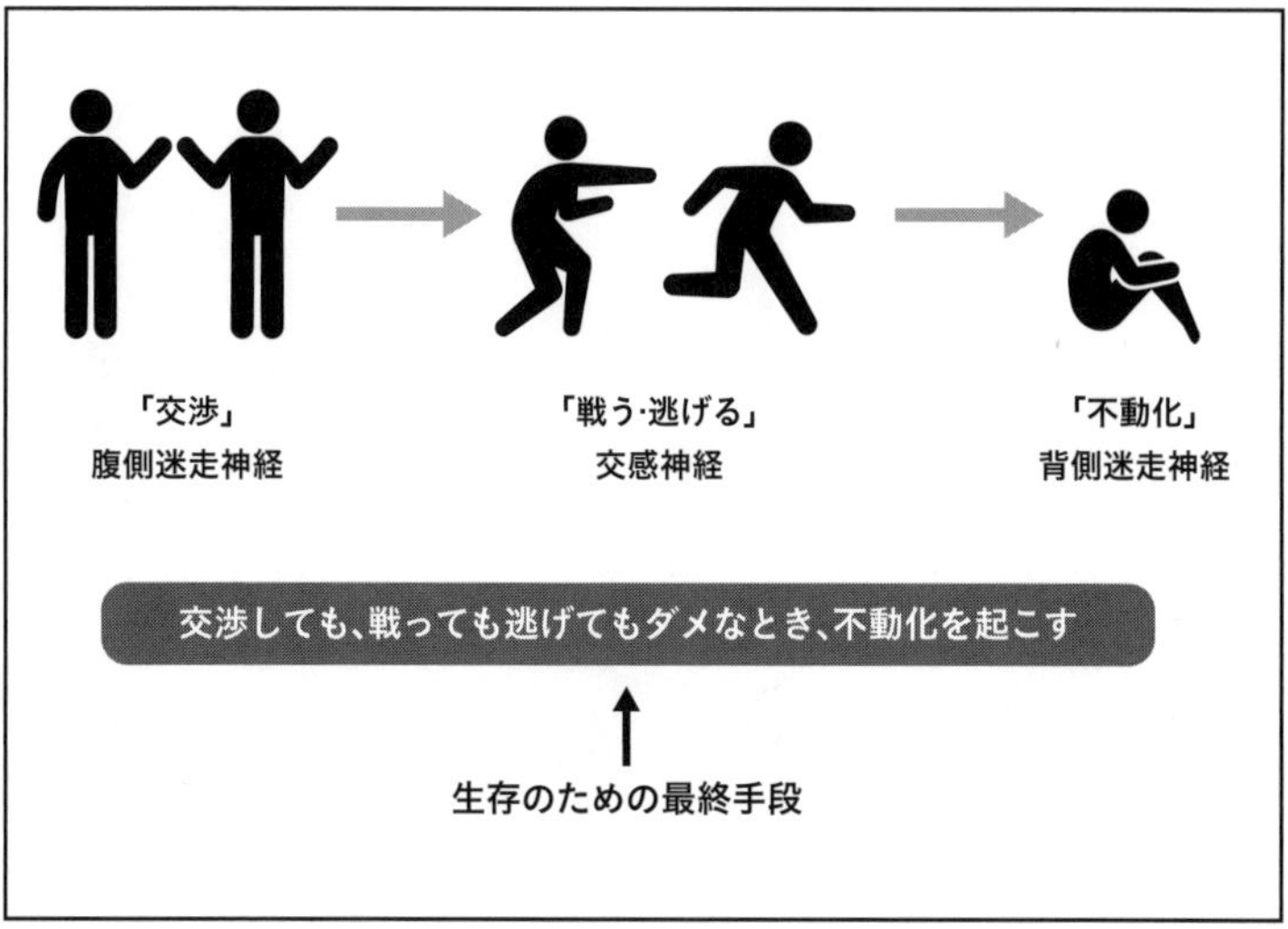

■ 図4-4　ヒトが挑戦できなくなるプロセス

これは企業の中でも起こりうることです。例えば、自分の言い分が全く聞いてもらえずに追い詰められる、ハラスメントを日常的に受け続けるといったことがあると、「話しあうことも、戦うことも逃げることもできない」と感じて、**背側迷走神経を使った不動化状態**になります。ここまでひどいものではなくとも、雑務に追われて新しいことにチャレンジできない、アイデアを受容してもらえずいつも否定されるといったことからも、不動化状態におちいります。これによって自己の内受容感覚を失い、環境に圧倒された感覚を覚えることによって挑戦ができなくなってしまいます。これが神経レベルで見た、ヒトが主体性を失い挑戦できなくなるプロセスです。

▼安心安全のベースをつくる

ヒトが主体性を発揮して挑戦できるようになるには自身の感覚を感じられる、安心安全な状態を神経レベルでつくっていくことが重要です。そのためには、**ボトムアップのアプローチ**と**トップダウンのアプローチ**という2つのアプローチがあります(図4-5)。

トップダウンのアプローチとは、主に**認知から身体の状態を変えるアプローチ**です。よく知られている手法に**マインドフルネス**があります。これは、評価をせずに自己のありのままの感覚に気づいていく行為で、**生産性向上やストレス低減に効果がある**とされ、欧米を中心にビジネスパーソンの間でも実践されています。扁桃体の活動を抑える内側前頭前野を活性化させ、恐怖の情動の暴走を抑えることができます。

ボトムアップのアプローチとは、**身体から認知の状態を変えるアプローチ**で、腹側迷走神経を活性化するような、**社会交流のシステムを活性する他者とのやりとり**、**心拍を安定させる呼吸方法**などが挙げられます。トップダウン、ボトムアップのアプローチは相互に影響し合うので、組み合わせればより安心安全な状態を感じることができます。

マインドフルネスは呼吸法を伴うため、トップダウンとボトムアップのアプローチを同時

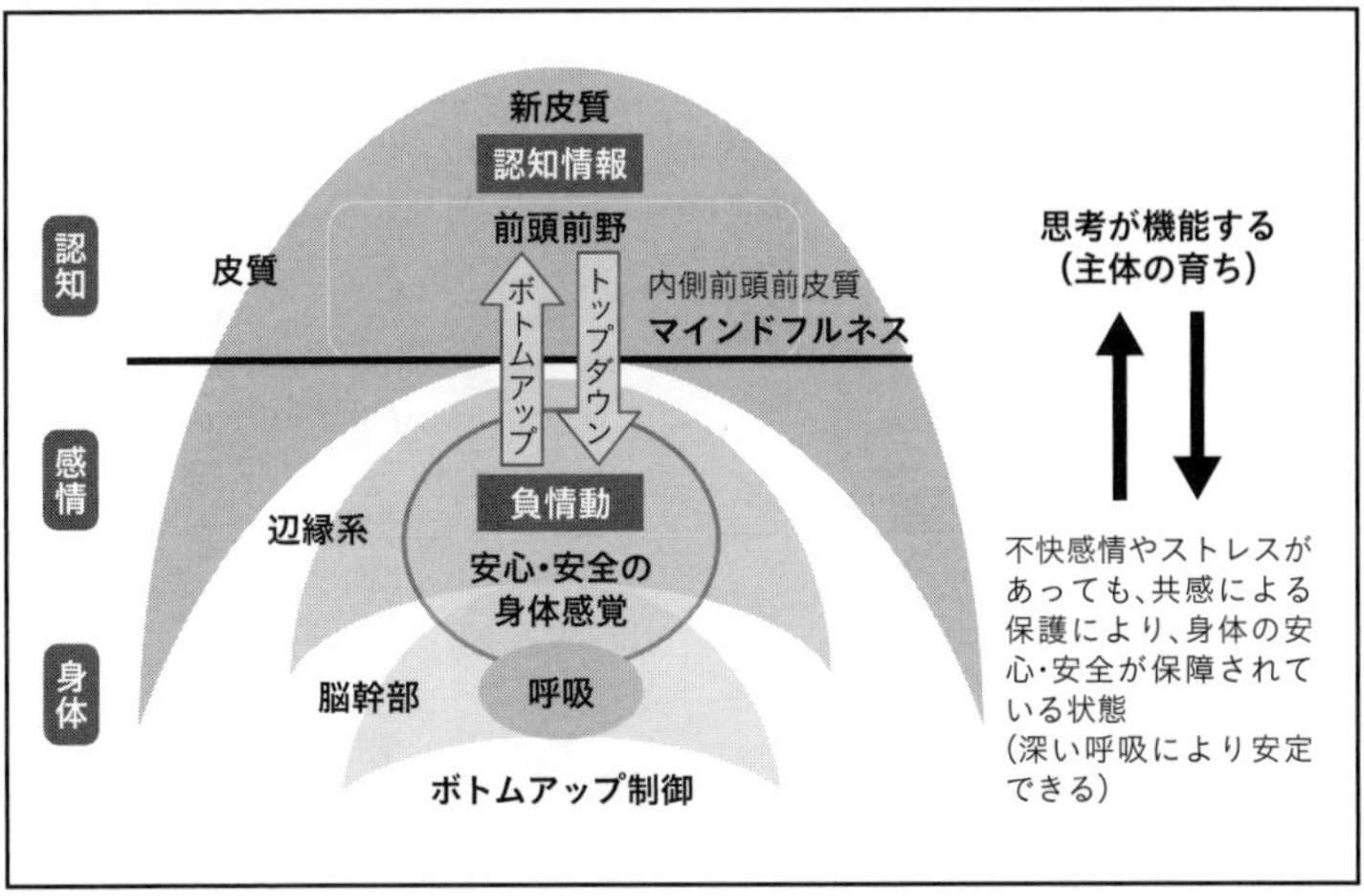

■ 図4-5　安心安全のトップダウン・ボトムアップアプローチ
出所：一般社団法人平和政策研究所『親と子の「心の問題」と向き合うために ―「感情をコントロールできる力」について考える―』https://ippjapan.org/archives/1552

に手軽に行えるので流行しているのでしょう。こうした実践を繰り返していくことで、自身の中で安心安全のベースが神経レベルで形成され、挑戦することへの恐怖の耐性がつき、より主体的に環境（他者・組織）に影響を及ぼしていけるようになるのです。

主体性を強化するマインド研修や挑戦を推奨するような機会を提供する前に、このような身体へのアプローチを導入し、主体性が発揮され、挑戦しやすい状態に導く施策を取り入れてみてはいかがでしょうか。

POINT

☑ 主体性を発揮させるのではなく、主体性が自然と発揮される状態をつくることが重要。

☑ 自身の中の内受容感覚を感じられないと主体性を失い、挑戦する活力を失う。

☑ 内受容感覚を感じられる安心安全のベースをつくるには思考からのトップダウンアプローチと身体からのボトムアップアプローチがある。

具体的な方法

・マインドフルネスを実施して恐怖の情動を抑える。
・安全な社会交流を感じられるような他者との交流（会話・アクティビティーなど）を行う。
・呼吸法によって身体を安定させる。

12 コーチング
～やる気を引き出す関わり方～

▼コーチングが求められる理由

本章の最後は、**コーチング**を扱います。コーチングは、最近ではビジネスのみならず一般用語としても使われはじめています。馬車をあらわす「coach」を語源とし、人を目的地まで運ぶ馬車のように、人を目的や理想像に導く行為のことを指します。

コーチングと対照的な言葉として**ティーチング**があります。どちらも人材育成手法でありますが、目的とプロセス、メリット・デメリットが異なります（図4-6）。

ティーチングは答えが決まりきっていて、個人差がないことに対して行われます。**複数人に同時に同じ内容を素早く指導できる一方で、相手が受け身になりモチベーションが湧きづらいこと**が特徴です。

コーチングは、明確な答えがなく、個人個人で答えが異なることに対して行われます。**個**

	コーチング	ティーチング
イメージ		
メリット	・潜在能力を引き出す ・悩みの相談が上手くなる ・上司の信頼度が上がる	・一度に複数人を育成できる ・やり方や価値観を統一できる ・速いスピードで育成できる
デメリット	・部下が答えを知らないと逆効果 ・部下と上司の相性で左右される ・コーチの質が悪いと効果が薄い	・モチベーションが続かない ・個人の能力に気づきづらい ・部下が受け身になってしまう

■ 図4-6　コーチングとティーチングのメリット・デメリット

人の潜在能力を引き出し、新たなイノベーションの種を引き出せる可能性がある一方、一人ひとりに向き合うため時間がかかり、コーチのあり方やスキルによって大きく効果が異なります。

2012年からヤフーが全社で実施していることもあり、注目されている1on1にもコーチングの要素が含まれています。1on1とは、毎週定期的に30分程度部下と上司で時間をとり、自身の思いを語ってもらったり仕事に対する悩みを聞いたりする「部下のための時間」のことです。このとき、上司は答えを安易に提示したり、自分の考えを押しつけたりせず、傾聴の姿勢を持って話をしやすい雰囲気をつくっていくことが重要です。しかし、このような

1on1ができている企業はほんの一握りだといえるでしょう。

上司側では「仕事量が増えた」「慣れない業務で難しい」、部下側では「苦手な上司と毎週1対1で話すのが辛い」「怒られるのではないかと不安」という声をよく耳にします。まさに、Win-Winからはほど遠いLose-Loseな状態です。これでは、上司部下の関係性はどんどん悪化し、仕事のモチベーションも生産性も下がってしまいます。

効果的に実施するためにも、1on1を含むコーチングがうまくいっているときの身体の状態を理解しておきましょう。成功のために押さえるべきポイント、うまくいったパターンとうまくいかなかったパターンの振り返りがしやすくなります。

▼ラポール形成による生理学的な変化と効果

コーチングは大きく2つのフェーズに分かれます。まずはじめに、**歩調を合わせ、相手を共感的な態度で受け入れるためのペーシングというフェーズを踏みます。**この段階によって、コーチとの間に「架け橋」という意味のラポールが形成されます。「相手に何をいってもいい」というような安心安全を感じている状態です。

次に、**相手に質問をして気づきを与えるリーディング**のフェーズに入ります。このとき、相手の思考を広げるような質問や投げかけによって相手の中の理想や解決したい悩みを言語化していきます。ラポールが形成されていない状態では、リーディングを行っても答えは引き出ません。苦手な相手からいきなり「どんなことがしたいの？」と聞かれても答えづらいものでしょう。岩手医科大学の教授で脳科学を研究し、プロコーチとしても活躍している駒野宏人氏は著書『生きるスキルに役立つ脳科学』（セルバ出版）の中でコーチングの最中に起きていることをホルモンで説明しています。

ペーシングフェーズでは傾聴、共感的な態度で接することで相手にオキシトシンが分泌されます（ラポールの形成）。さらに、オキシトシンによってセロトニンとドーパミンも誘発されます。セロトニンによって安心安全の感覚が生まれ、ドーパミンの効果で未来に対するワクワク感が生じやすくなり、それに向かう行動の意欲が湧いてきます（図4-7）。

多くのコーチングの失敗はオキシトシンの分泌を引き出せず、セロトニンとドーパミンの効果が使えないために生じるのです。

▼全身を使ったラポール形成のコツ

ここまで見てきたようにコーチングを効果的に行うには安心安全の状態をいかに形成する

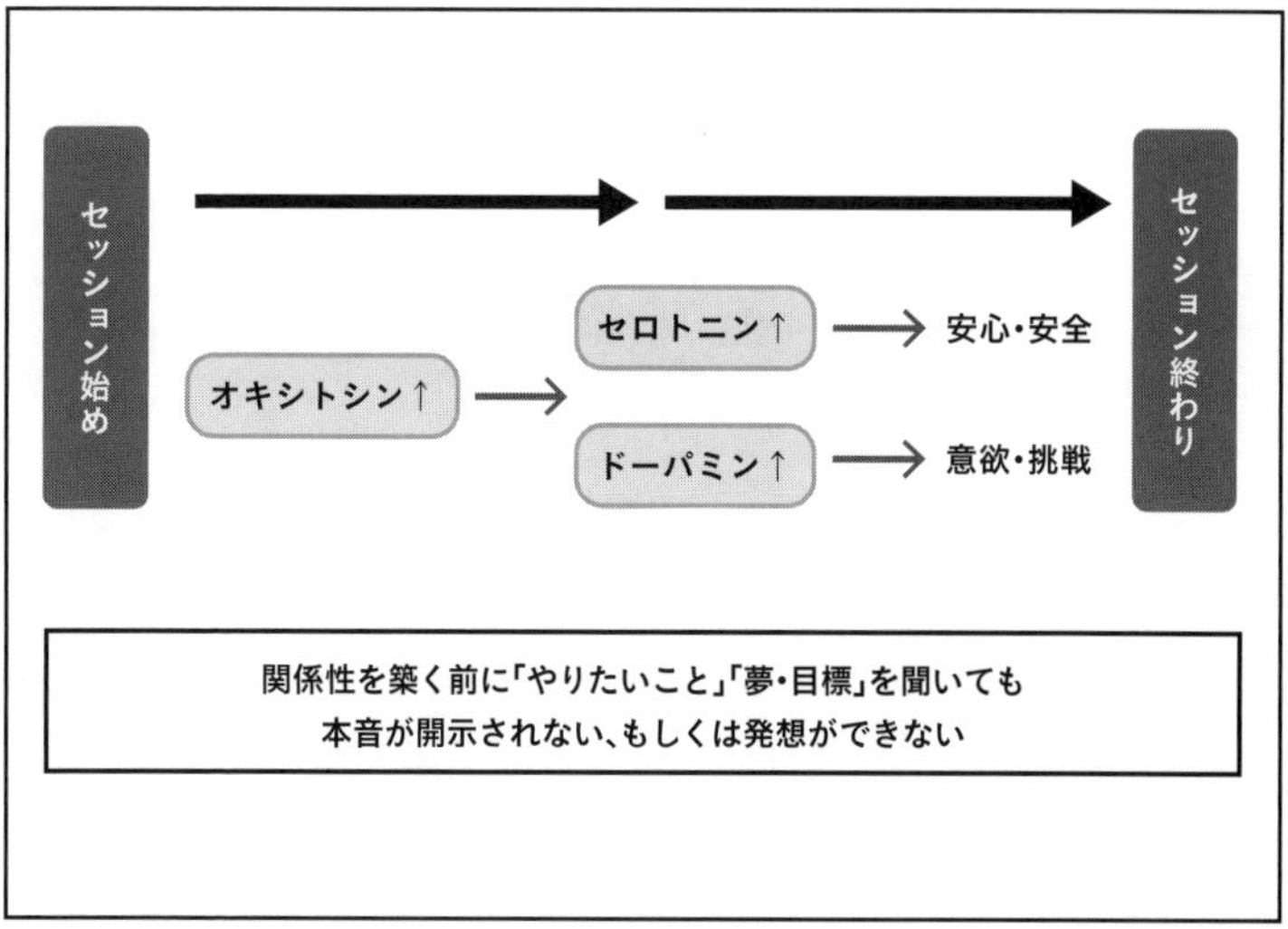

■ 図4-7　コーチングとホルモン

かが重要です。ペーシングの手法に、**ミラーリング**というものがあります。ミラーリングとは、相手が腕を組んだら自分も腕を組む、相手が笑ったら自分も笑うというような、**相手の行為をまねするテクニックです。** **ミラーリングによってミラーニューロン（75ページ）が活性化し、無意識のうちに相手との一体感、共感が生まれるのです。**

オキシトシンを分泌させるような感情への共感、言葉によるねぎらいや称賛も重要です。リラックスできるような音楽をかけたり、アロマをたいたりしてもよいでしょう。また、相手の腹側迷走神経を活性化させるような柔らかい表情、韻律のある声、リラックスした姿勢で臨むことはとても大切です。全身を使ったさまざまなアプローチで相手とのラポールを形成すれば、効果的なコーチングが実施できるようになります。

1つのテクニックとして、相手が安心安全を感じているかどうか、神経の状態から見極める方法を紹介します。ポリヴェーガル理論に精通している神経セラピストの浅井咲子氏は「声、姿勢、呼吸、視線、表情」が重要だと解説しています。これらは神経の状態によって変化が起こるため、間接的に相手の神経の状態を観察できるのです。

例えば腹側迷走神経を使っている（安心を感じている）ときは、目の周りの筋肉をうまく使えるため、表情が豊かに感じられます。一方で危険や恐怖を感じている背側迷走神経を使っているときは、表情や声の抑揚がなく、呼吸が浅いことが多いです。

このように相手を観察すれば、相手が自分に対して好意を抱いているか、危険や苦手意識、恐怖を感じているかを大まかに見分けることができます。これは、部下との関係性を見直すヒントにもなるでしょう。

▼POINT

- ☑効果的なコーチングには相手とのラポール形成が必要不可欠である。
- ☑ラポール形成によってオキシトシンが分泌され、さらにセロトニンとドーパミンも誘発されることで、理想像やそれに向けたモチベーションを引き出すことができる。
- ☑腹側迷走神経を活性化するような全身の表現によって、安心安全が築かれコーチングの効果を高めることができる。

▼具体的な方法

・一体感や共感を生み出すためにミラーリングをする。
・感情への共感、ねぎらいや称賛の言葉を投げかける。
・豊かな表情、韻律に富んだ声、リラックスした姿勢で臨む。

Chapter 5

生産性を高める

キーワード
クロノタイプ
→149ページ
心拍変動
→155ページ
エンドルフィン
→162ページ

生産性とは？　～効率的なチームをつくる～

生産性向上は企業内で最もホットなテーマの1つでしょう。機械やデジタルの力でも「生産」はできますが、結局のところ人の力によるものが大部分を占めています。そんな中、日本人は生産性が低いという結果があらゆる調査から報告されています。

しかし、私はこの結果は一概には正しいとはいえないと考えています。なぜなら、**生産性を完全に数値化することは不可能**だからです。例えば「機械が自動的に希望の髪型にしてくれる美容室」と「素敵な内装でカリスマ美容師が軽快なトークをしながら髪型を整えてくれる美容室」では生産性は全く異なるはずです。後者の方が料金が高くなるであろう点を加味しても、機械を使った美容室が生産性で後者に勝つことはないでしょう。

そもそも、日本の生産性向上の議論には次の3つの前提があるといえます。

・数値化の前提：全ての仕事の生産性は数値化でき、PDCAを回して向上していける。
・時間の前提：労働時間は決まっており、1日の労働時間は8時間でおよそ9時から18時である。
・活動の前提：8時間の労働のうち、モチベーションや集中力は一定である。

そして最も根底にある大前提は「仕事はつまらないもので、なるべく人は仕事をしたくない」というものです。これらによって、自然と目指すべき方向性は「時間を短くし、テクノロジーによって効率よく生産する」ことだと見なされます。

美容室の例のようにホスピタリティーを向上させようとしたら、短期的な生産性は間違いなく下がるはずです。クリエイティブな仕事では、一瞬で生まれるアイデアもあれば、1週間の苦しみのあとに生まれるアイデアもあります。

企業内で生産性の議論をする際に、前述のホスピタリティーが求められることやクリエイティブなことに対しても数値化を適応し効率化を図ろうとしていませんか？　これでは、メンバーは閉塞感やつまらなさを感じ、やりがいを見いだせない状態が生じてしまいます。

一方でやり方が決まっている定型な仕事やアウトプットや成果の方向性が一意的に確定している仕事には、ＡＩやロボティクスを積極的に導入し、業務を改善しながら生産性を高めていきましょう。効率化によって生み出された時間は、新たな生産やイノベーション、人材育成や組織活性に生かすことができます。

本章では主に定型な作業に対する効率・生産性について扱います。生産性を向上させ、新たな生産時間をつくる「生産性向上の無間地獄」ではなく、人が仕事をする中で生産性が低いことによって生じる苦しみを下げること、より生きがいややりがいを感じられる仕事に時間を使えるようにすることを念頭において論じていきます。

今回取り上げるテーマは「情報処理力」「意志力」「継続力」の3つです。これらについて、ホルモンや神経系、時間生物学の観点から考察し解説していきます。

13 情報処理力
～脳のエネルギーを効率的に使う～

▼効率的な時間の使い方

私たちの働く時間は労働基準法によって基本的に1日8時間×週5日、つまり約40時間と定められています。雇用形態や業務内容にもよりますが、タスク内容とそれにかかる工数を踏まえ、1週間のスケジュールが管理されているケースが多いのではないでしょうか。中には、週40時間に作業が満たない場合、残り時間が追加タスクで埋められるなどの管理がなされているケースもあるかもしれません。1日のスケジュールを見ると9時から18時まできっちり予定が埋まっている、タスクをこなすだけであっという間に1日が終わっていく……。

ヒトの仕事を大きく2つに分けると、やり方やアウトプットが決まっている「定型的な仕事」と創造性を生かし0から1を生み出す「創造的な仕事」があります。ホスピタリティーが求められる仕事や人に感動を与える仕事も「創造的な仕事」に含まれます。

前者はより良い方法を取り入れたり慣れによって作業をこなすスピードが上がり、ある程度生産性を高めていくことができます。一方で後者はアウトプットを出すための時間・工数が読めない、効率を求めすぎると質が下がるという性質があります。冒頭で述べたように、企業内での生産性の議論において「創造的な仕事」に関しても効率化を図ろうとすると、さまざまな問題が生じます。普段やっていた細かく丁寧な接客がコストとされ、ロボットによる自動案内に代替されたり、立ち上がって間もない新規事業や新たなビジネスのアイデアに強烈なＫＰＩ設定や過度な経済合理性を求められたりすれば、動きや発想がシュリンクしてしまいます。もちろん各社の価値基準にもよりますが、**自社の価値の根幹を見極められずに単純に全ての仕事について効率化に走ると致命傷になることすらあります。**

新しいアイデアは浮かぶか浮かばないかの0か1であり、時間が経ったからといって出てくるものでもありません。2時間苦しみながら出したアイデアよりも、朝にシャワーを浴びながらポンと浮かんだアイデアの方が優れていることもあります。つまり、「創造的な仕事」の生産性は数値で測ることが非常に難しいのです。そのため、**会社全体の生産性を上げるためには「定型的な仕事」をいかに効率化するかが重要**です。

私たちは日々の仕事を区別なく一緒くたにしていますが、「定型的な仕事」と「創造的な仕事」では脳の使われ方が異なります。さらに、これらの仕事には1日の中でそれぞれに向いているタイミングがあるのです。もっというと、これは個人によっても異なります。生産性を高めるには、やり方の「How to」だけではなく、タイミングの「When to」の改善でも実現できます。ここでは時間生物学の観点から、仕事内容とそれを効率的にこなせるタイミングを見ていきます。

▼時間帯と生産性の関係

仕事のパフォーマンスは一日中一定ではありません。モチベーションが湧いているときもあれば、ぼーっとしていて集中できないときもあります。そもそも、1日8時間集中力が継続することはありえません。

『ハイ・コンセプト』や『モチベーション3・0』などで有名なアメリカの作家ダニエル・ピンク氏は著書『When 完璧なタイミングを科学する』（講談社）の中で、**ヒトのパフォーマンスは「ピーク→谷→回復」のようにリズムがあり、そのリズムの時間帯にはクロノタイプと呼ばれる型がある**ことを紹介しています。大まかに朝型のヒバリ型、夜型のフクロウ型、その中間の第3の鳥型に分かれ、それぞれ**どの時間帯にどんな仕事が向いているかが大まかに決まっています。**時間生物学者のティル・レネベルク氏は、このタイプを判別するための

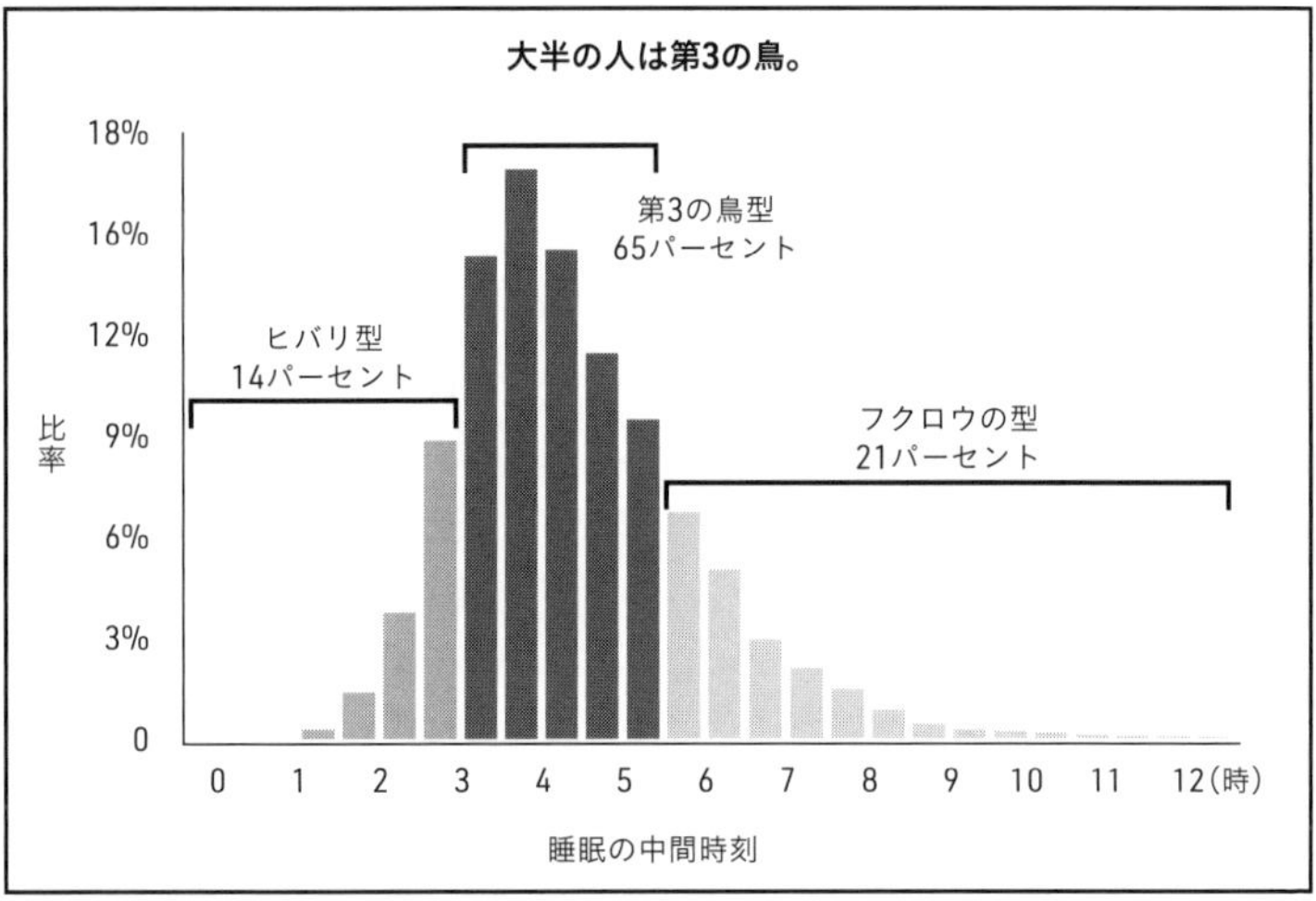

■ 図5-1　「ヒバリ」「フクロウ」「第3の鳥」の3類型
出所　ダニエル・ピンク著、勝間和代訳『When 完璧なタイミングを科学する』2018, 講談社

簡単な方法を紹介しています。

・通常、何時に眠るか？
・通常、何時に起きるか？
・その中間は何時になるか？　睡眠の中間時刻はどこに当たるか？

例えば午前0時に寝て午前6時に起きるなら、中間時刻は午前3時になります。この時間をグラフと参照することで自身のクロノタイプを知ることができます（図5-1）。

▼生活のリズムに合わせた仕事の仕方

人にはそれぞれ集中力・認知機能のパ

	ヒバリ型	フクロウ型	第3の鳥型
分析的作業	早朝	夕方前 夕方から夜にかけて	早朝から午前半ば
洞察的作業	夕方前 夕方から夜にかけて	午前中	夕方前 夕方から夜にかけて
感銘を与える	午前中	午前中	午前中
意思決定を行う	早朝	夕方前 夕方から夜にかけて	早朝から午前半ば

■ 図5-2　各タイプの時間帯による効果的な仕事内容

フォーマンスが高まるピークがあり、集中力が下がる谷とそれらが戻ってくる回復期があります。それぞれのクロノタイプに合わせて、仕事内容を選択することが効果的です。

回復期に創造的な仕事が有効なのは、認知機能が高い状態ではひらめきが起こりにくくなるためです。認知機能が高いときの集中力は、ひらめきにおいてはむしろ逆効果なのです。これを**「インスピレーションのパラドックス」**といいます。ヒバリ型の人は、午前中に資料作成や分析作業をし、午後の夕方あたりに企画アイデア出しやブレインストーミングをすることが効果的です（図5-2）。

クロノタイプと認知機能のリズムを加味

すると、メンバーの仕事をひとまとめにして管理することが効果的でないとわかるでしょう。各人がクロノタイプに合わせ、適切な時間帯に効果的に仕事を行うには、**タスクの過度なマイクロマネジメントをしないこと**が重要です。

そして、認知機能が下がっている谷の時間帯には、自由に休憩をとってよいとするなど、自由を与えることも必要です。そうすることで、メンバーの脳を効率的に使え、定型的な仕事の生産性は上がり、創造的な仕事の質は高まるでしょう。

▼POINT

☑ 仕事は大きく「定型的な仕事」と「創造的な仕事」に分かれている。

☑ ヒトにはクロノタイプと呼ばれる1日の認知機能のリズムの型がある。

☑ クロノタイプに合わせて仕事内容を変えることによって効率的に脳を使うことができる。

▼具体的な方法

・メンバーが自身のクロノタイプを理解した上で自身でタスク管理をさせる。

・休憩をいつでもとってよいとするなど自由を与える。

・全ての人に均一的なマネジメントをしない。

14 意志力

～脳のエネルギーを集中させる～

▼強い意志力が生産性を高める

突然ですが、明日のスケジュールをたててみましょう。「明日は6時に起きて、12時までに大きな仕事を片づける。ダイエット中だから糖質の低い食事を選んで、仕事終わりにはジムに通って汗を流そう。夜は資格の勉強をして、寝る前は日記を書こう」。完璧なプランです。しかし、実際にこのような1日を過ごせることはめったにありません。結局、朝は二度寝、12時までに済ませようとしていたタスクは後回しになり、甘いものを食べ、ジムには行かずに今日だけだと居酒屋に行き、つい終電まで……。

私たちは計画を立てるときはワクワクしながら完璧なスケジュールをつくり、満足感に浸ります。しかし、この計画は往々にして守られません。大体の場合、「やっぱり気分が乗らないから明日でいいや」とか「今日だけは自分にご褒美だ」といってやらないと決めたことをやったり、やると決めたことをやらなかったりします。こうしたことが起こらないように私たちはタスク管理や目標達成のシートをつくったり、本を読んでモチベーションを高めたり、コーチングを受けて自身の目標を明確にしたりします。

心の観点で自分を磨こうとすることも大切ですが、実は身体の状態も重要なのです。自分をコントロールする能力を**「意志力」**といいます。似た言葉で「集中力」がありますが、集中力は行為を継続したり意識を向け続ける力に対して、意志力は**行為の開始や切り替えのときに発揮される力**です。

アメリカの心理学者スーザン・C・セガストローム氏は、2つの葛藤に対する心と身体の状態について実験をしました。1つは「やるべきことがあるのにやる気が出ない」状態、もう1つは「やりたいことがあるのにやってはいけない」状態です。彼女は我慢している状態と**心拍変動**（心拍数のゆらぎの数値）の関係性を調べました。実験の結果、我慢を強いられている状態では心拍変動が上昇し、我慢をしていない状態では心拍変動は変化しないことがわかりました。

つまり、「決めたことをやる」「禁止されたことをしない」というような我慢を強いられたり、粘り強さが発揮されるような意志が働く場面では、心拍変動に変化が起きるのです（図5-3）。これらのことから心拍変動は自身をコントロールする「意志力」の指標として広く

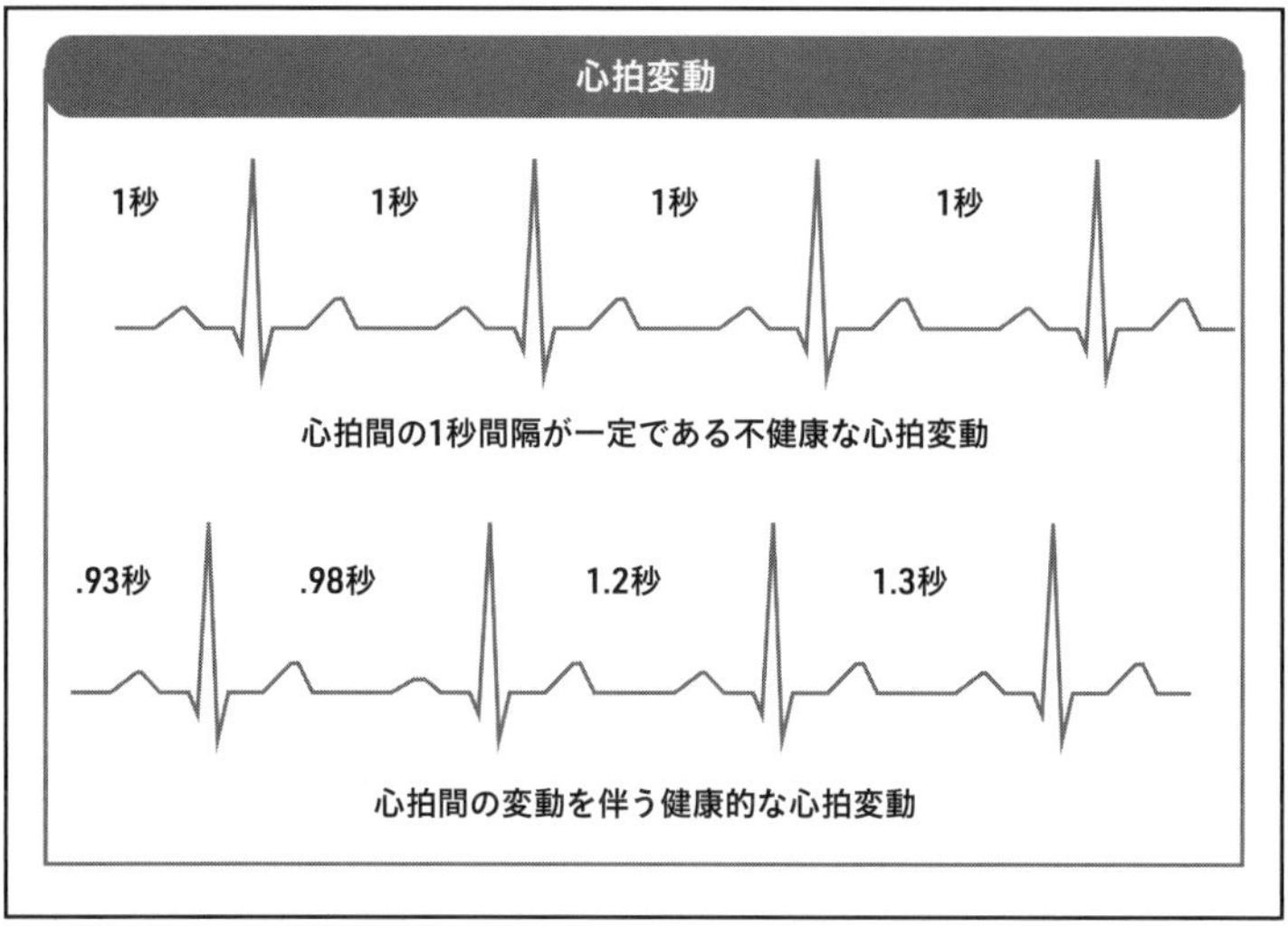

■ 図5-3　心拍変動

知られるようになりました。

▼心拍変動が意志力を決める

心拍数とは、一定期間の心臓の拍動の回数のことで、通常は1分間での拍動数をあらわします。この心拍数は一定に同じリズムで刻まれていると思われがちですが、実際は長かったり短かったりと、ゆらぎを持ったリズムで観測されます。この現象は心拍変動と呼ばれ、**心拍変動がある状態が平常状態で健康**だとされています。

心拍数の増減は自律神経である交感神経と副交感神経によって調整されていて、交感神経が活性化しているとき心拍数は上昇し、副交感神経が活性化しているとき心拍

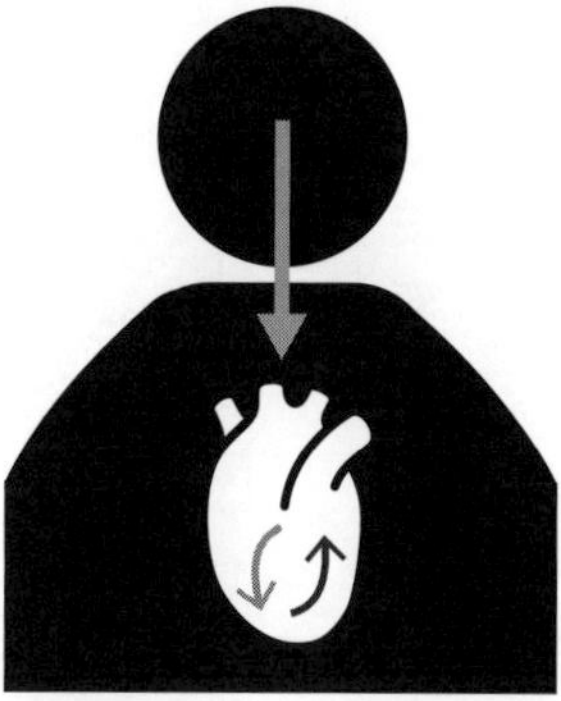
腹側迷走神経によって心拍数を緩やかに調整

■ 図5-4　心臓とヴェーガルブレーキ

数は下降します。ここでいう副交感神経はポリヴェーガル理論（21ページ）の腹側迷走神経に当たります。つまり、ある状況で交感神経が活性化して心拍数が上昇したとしても、**腹側迷走神経が活性化した状態では心臓への心拍数の抑制効果が働き、興奮状態から落ち着くことができる**のです。この仕組みを**「ヴェーガルブレーキ」**といいます（図5-4）。ポリヴェーガル理論の中で紹介した、腹側迷走神経による生存戦略の中の「自己鎮静」はこの仕組みによるものです。

心拍数は呼吸と神経を介してコントロールされています。息を吸うとき、交感神経が活性化することで心拍数は上昇します。息を吸う行為は酸素を取り込むことです。

これによって、酸素を多く消費し、活動することに備えていると考えるとイメージしやすいでしょう。一方で息を吐くときは副交感神経（腹側迷走神経を含む）が活性化し、心拍数は下降します。

このように心拍数は呼吸によって交感神経、副交感神経という自律神経を介して上昇下降を繰り返し、その結果、心拍数のゆらぎ（心拍変動）が生じます。実際、薬物を使って自律神経の活動を抑えたり、物理的に切断すると、心拍変動はなくなり心拍数は一定になります。つまり、心拍変動は腹側迷走神経の活性化の指標であり、腹側迷走神経のヴェーガルブレーキによる自己鎮静によって、意志力の向上につながっているのです。

▼心拍変動を高める日々の習慣

やると決めたことを実行し、やりたいことを我慢する**「意志力」を高めるには、心拍変動を高めることが重要です。**これにより、ストレスやネガティブな感情に対する耐性がつき、感情に負けない強い実行力を身につけることができます。

心拍変動を高めるには副交感神経、特に腹側迷走神経の活性化が重要です。最も簡単に実践できることは呼吸です。私たちは呼吸を無意識に行っていますが、呼吸は意識的にも無意識的にもできる行為で、多くの場合で交感神経を活性化するような浅い呼吸になってしまっています。意志力について科学的にまとめられているベストセラー『スタンフォードの自分を変える教室』（ケリー・マクゴニガル著、大和書房）の中で、呼吸数を1分間で4回から6回の間に抑えることで心拍変動を確実に上げられると紹介されています。また最低でも1分間で12回以下にすることができれば心拍変動は確実に上昇します。日々の生活の中で常に呼吸を意識することは難しいですが、思い立ったときにトレーニングをしてみるのも非常に有効です。

心拍変動を高める腹側迷走神経を活性化する方法はほかにもあります。これまで見てきたように仲間と共に身体を使ったエクササイズをしたり、顔を合わせて人と交流したりすることによっても活性化することができます。

特にグループでのヨガは有効です。ヨガは呼吸に意識を向け、コントロールしながらさまざまなポーズをとるためです。グループの動きを合わせて声を出しあい、表情豊かに楽しみながら実践すれば、腹側迷走神経は活性化し、心拍変動も上昇します。

▼POINT

☑決めたことを実行する「意志力」は心拍変動によって高められる。
☑心拍数は交感神経と副交感神経によってコントロールされ、これらのバランスがとれているときに心拍変動は高まる。
☑心拍変動を高めるには腹側迷走神経を活性化する深い呼吸や社会交流が有効である。

▼具体的な方法

・1分間の呼吸数を12回以下に抑える。
・ヨガなど呼吸を意識しながらグループで楽しむエクササイズを行う。
・エナジードリンクなどで無理に活力を上げようとしない。

15 継続力

～脳のエネルギーを継続させる～

▼時間を忘れて夢中になれる仕事

生産性を高めるには、個人にとって効率の良い時間・タイミングを選ぶ、決めたことを実行する意志力を高めるだけでは十分ではありません。やると決めた行為や仕事を途中でやめない継続力が求められます。強い意志力を身につけていても、やると決めたことがつまらなかったりワクワクしなかったりすると長続きしません。体験している行為が楽しく、時間が忘れるほど夢中になれる場合、生産性は間違いなく向上しています。

アメリカの心理学者ミハイ・チクセントミハイ氏は、ある行為に対して高いレベルで没頭している状態を、流れの中にいるような感覚から「フロー」と名付けました。スポーツ選手が体験するゾーンやマラソン選手が体験するランナーズ・ハイなどもこれに近い状態であるといいます。フロー状態では、次のような感覚になるといわれています。

・時間と空間、自我の感覚を失い世界に一体化している感覚になる。
・散漫さが消え、集中力が高まる。
・自身の行動をコントロールできているという感覚になる。

フロー状態になるには、**行為に対する目標と迅速なフィードバックがあり、その行為の挑戦レベルとスキルレベルのバランスがとれていること**が求められます。挑戦レベルが高すぎるとストレスや不安を感じますし、スキルレベルが低すぎると楽しさが感じられず退屈になってしまうのです。

フロー状態のときは、脳や身体でホルモン分泌や神経の活性が生じています。自我の感覚がなくなる、集中力が高まるというのも、身体の状態変化によって生じた感覚です。今回は特にホルモンを重点的に見ていきます。

▼フローとホルモン

フロー状態の特殊な感覚、自我の感覚の消失、集中力の向上などは**エンドルフィン**による効果であるといわれています。エンドルフィンは脳内麻薬と呼ばれ、分泌されると「多幸感」「恍惚感」を感じる物質です。また鎮痛作用によって精神的、物理的な痛みを軽減する効果もあります。さらに「覚醒作用」もあるため、集中力が向上したり注意力が増したりします。しかし、エンドルフィンが強く作用しすぎたときは幻覚を見てしまうこともあります。

2008年にミュンヘン工科大学の研究グループの実験によって、エンドルフィンがマラソンや有酸素運動によって生産され、脳内で作用していることが明らかになりました。ランナーズ・ハイの効果は、まさにエンドルフィンによるものであったというわけです。冒頭で述べたとおり、フローはランナーズハイと近しい状態だといわれています。よって、**フロー状態もエンドルフィンによる効果である**ということがいえるでしょう。

エンドルフィンの分泌はドーパミンとノルアドレナリンが関わっています。ドーパミンが分泌されるとエンドルフィンが誘発されます。ドーパミンの分泌は通常「GABA」と呼ばれるドーパミンを抑制する物質の分泌を抑制します。つまり、ドーパミンが分泌され続ける状態になるのです。ドーパミンは「快楽物質」と呼ばれたりしますが、実際はエンドルフィンの効果によるものです。一方で、強いストレスを受けたり、身体的に極限の状態でもエンドルフィンは分泌されます。エンドルフィンは快と不快のどちらの刺激でも分泌される物質なのです。このことをフローの挑戦レベル・スキルレベルのモデルに当てはめると図5-5のようになります。

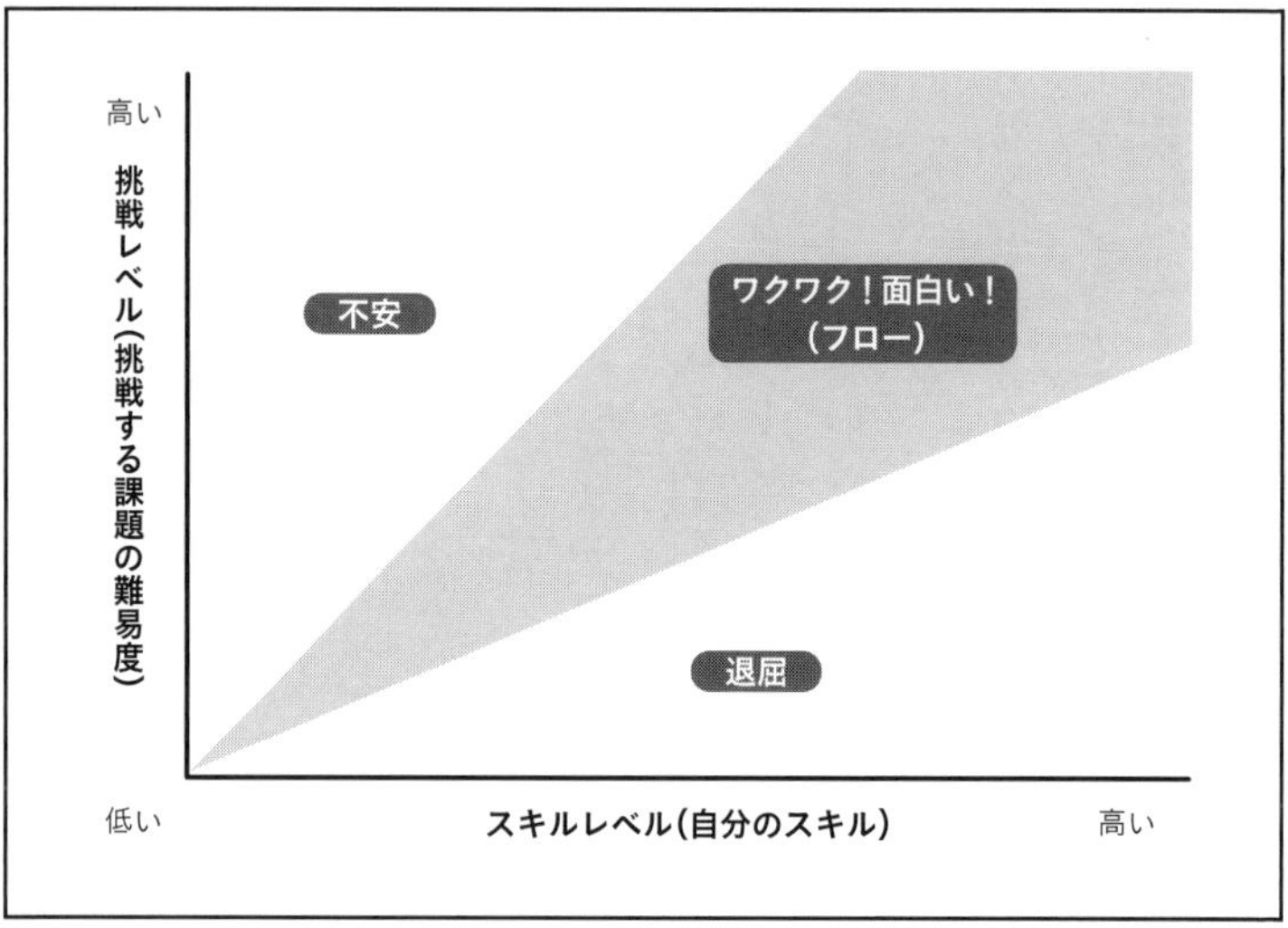

■ 図5-5　フローが発生するしくみ

挑戦レベルはノルアドレナリン、スキルレベルはドーパミンから影響を受けます。挑戦レベルが高すぎるとノルアドレナリンの分泌過多になり、長続きせずに不快な状態になります。逆に挑戦レベルが低すぎるとノルアドレナリンはほとんど分泌されず、集中力が高まらず退屈な状態になります。

一方でスキルレベルが高すぎるとドーパミンによるワクワク感、頑張ればできそうだという感覚が薄れてしまいますし、低すぎてもモチベーションが上がらず楽しめません。以上のことから、**この2つのホルモンのバランスが個人のスキルや挑戦する課題の難易度と釣り合っているとき、エンドルフィンの効果が最大化し、フロー状態に**

なるのだと予想されます。フロー状態を起こすためには、挑戦レベルとスキルレベルを適切にマネジメントすることが求められます。

▼フロー状態を意図的に生み出す

これまで見てきたようにフロー状態はエンドルフィンにより生じる感覚で、適度なドーパミンとノルアドレナリンの分泌によって誘発されます。また明確な目的や迅速なフィードバックなど外部環境の状態・サポートによってフロー状態をより明確に導くことができます。チームリーダーのマネジメントや組織の制度がメンバーのフローを導くような関わり方や設計になっている場合、チームの生産性は大きく高まるはずです。

フロー状態になるための条件として、書籍『なぜ、あの人に部下はついていくのか』(ニコラオス・ディミトリアディス、アレクサンドロス・サイコギオス著、大和書房)では、次の6つが紹介されています。

内的条件

・より大きな目的：自分の行動が個人及び組織の目的とつながっている。

・高度な専門技能：行動をする、達成するために必要なスキルがある。
・不安の軽減：身体的精神的に安定した状態である。

外的条件

・新たな課題：ワクワクするような達成可能性を感じられる課題が与えられる。
・ある程度の権限：自分の行動を自分でコントロールできる、裁量権がある状態である。
・重大性：与えられた課題が重大であり、適度なプレッシャーがある。

フロー状態はエンドルフィンが分泌され、多幸感や恍惚感を感じている状態です。あえて強い表現をしますが、**長時間労働をしてもフロー状態で取り組めていれば心理的にも身体的にも負担は少ない**といえます。この状態で過ごす時間は、個人にとっては幸せで有意義で、チームにとってはメンバーの生産性やウェルビーイングが高い非常に良い状態です。現代の日本での生産性・働き方改革の議論は「時短」が大部分を占めていますが、物理的な時間は絶対的なものであり、ただ短縮するだけではいずれ限界を迎えます。フロー状態のように、行っている仕事の感覚を変えることができれば、仕事の生産性や過ごしている時間の意味は変わってきます。そうすれば「仕事はつまらないもの」という大前提も覆っていくのです。

POINT

☑ 仕事に集中して夢中になって取り組むには、フロー状態になることが重要である。
☑ フロー状態はエンドルフィンの効果によって生じる感覚である。
☑ 挑戦レベルとスキルレベルの適度なバランスによってフロー状態に導くことができる。

具体的な方法

・挑戦レベルとスキルレベルのバランスがとれた目標設定をする。
・行為に対して素早いフィードバックをする。
・時間短縮だけに注視した「生産性の向上」を目指すことをやめる。

Chapter 6

回復力を高める

キーワード

ドーパミン
→025ページ
腹側迷走神経
→109ページ
コルチゾール
→190ページ

回復力とは？ 〜持続可能なチームをつくる〜

これまで生理学や神経科学の観点からやる気やモチベーション、効率や生産性の高め方を見てきました。確かにこういった観点に沿った働き方や組織のデザインをしていけば、間違いなく組織としてのエネルギーは向上していきます。しかし、瞬間的にモチベーションや生産性を高めても、必ず揺り戻しや中毒が起こります。組織として目指すべきなのは、一瞬の高レベルのエネルギーでなく、中レベルであっても持続可能なエネルギーであり、それこそが健全な状態です。

私たち人間を含む生命体には必ず「リズム」や「循環」の仕組みがあります。活動すれば休息が必要になり、交感神経が高まれば、のちに副交感神経が高まります。徹夜で仕事やテスト勉強をして、次の日をほぼ棒に振ってしまった経験はありませんか？

このように、休息なしに活動をし続けることは生命の原理的に不可能なのです。

本章では「回復力」と称して、**生み出したモチベーションや生産性を維持し、持続可能な活動を行う方法**を紹介していきます。現在のビジネス界では、多くの本が「高める」ことにフォーカスしていますが、「維持」や「回復」の観点は忘れられがちです。

今回取り上げるテーマは「燃え尽き症候群」「レジリエンス」「ストレスマネジメント」の3つです。人がやる気を失ってしまったり、過度なプレッシャーやストレスで打ちひしがれてしまったりする仕組みを知ることで、持続可能で健全な働き方、チームのデザインについて考察していきます。

16 燃え尽き症候群

～働き過ぎは生産性を下げる～

▼現代社会に広がる燃え尽き症候群

日本人の長時間労働とそれに伴うストレス障害（うつ病や自律神経失調症など）は長年の問題になっています。その中でも**「燃え尽き症候群（バーンアウト：以下、燃え尽き）」**への注目が年々高まっています。

「燃え尽き」とは文字通り、急に心の火が消えたようにやる気や意欲がなくなってしまう症状で、兆候としては「仕事のミスが増える」「態度が悪くなる」「欠勤や遅刻が増える」「対人コミュニケーションがうまく取れなくなる」などがあります。もともとは医者や介護士、教師など、対人サービスの職業で多く見られた症状ですが、現在ではさまざまな職業で見られる症状になりました。

燃え尽きに関する研究で有名な社会心理学者のクリスティーナ・マスラック氏は、燃え尽

関与・エンゲージメント	燃え尽き・バーンアウト
活力 ・困難な状況に直面したときの粘り強さのある状態	**情緒的消耗** ・支援や要求への対処により疲弊している状態
意気込み ・仕事に意味を見いだし、熱中している状態	**冷笑主義** ・現実は期待通りにならないと幻滅している状態
自己効力感 ・困難を克服できる、状況を変えられると感じている状態	**無効力感** ・頑張っても無駄、何をやってもダメという状態

■ 図6-1　関与と燃え尽きの定義と関係性

きと逆の概念として関与である「エンゲージメント」（64ページ）を「活力」「意気込み」「自己効力感」と定義し、燃え尽きを「情緒的消耗」「冷笑主義（シニシズム）」「無効力感」と定義しています（図6-1）。なお、ここでのエンゲージメントは従業員エンゲージメントでなく、ワークエンゲージメントの意味合いが強いです。

・情緒的消耗：支援や要求への対処により疲弊している状態。
・冷笑主義：現実は期待通りにならないと幻滅している状態。
・無効力感：頑張っても無駄、何をやってもダメだという状態。

ワークエンゲージメントが高い状態では、仕事を通して充実感を感じ、自身の能力を最大限発揮できていて、この仕事が世界の誰かのためになっているという感覚を持ちます。この状態では多少の忙しさや辛さを忘れ、結果が出ないときも仕事に意欲的に取り組めます。しかし、長期的に負荷がかかったり、バランスが崩れるとだんだん心身共にネガティブな状態になり、最終的に燃え尽きてしまいます。**企業の離職の原因の多くは燃え尽きによるものだと考えられます。**燃え尽きは、ワークエンゲージメントが高い人には起こりえない現象で、これが起きてしまうことは非常に残念なことです。この問題への対処はとても重要で、企業の従業員への向き合い方が現れます。ただのリソースとして従業員やメンバーを扱うのでなく、1人の人間として扱うことで燃え尽きは防ぐことができます。

▼中毒と期待はずれが燃え尽きを引き起こす

燃え尽きとは心理的な状態ではなく、身体の明確な変化によって生じていると考えられます。さっそく、燃え尽きの「情緒的消耗」「冷笑主義」「無効力感」について神経やホルモンの観点から考察していきます。これらは、特にはドーパミンによって説明できる部分が多くあります。

ドーパミンとは期待や予測との差分によって分泌されるホルモンです。脳の中には「報酬系」という領域がありますが、自身の生存にとって有利に働くであろう事柄に対して行動を促進させ、その行動を継続させるために快楽を感じさせる仕組みとして、この領域が備わっているのです。**ドーパミンによって報酬系が過度に働き続け、コントロールを失っている状態が中毒や依存状態です。**覚醒剤や麻薬への依存は、ドーパミンの分泌を促進したり、または抑制する仕組みを阻害したりすることによって作用します。

ドーパミンには自身の分泌をより増幅する仕組みがあります。快楽の対象を見つけると脳内でドーパミンが分泌されますが、1度その快楽の対象を手に入れると分泌が止まります。そして**次にその対象に出会うとき、ドーパミンの分泌は前回ほど起きなくなり、より大きな快楽を求めるようになります**（図6-2）。この対象が薬物だったときがまさに薬物依存の状態で、少量の薬物では満足できなくなっていくのです。

この中毒の無限連鎖は現実には長続きしません。健全な状態ではセロトニンによってドーパミンの過剰分泌を抑えてくれますが、その制御がない場合は、終わりのない欲望に溺れていきます。この欲望が満たされないとき、強い渇望感と共に快楽を得られない不安と絶望が生じてきます。これがいわゆる「中毒」の状態です。少しの快楽ではドーパミンが分泌されなくなるため、行動への活力も失われていきます。

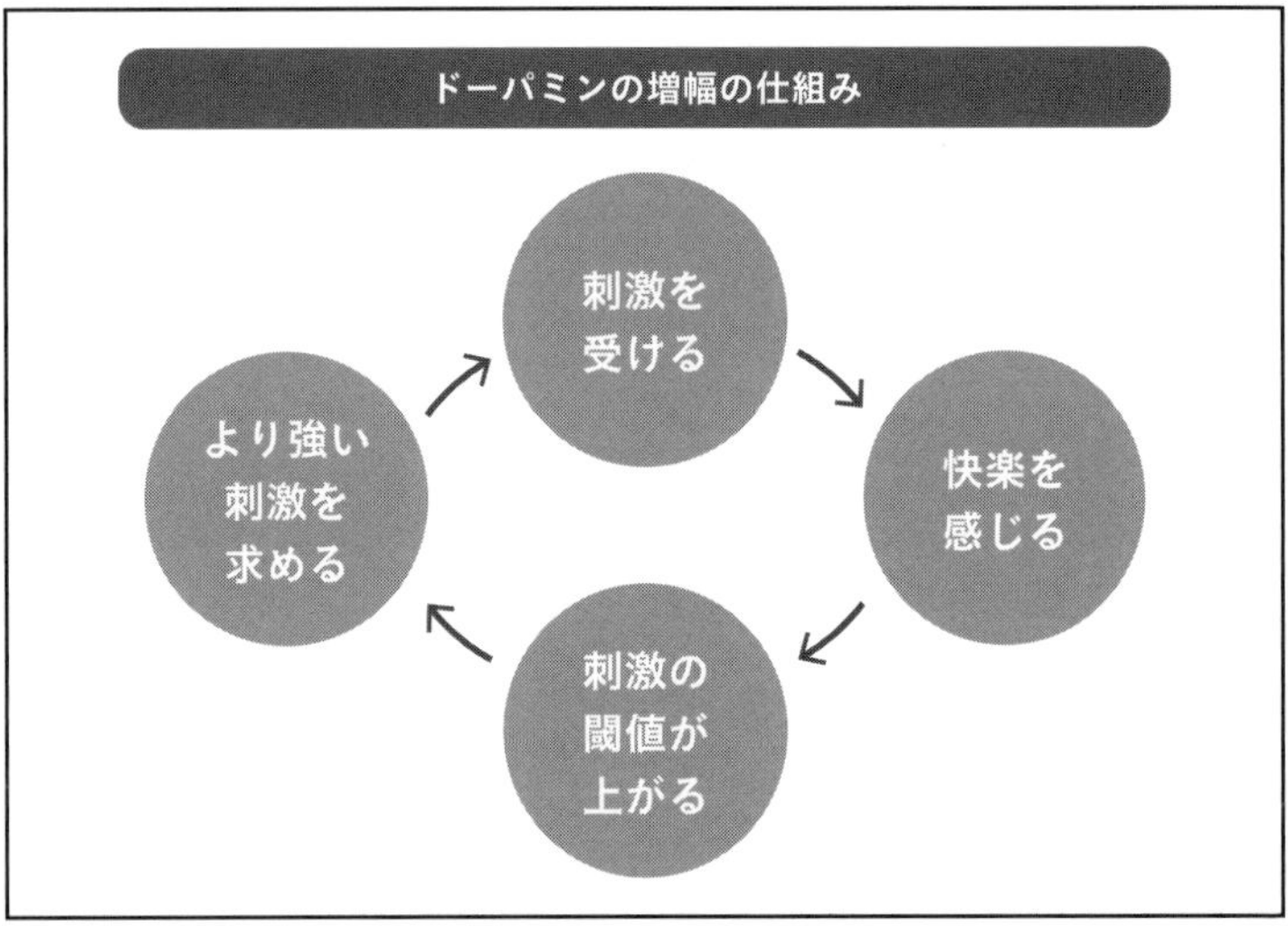

■ 図6-2　ドーパミン増幅の仕組み

燃え尽きの状態である「情緒的消耗」「冷笑主義」「無効力感」の根底には、**ドーパミンによる中毒状態と期待はずれという感覚が存在しています。**仲間やお客さんのために頑張っても感謝されないし否定される、企業の掲げるビジョンに向けて頑張っていてもそんな未来は一生訪れる気がしない、目標達成に向けて努力を続けてきたが結果が全く出ない……。そんなときにドーパミンの欲望の連鎖が一気に崩れ、ドーパミンによって生み出されていた心の火が消えてしまいます。これがドーパミンによる燃え尽きの仕組みです。

燃え尽きのドーパミンによる解釈は一側面であり、ポリヴェーガル理論（21ページ）の観点からも解釈できます。**燃え尽きとは**

背側迷走神経による低覚醒状態に当たります。つまり、助けを求めても無駄、戦うことも逃げることもできないといった状況から、身体の活力が下がり動けない状態になります。この過程で他者との関わりがストレスになり、自身の努力は報われないということを植えつけられ、「情緒的消耗」「冷笑主義」「無効力感」の状態に陥るのです。

▼中毒と期待はずれを防ぐ個人と組織のあり方

燃え尽きはドーパミンの枯渇によって、中毒と期待はずれを引き起こします。つまり個人と組織の中でいかにドーパミン中毒を起こさないようにするか、期待はずれを感じさせないようにするかが重要になってきます。

個人として中毒に対処するにはドーパミンの過剰分泌を抑えるセロトニンの効果を使うことが有効です。これまで見てきたようにセロトニンの分泌の原理は「心理的安定」と「身体的安定」です。日光にあたることや軽い運動が効果的です。燃え尽きの前段階は仕事への中毒状態であるため、意識的に息抜きの時間にこういったことを取り入れることが予防につながります。

一方、期待はずれへの対処としては、「コンパッション」を身につけることが挙げられます。コンパッションとは、日本語では「思いやり」や「慈悲」として訳されますが、「人間が生まれつき持っている『自分や他者を深く理解し、役に立ちたい』という純粋な思い」といった意味合いです。自らが禅僧であり人類学者のジョアン・ハリファックス氏は著書『コンパッション』（英治出版）の中で豊かな人生・人間関係のための5つの資質をエッジ・ステートとして紹介しています。しかし、エッジ・ステートはその名の通り、一歩間違えれば崖から落ちるように負の側面に落ちてしまう性質があります。その負の側面から立ちなおる力としてコンパッションがあります。エッジ・ステートの1つとして関与（エンゲージメント）があり、その負の側面として燃え尽きがあるのです（図6-3）。

そしてコンパッションを生み出すためには4つの条件があるとされています。

・他者の経験に意識を向ける。
・他者を案じ気遣う。
・他者に役立つのは何かを感じとる。
・他者の心身の健康を高めるために行動する。

コンパッションはマインドフルネスと「コインの裏と表」の関係として注目を集めてい

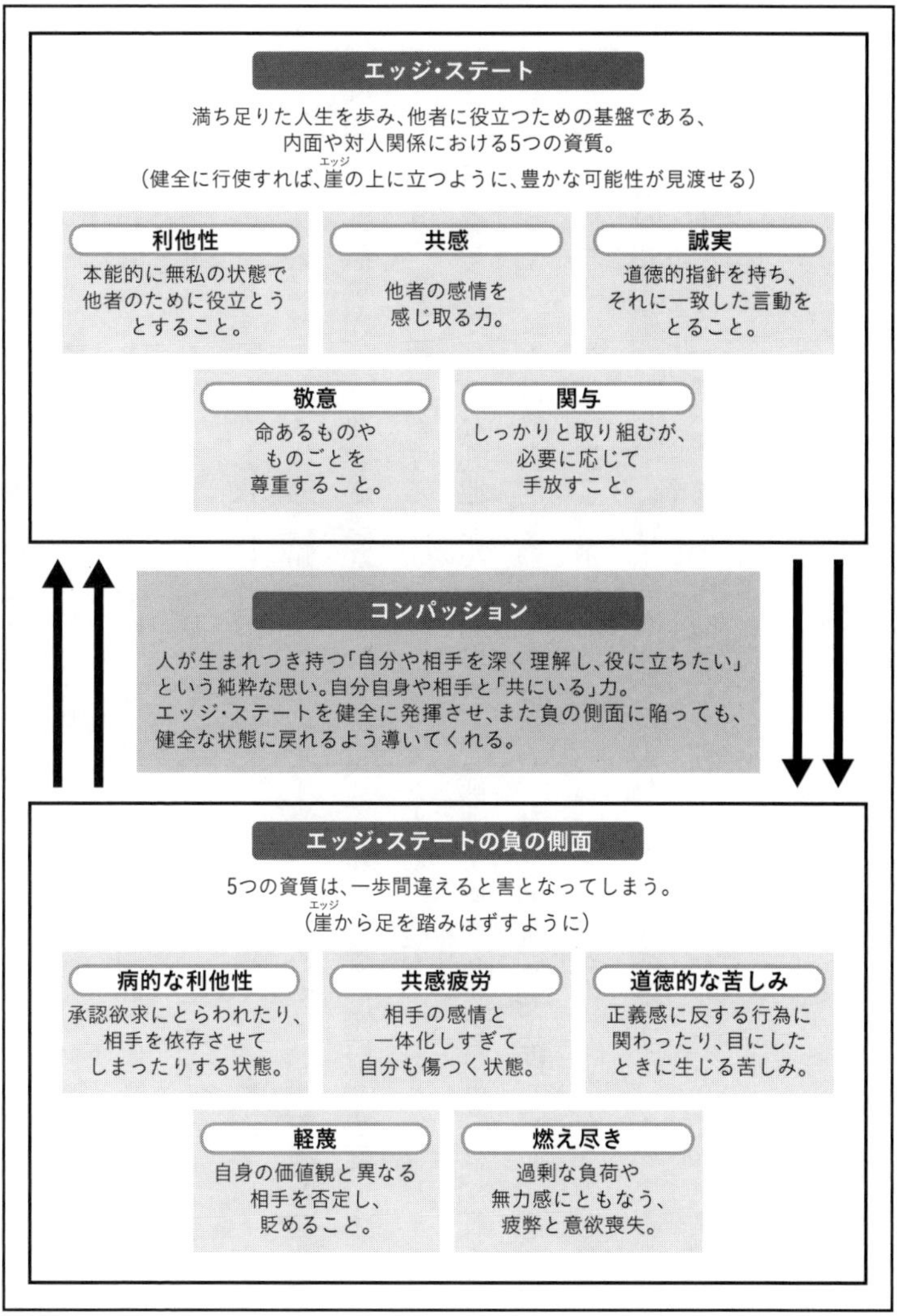

■ 図6-3　エッジ・ステート
出所：ジョアン・ハリファックス著、海野桂訳『Compassion（コンパッション）』2020, 英治出版

て、現代の燃え尽きの背景からも今後より注目されていく概念だといえるでしょう。

組織として中毒・期待はずれに対処するには過剰な目標・報酬制度を控えることです。特に金銭による報酬に大きなウエイトをかけている場合、そこに向けて中毒状態が生じてしまう可能性があります。ひととき目標が達成され、報酬が手に入ると次にもっと大きな報酬を求めるようになります。しかし永遠に達成し続けることは不可能で、報酬が手に入らないとなったときに一気に燃え尽き状態に陥ってしまいます。そのためモチベーションを刺激しつつ、燃え尽きを引き起こさない適度なバランスの目標・報酬制度の設計が重要です。

また、発言を含む行動に対する適切なリアクションも効果的です。あるメンバーがチームの全体のことを考えて行った利他的な行動に対し、感謝を伝えることは期待はずれを防ぐことにつながります。ヒトは社会的な動物であるため、利他的な行動に関して必ず感謝などの反応を求めています。社内SNSで積極的に「いいね」するなどのライトなものも含め、常にリアクションして生物としての根源的な期待を満たしていくべきです。このような制度やシステム、風土をつくっていくことで組織として燃え尽きを減らすことができます。

POINT

☑燃え尽きとは、「情緒的消耗」「冷笑主義」「無効力感」からなるモチベーションが一気になくなる現象である。

☑燃え尽きは、ドーパミンの過剰分泌による中毒と期待はずれによって生じる。

☑中毒と期待はずれに対処することで燃え尽きを減らすことができる。

具体的な方法

・セロトニンを分泌させるような息抜きや休息(日光浴・散歩など)をする。

・ドーパミン中毒を引き起こす過剰な目標・報酬制度を控える。

・利他的な行動に対して感謝を伝えるなどのリアクションをする。

17 レジリエンス

〜逆境に強くなる〜

▼レジリエンスが低いとはどういう状態か

レジリエンスとは、困難な状況に対して心が折れることなく、自ら回復して乗り越える力のことです。精神的回復力や抵抗力、復元力などと訳されます。もとは物理学用語で、いまではストレス（外力による歪み）の対になる言葉（外力による歪みを跳ね返す力）として、心理学や環境学、工学などでも使われています。

レジリエンスの注目が高まっている理由として、新卒の早期離職や燃え尽き症候群（170ページ）など、人材の流出を防ぎ、生産性を維持する観点であることが挙げられます。また、先の見えないＶＵＣＡ（現代を表すVolatility（変動性）、Uncertainty（不確実性）、Complexity（複雑性）、Ambiguity（曖昧性）の頭文字をとった言葉）の時代において、レジリエンスがあれば予測不可能な事態を乗り越えられるという理由もあるでしょう。しかし、レジリエンスは

「精神力」と同じような意味で使われていることが多くあり、誤った捉え方をされていることもしばしばです。実際に、就職市場において体育会系が人気なのは、こういった背景があるのではないでしょうか。

アメリカ心理学会は、「レジリエンスを築く10の方法」をとして次の項目を提示しています。

①親戚や友人らと良好な関係を維持する。
②危機やストレスに満ちた出来事でも、それを耐え難い問題として見ないようにする。
③変えられない状況を受容する。
④現実的な目標を立て、それに向かって進む。
⑤不利な状況であっても、決断し行動する。
⑥損失を出した闘いのあとには、自己発見の機会を探す。
⑦自信を深める。
⑧長期的な視点を保ち、より広範な状況でストレスの多い出来事を検討する。
⑨希望的な見通しを維持し、良いことを期待し、希望を視覚化する。
⑩心と身体をケアし、定期的に運動し、己のニーズと気持ちに注意を払う。

これらは、いずれも心構えや考え方を示しています。「それができれば苦労しないよ」と思われる方もいるでしょう。しかし、レジリエンスにも身体の状態が大きく関わっています。**レジリエンスは精神力ではなく、神経の力によってもたらされる状態**です。さっそくポリヴェーガル理論をベースとして、神経レベルで見たレジリエンスを解説していきます。

▼神経から見たレジリエンス

ヒトはストレスを受けたとき、交感神経を活性化させて対処し、副交感神経によって回復するという過程を経ます。この仕組みによってヒトはホメオスタシス（恒常性）を維持し、環境に適応します。この調整の力の強さが、レジリエンスに影響します。つまり、レジリエンスとは**困難な状況に関して適切に交感神経を活性化させて対処し、高まった交感神経を副交感神経によって正常な状態に戻すことができる力**です。

トラウマや心理療法の分野では「耐性の窓」という考え方があります。耐性の窓は交感神経による「過覚醒」、背側迷走神経による「低覚醒」、そして腹側迷走神経による「耐性領域」から成り立ちます。この耐性領域の広さがレジリエンスをあらわします（図6-4）。

耐性領域を出て過覚醒領域にいるとき、交感神経の制御が効かずに恐怖や怒りを感じ、過

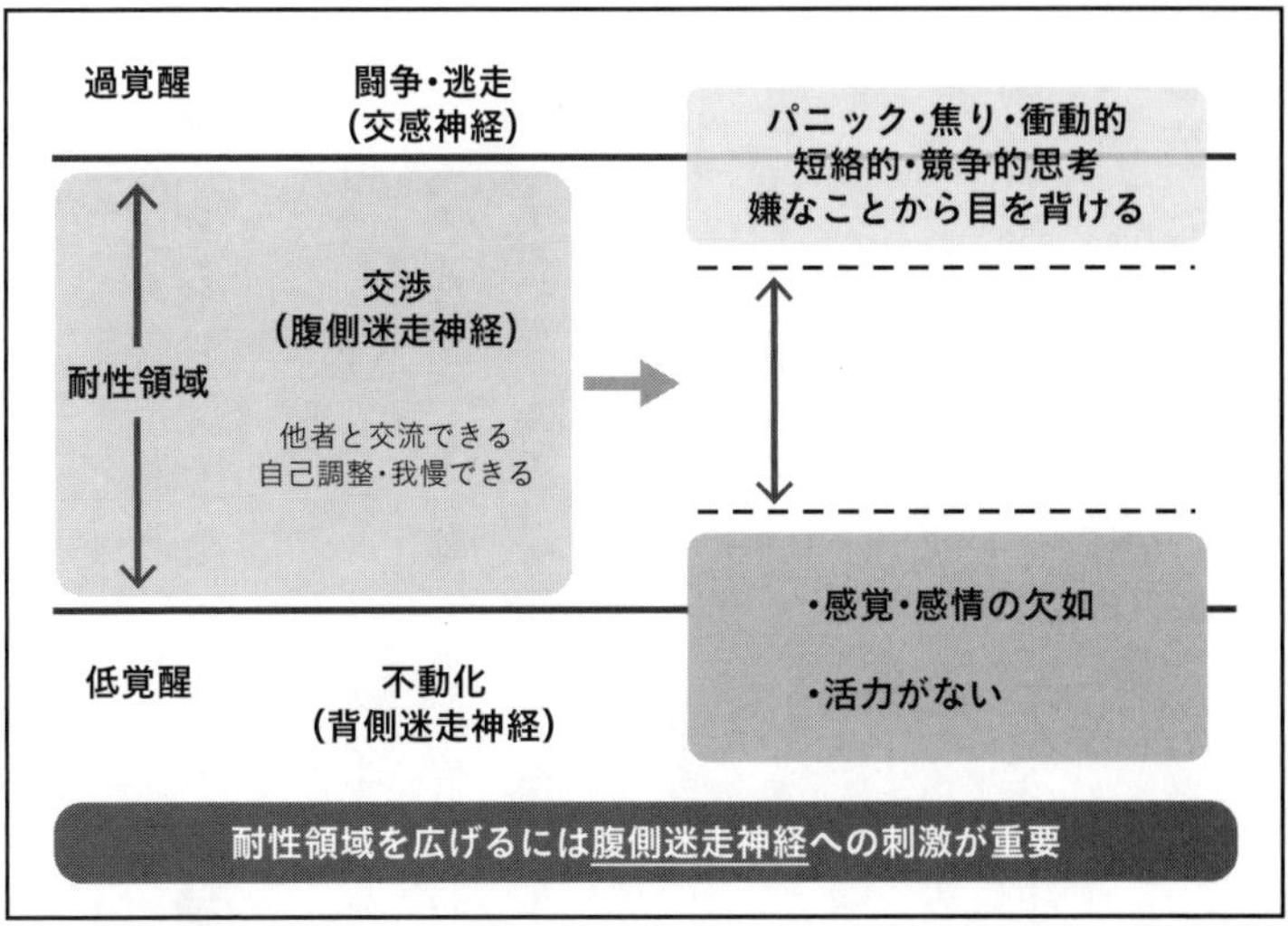

■ 図6-4　神経の耐性領域

度な警戒状態に陥ります。一方で、低覚醒領域にいるときには、腹側迷走神経の制御が効かず感覚が麻痺し、無力感を感じます。

腹側迷走神経が十分に活用できる状態では、多少のストレスがあっても穏やかに耐性領域に戻ってこれます。しかし、過覚醒と低覚醒を乱高下したり、慢性的に過覚醒や低覚醒が続いたりすると、「偽りの耐性の窓」の状態で安定してしまいます。組織の中でも「威圧的・攻撃的な人」とか「無気力・活力がない人」などと、個人についてレッテルが貼られることがありますが、これは性格の問題ではなく神経の状態の問題です。**レジリエンスが低い状態とは、耐性領域が小さく、ストレスに対して過覚醒もしくは低覚醒から戻って来られない状態**

なのです（図6-5）。

▼レジリエンスを高める神経アプローチ

耐性領域を広げてレジリエンスを高めるには、腹側迷走神経を活性化させることが重要です。もちろん過度に過覚醒、低覚醒状態にいる場合は適切な治療が必要ですが、**腹側迷走神経を活性化するアプローチをとればレジリエンスは自然と高まっていきます。**

これまで紹介してきたような、目と目を合わせた気軽なコミュニケーションや社会交流系を活性化するための会話や歌、交感神経と腹側迷走神経を活性化して自己鎮静力を高めるチームでのあそび（軽いスポーツ、ヨガ・ダンスなど）がここでも有効です。体育会系がレジリエンス・忍耐力が高いといわれているのは、こういった経験によるものでしょう。

特に過覚醒もしくは低覚醒領域に偽りの耐性の窓をつくってしまっている状況では、普通であれば危険だと感じないようなことも危険だと感じてしまい、それに対処するような行動をすることで過覚醒や低覚醒の中で落ち着いてしまいます。自分にとってネガティブな現象をなかったことにしたり、問題ないと思い込ませたりすることを防御機制と呼び、自身が適切な耐性の窓をつくることを邪魔してしまいます。

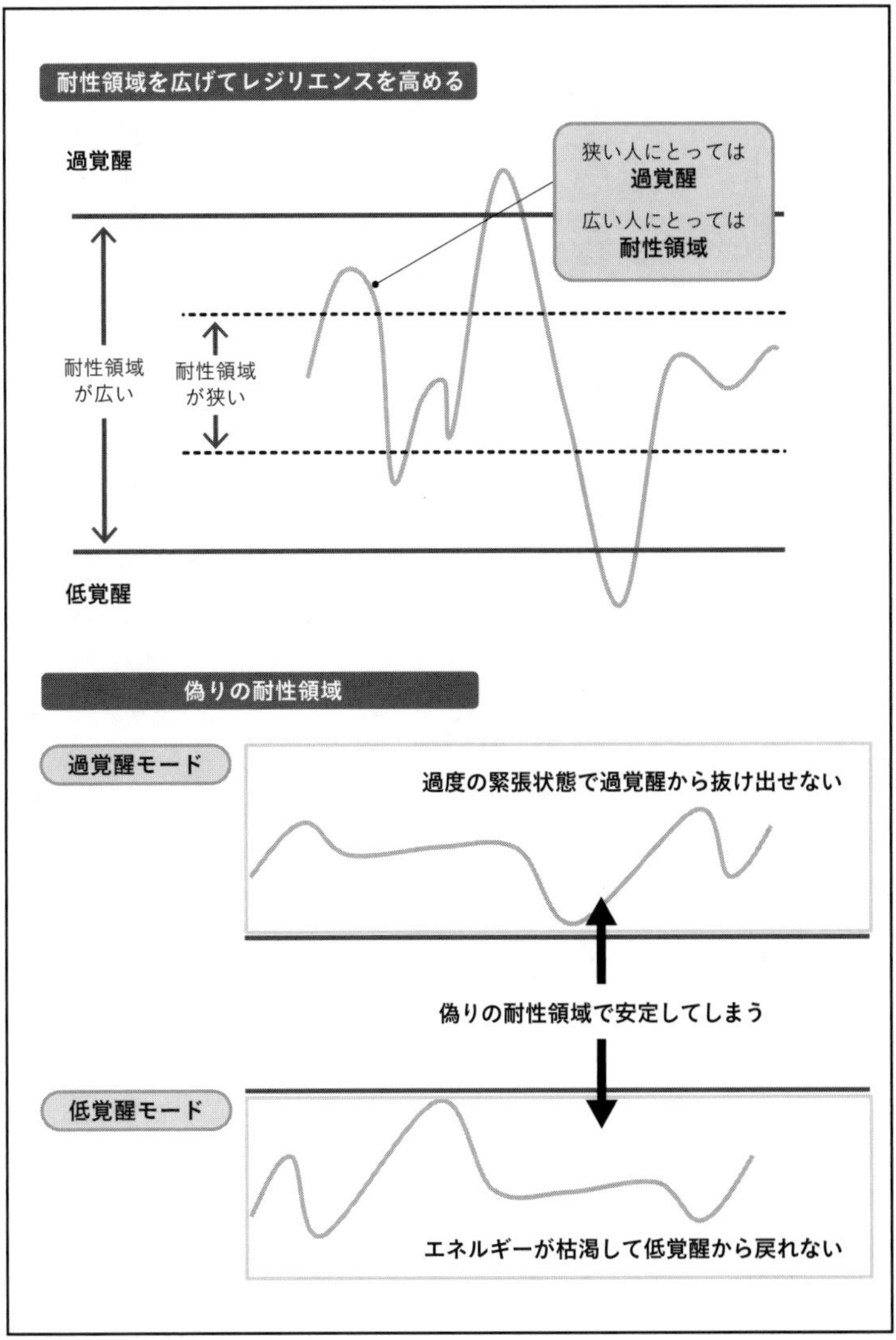
耐性領域を広げてレジリエンスを高める
過覚醒
狭い人にとっては
過覚醒
広い人にとっては
耐性領域
耐性領域
が広い
耐性領域
が狭い
低覚醒
偽りの耐性領域
過覚醒モード
過度の緊張状態で過覚醒から抜け出せない
偽りの耐性領域で安定してしまう
低覚醒モード
エネルギーが枯渇して低覚醒から戻れない

■ 図6-5　偽りの耐性の窓

こういった目に見える行動の背景に過覚醒や低覚醒を肯定する仕組みがあり、これらの行動の繰り返しによって偽りの耐性の窓を維持しています。大抵の場合、**偽りの耐性の窓の中にいることに本人は気づいていません。**周囲のサポートによって防御機制に気づき、それをする必要がないと気づけるように導くことで自然と耐性領域は広がっていきます。

これらは日々のチームでの対話の中でも少しずつ広げることができます。例えば「○○について私はこう感じている」「こういうときってすごくモヤモヤする」など、日々の感情を相互に語り合い、率直に相手との感覚のずれを伝えていくとよいでしょう。自身の感覚が当たり前でないということに気づくきっかけになります。自分は何を恐れ、何から身を守っているのかがわかれば、自分の耐性領域がどうなっているか知ることができます。

ここで注意すべきは、**無理やりつながりをつくろうとしたり、率直に何でも語ることを強要したりすると偽りの耐性の窓の反応が強まってしまう可能性がある**点です。つながりをつくってもいいと思えるような自然な雰囲気づくりやチームとして結果を急がない態度が重要です。

このようにレジリエンスは強い精神力によるものではなく、穏やかでしなやかの身体の状態から生まれてくるものなのです。

▼POINT

☑ レジリエンスとは精神力ではなく神経の力によって生み出される状態である。
☑ 交感神経、背側迷走神経、腹側迷走神経からなる耐性の窓によってレジリエンスが定まり、腹側迷走神経の耐性領域を広げることで高められる。
☑ 偽りの耐性領域にとどまる防御機制に気づくことで自然に適切な耐性の窓をつくることができる。

▼具体的な方法

・腹側迷走神経を活性化するような会話、軽い運動、あそびなどを行う。
・自身の防御機制に気づくような対話を実践していく。
・何を話してもよいと自然に思える雰囲気をつくり、結果を急がない。

⑱ ストレスマネジメント

～ストレスを力に変える～

▼ストレスは悪いものとは限らない

ストレスに対処するストレスマネジメントはモチベーションを保ち、健康で持続可能な働き方をするには必要不可欠です。いま、企業内の福利厚生の一環として、仮眠スペースの設置やマッサージを受けられるようにするなど、さまざまな取り組みが推進されています。ストレスの軽減が重要視されていますが、**「ストレスは悪いものであり、積極的に取り除くべき」だという前提は間違っている**部分もあります。

１９９０年代にアメリカで行われた3万人を対象にした実験では、参加者に「ストレスは悪いものだと思いますか？」「この1年でどのくらいストレスを感じましたか？」という2つの質問をし、8年間の追跡調査で参加者のどんな人が亡くなったかを調べました。その結果、「ストレスは悪いものだ」と思い、「高強度のストレスを受けている人」の死亡率は「低

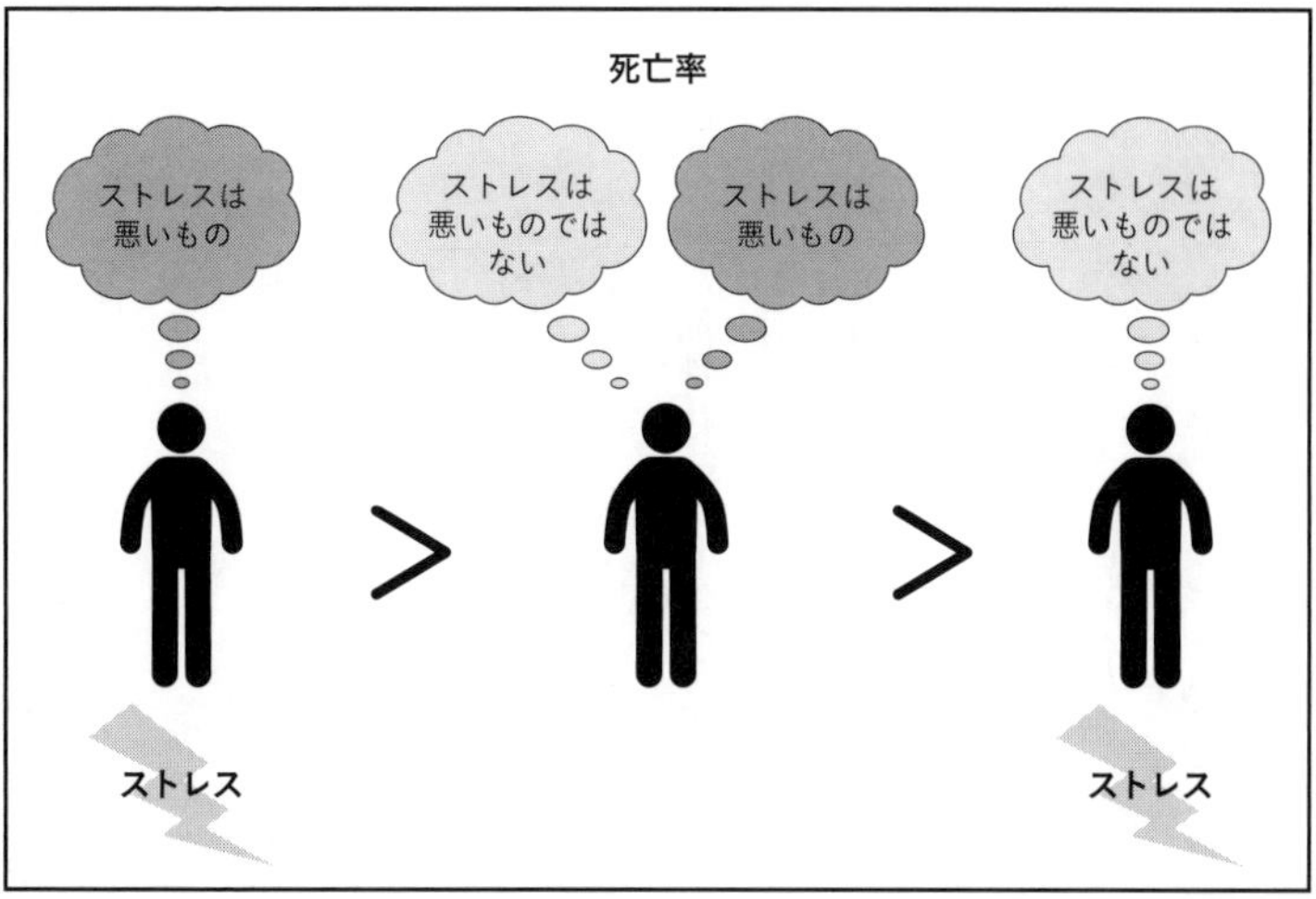

■ 図6-6　ストレスは捉え方によって変わる

強度のストレスを受けている人」より43％高いことがわかりました。驚くべきことに「ストレスは悪いものではない」と思い「高強度のストレスを受けている人」では死亡率の上昇はなく、このグループが全体の中で最も死亡率が低い結果が出ました。ストレスが健康に悪いという前提に立つと、この結果は矛盾しているように思えます（図6-6）。結論からいうと、**ストレスは「悪いもの」だと思っているときに限って、有害な作用を引き起こします。**逆にいえば、ストレスは良いものだと思っていると身体に有益な効果をもたらします。その他の調査でも、ストレスを避けようとすると「幸福度が下がる」「『つながり』や『帰属意識』が薄れる」という結果が出ています。ストレスの捉え方によって、心理的な影響だけでなく、実際に分泌されるホルモンも変化するのです。ここからはストレスを感じたときに分泌されるストレスホルモン、その作用機序について説明していきます。

▼ストレスホルモンの仕組み

一般的には、ノルアドレナリンやコルチゾールがストレスホルモンとして知られています。人はストレスを受けたとき、交感神経系とＨＰＡ軸の2つに反応が起きます。ＨＰＡ軸とは、「視床下部」「下垂体」「副腎皮質」と連鎖する内分泌系のシステムです。

交感神経が活性化するとノルアドレナリンとアドレナリンが分泌され、これらのホルモンは白血球に作用して炎症性サイトカインと呼ばれる物質を分泌させます。それが脳の視床下部に作用して**コルチゾール**を分泌させます。ＨＰＡ軸では、ストレスを受けると視床下部→下垂体→副腎皮質というようにシグナルが連鎖し、最終的にコルチゾールが分泌されます。コルチゾールは血流に乗って全身に作用し、血糖値を上げるなどしてエネルギーをすぐに使える状態に変化させ、炎症性サイトカインの活性化を抑え、免疫反応を正常に戻します。

脳の海馬にコルチゾールが到達すると分泌を正常に戻そうとする「負のフィードバック」が働き、コルチゾールの分泌が抑制されます。**急性で短期のストレスではこれらの反応によ**

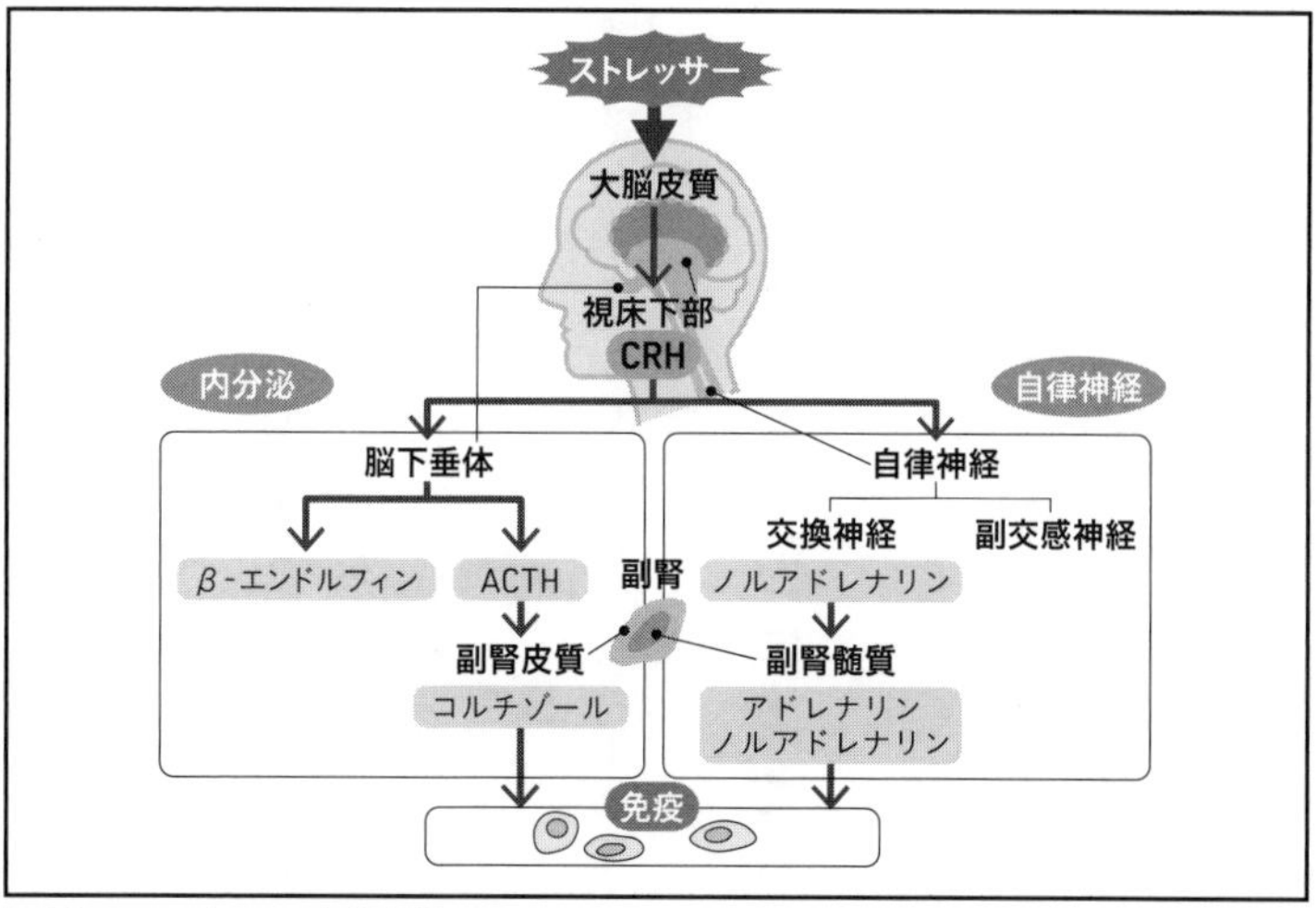

■ 図6-7　ストレスの伝達経路
出所：日本成人病予防協会『ホメオスタシス』https://www.japa.org/mental_health/stress/body.html

り身体の恒常性は保たれますが、慢性で長期のストレスでは徐々にバランスが崩れていきます。前述の通り、短期的なコルチゾールはエネルギーを生み出しますが、長期化すると海馬の萎縮やうつ病の症状などを引き起こします。慢性ストレス状態では、海馬がコルチゾールに反応しにくくなるため、負のフィードバックが効きにくくなり、コルチゾールが分泌され続けてしまうのです。これが一般的なストレス反応のネガティブな側面です（図6-7）。

実はストレス反応はこれだけではありません。オキシトシン（27ページ）とDHEA（デヒドロエピアンドロステロン）もストレスに反応します。DHEAは男性ホルモンや女性ホルモンの原料となるものです。脳の成長を促進させ、コルチゾールの作用の抑制、免疫機能の向上などの効果があり、「若返りホルモン」とも呼ばれたりします。コルチゾールとDHEAはどちらもストレスホルモンですが、コルチゾールとDHEAの割合は成長指数と呼ばれ、**DHEAの割合が大きいほどストレスに負けずに努力を続けられ、レジリエンスも高まるといわれています。**コルチゾール（ノルアドレナリン）、DHEA、オキシトシンの3つはそれぞれストレスホルモンとして作用します。ストレス反応はコルチゾールのみの反応ではなく、DHEAとオキシトシンによる反応もあるのです。これが、ストレスがポジティブに働いていた場合のメカニズムの正体です。そして、ストレスの捉え方によってこれらの反応を切り替えることができます。

▼ストレスを力に変えるマインドセット

スタンフォード大学の健康心理学者ケリー・マクゴニガルは著書『スタンフォードのストレスを力に変える教科書』（大和書房）の中で、これら3つの反応を「闘争・逃走反応」「チャレンジ反応」「思いやり・結びつき反応」とまとめました。

「闘争・逃走反応」は、注意力や集中力を高め、ピンチに対処しようとする反応で、ノルアドレナリンやコルチゾールが関わっています。「チャレンジ反応」も注意力・集中力を高め

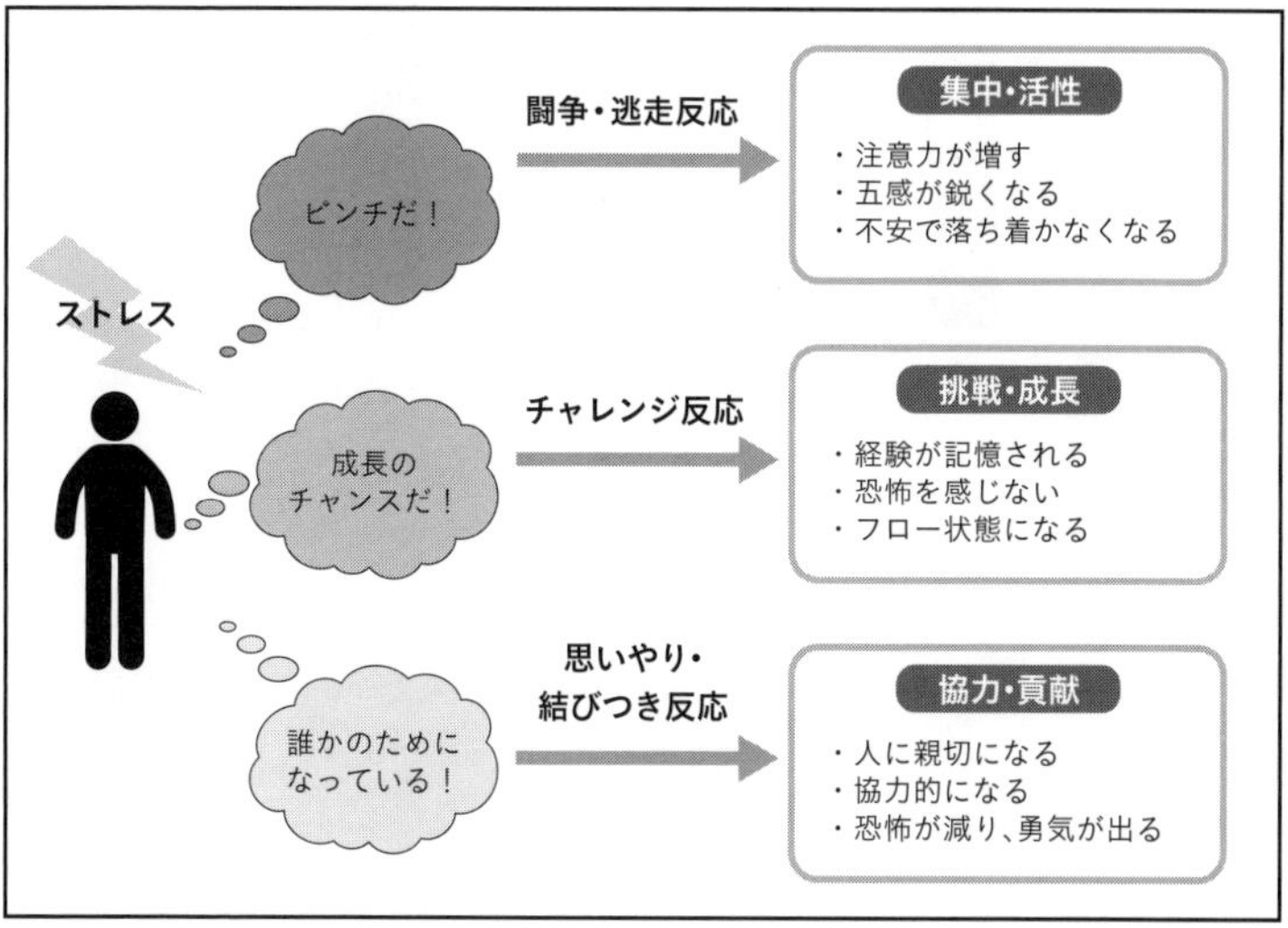
ストレス
ピンチだ！
闘争・逃走反応
集中・活性
・注意力が増す
・五感が鋭くなる
・不安で落ち着かなくなる
成長のチャンスだ！
チャレンジ反応
挑戦・成長
・経験が記憶される
・恐怖を感じない
・フロー状態になる
誰かのためになっている！
思いやり・結びつき反応
協力・貢献
・人に親切になる
・協力的になる
・恐怖が減り、勇気が出る

■ 図6-8　捉え方とストレス反応

ますが、恐怖は感じず自信がつき最高のパフォーマンスを発揮できる状態です。フロー（161ページ）に近い反応だともいわれていて、DHEAが大きな役割を担っています。最後の「思いやり・結びつき反応」では、仲間との団結や共感能力の向上、恐怖が弱まり勇気が湧く状態になります。この反応にはオキシトシンが関わっていて、ストレスに対する捉え方によって切り替わります（図6-8）。

このように見ると、「闘争・逃走反応」は悪い反応のように思えますが、回避すべきはストレス自体ではなく慢性的なコルチゾールの分泌による心身の障害です。**基本的にはストレスは悪いものではなく、私たちの人生を豊かにしてくれる**スパイスです。職場や日常で起こるストレス要因を全て排除するのはこれらの反応の恩恵を捨てるに等しい行為です。「ストレスは悪いものではなく、自分に力をくれる大切なもの」と思うだけで、日々のストレスはネガティブなものではなく、ポジティブなものに変化します。

▼POINT

☑ストレスは一概に悪いものではなく、ストレスをなくすことは心身にネガティブな影響を及ぼす側面もある。
☑ストレスはコルチゾールだけでなく、DHEAやオキシトシンの分泌も引き起こす。
☑どのストレスホルモンを分泌させるかはストレスの捉え方により切り替えられる。

▼具体的な方法

・ストレスは悪いものではなく、自分に力をくれる大切なものだと認識する。
・ピンチの際には「自分ならできる」「成長のチャンスだ」と思うようにする。
・「誰かのためになっている」と思うことで思いやり、結びつき反応を引き起こす。

Part 3

イノベーションを起こす

ヒトは生まれながらにしてイノベーションを生み出す存在です。このパートでは「思い込み」「創造性」「シナジー」というテーマを、生理学や神経科学、生命の多様性などの観点で解説します。生命科学の視点を生かし、創造的なチームになれる環境を意識的に作りましょう。

Chapter 7

思い込みを外す

キーワード
眼窩前頭皮質
→ 201ページ
島皮質
→203ページ

イノベーションの本質とは？
～「思い込み」が創造を阻害する～

イノベーションは、企業経営における最重要課題といっても過言ではないテーマです。これまでにないような新しいサービスや商品を開発することを指し、GAFAをはじめとした海外の革新的な優良企業がどんどんイノベーションを起こしています。しかし、蓋を開けてみると、実際は製品の部品に日本の技術が使われていたり、技術自体は日本の方が早く開発していたという例もあります。

イノベーションというと、「技術革新」のイメージが強いかと思いますが、**イノベーショ**

ンの本質は「新価値創造」です。つまり製品のスペックを高めることや新製品を製造することだけがイノベーションではなく、**生産プロセスやデザイン、顧客体験を変えることなど、さまざまな領域で起こせること**なのです。

日本人の勤勉な国民性も相まって、日本企業には1つのことに集中して取り組む、最高品質を目指して徹底的に改善を繰り返す、といった性質があります。確かに、これらの性質によって日本の高度経済成長は支えられていました。しかし、この強烈な成功体験が日本全体に「安定」「効率」「管理・統制」といったイノベーションと相性の悪い価値観をもたらしました。

未来が線形に予測でき、確実に経済成長が約束されている時代では、とにかく生産効率を上げて売り続けることが1つの正解でしたが、いまは予想もできない出来事によって一瞬でビジネスが破壊されることがあります。バブル崩壊以降の想像もつかない企業倒産、大雨や台風などの自然現象や2020年に大流行した新型コロナウイルスなどの疫病、記憶にあたらしい人も多いでしょう。このような時代に対応するには、過去の成功体験から生まれたパターンを手放し、新鮮な目線で探求し続けることが必要です。

本章では、イノベーション創出を阻害する個人の中の「思い込み」という壁について、身体や脳の状態に着目して触れていきます。扱うテーマは「メンタルモデル」「知覚バイアス」「行き詰まり」です。

19 メンタルモデル

～過去の学習による落とし穴～

▼なぜ過去と同じパターンで行動してしまうのか？

「毎回同じミスを繰り返してしまう」「無意識にいつも同じ行動を取ってしまう」など、日常のささいな出来事から仕事の仕方まで、このようなことをあらゆる文脈で経験したことがあると思います。**これらは過去の類似した状況での記憶・学習によって半自動的に引き起こされた行動であることが多い**です。ヒトはある状況での刺激に対して知覚し、快・不快の情動反応が沸き起こり、その情動をもとに行動します。そしてその**刺激と情動、行動による結果のパターンを記憶し、次に似た状況と遭遇したときに素早く対応できるように意味づけして学習します。**このときに学習した刺激と学習の体系が「価値観」や「メンタルモデル」といわれるものです（図7-1）。

生命の最重要課題の1つは「生き残る」ことです。つまり過去の成功パターン、失敗パ

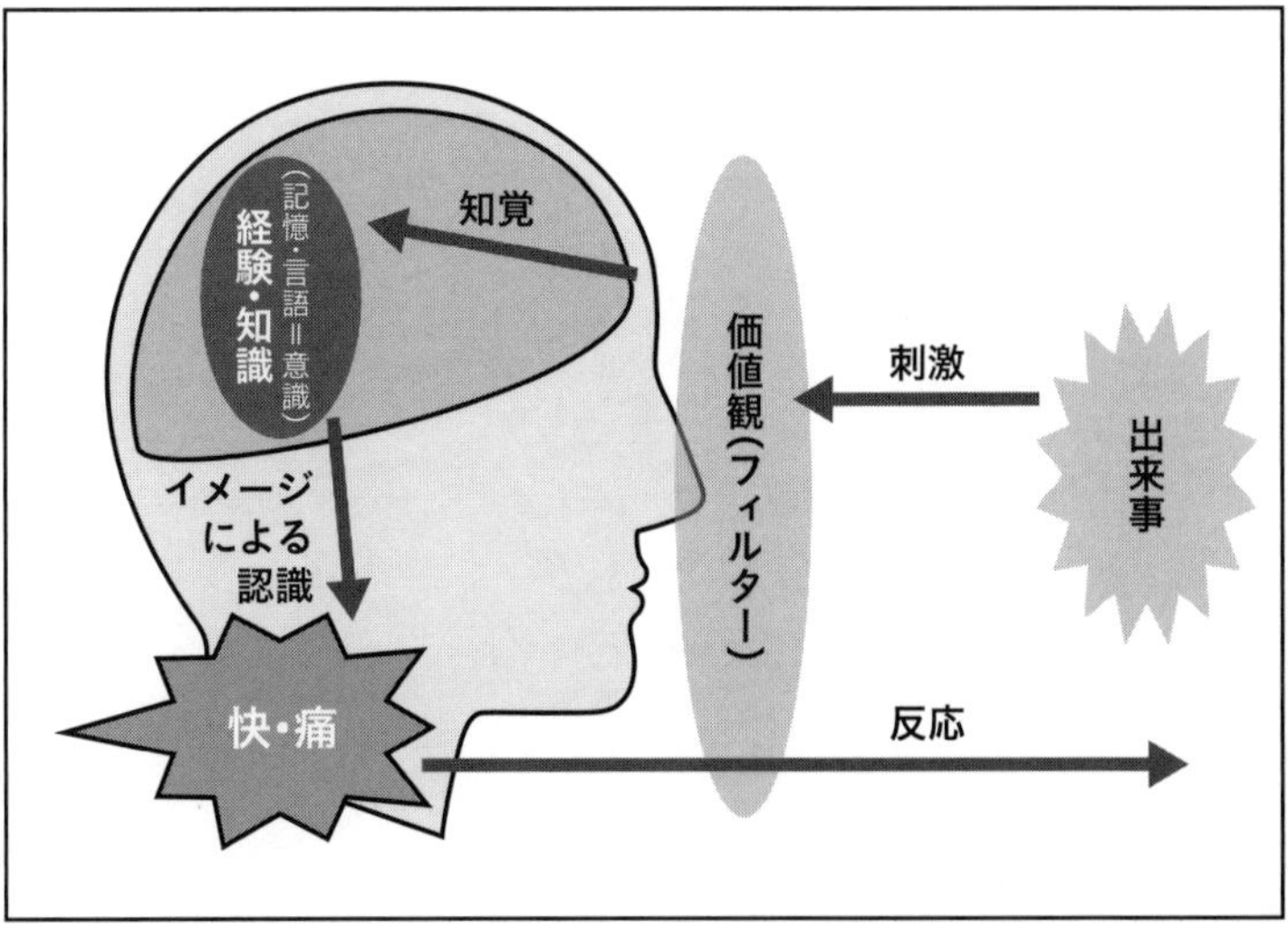

■ 図7-1　刺激と反応パターン

ターンを記憶・学習し、行動に反映していくことは生き残りに非常に重要なことなのです。この過去のパターンから生まれた生存戦略が**「メンタルモデル」**です。しかし、環境は常に移ろうものなので、メンタルモデルはときに自らを縛ってしまう鎖にもなりえます。

マサチューセッツ工科大学の上級講師のオットー・シャーマー氏は著書の『U理論』（英治出版）の中でこのようにいっています。「VUCAの時代、私たちが直面する課題に対処するには、『過去から学ぶ』のでは到底足りない。必要なのは「出現する未来から学ぶ」ことである」。

U理論は、過去のメンタルモデルの変容方法をさまざまな学問と具体的な事例をも

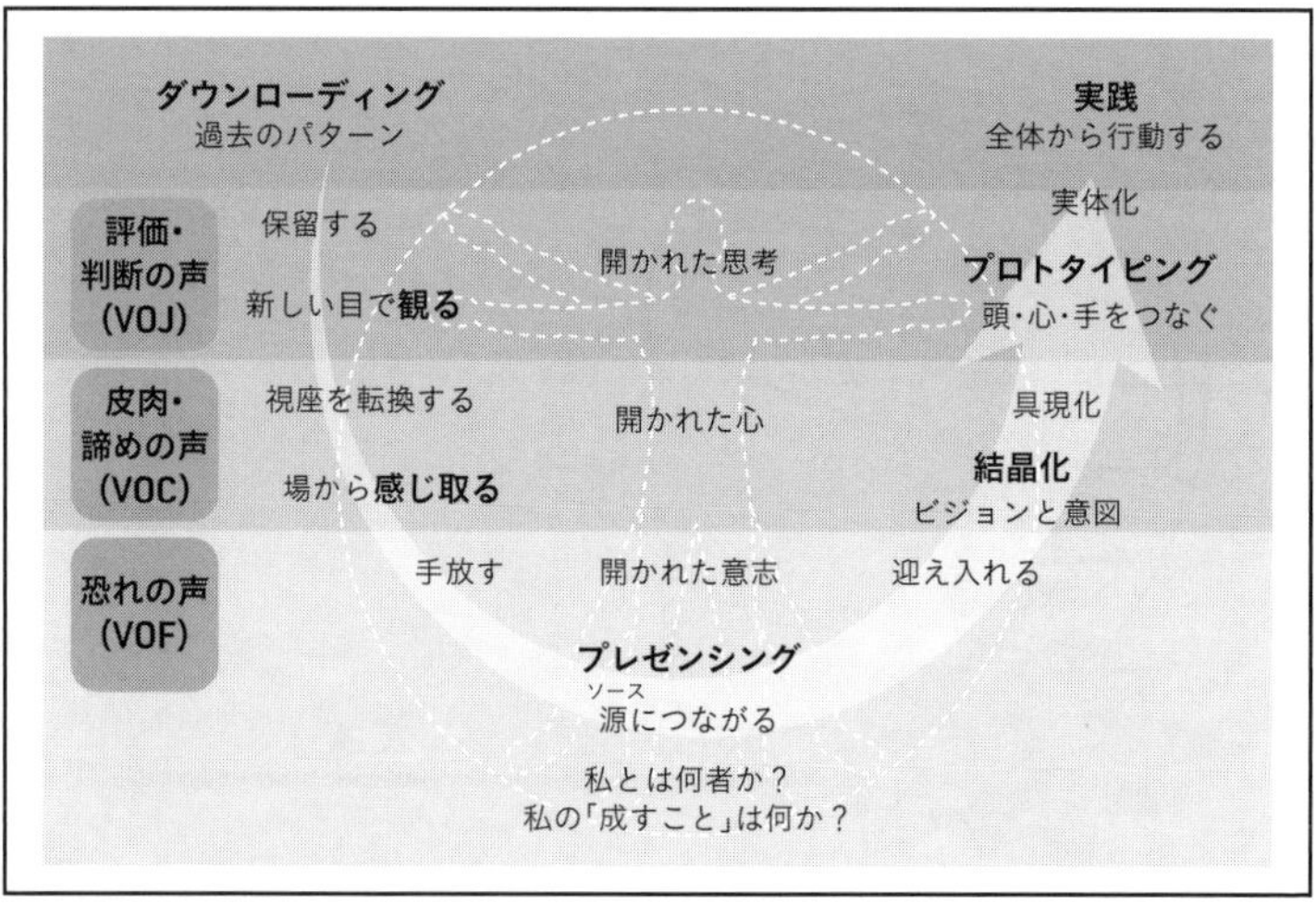

■ 図7-2　U理論
出所：C・オットー・シャーマー著、中土井僚、由佐美加子訳『U理論［第二版］』2017, 英治出版

とに体系化した理論です（図7-2）。過去の学習によるメンタルモデルを手放していくことで、過去に囚われない本質的な変容、イノベーションが起こせると主張しています。

過去のパターンを手放すには、まず自分がどのようなパターンやメンタルモデルを持っているかを俯瞰的に見ることが重要です。

▼脳に刻まれたメンタルモデルの神経パターン

さっそく、いかにしてメンタルモデルが形成されていくかを脳科学の「ソマティック・マーカー仮説」から見ていきます。

1848年9月のことです。フィニア

ス・ゲージ氏は周囲から尊敬を集める敏腕で頭の切れる青年でした。アメリカ北東部ニューイングランドの鉄道現場で現場監督をしていた彼は、現場の爆発事故で鉄パイプが頭に刺さってしまいます。直径9センチ以上の穴が空いてしまったにもかかわらず、彼は理性的に話せる状態で治療後1ヶ月後にはベッドから起き上がることができたそうです。

怪我は完治しましたが、事故後のゲージ氏は気まぐれで計画性がなく、優柔不断で移り気な人物になってしまいました。感情が平坦になったり、他者に配慮ができなくなったりと人格にも大きく影響が出てしまいました。つまり彼は過去の体験から学習し、現在の行動に生かせなくなってしまったのです。

脳科学者のアントニオ・ダマシオ氏は彼の問題行動や人格の変化と脳損傷部の研究から、「眼窩前頭皮質」の損傷が過去の体験からのシミュレーションに大きく影響を与えていることを突き止めました。**眼窩前頭皮質とは、過去の体験を参照し、より良い選択を決定する脳の領域です。**彼は過去の体験から生まれた情動とそれに伴う感情が神経系に記録され、未来の意思決定に影響を与え適切な行動を指示していると主張し、この仕組みを身体に刻まれた印という意味の「ソマティック・マーカー」と名付けました。

ソマティック・マーカー仮説の主張は簡単にいうと「過去の体験から生まれる感情が適切な意思決定に大きく影響をする」ということです。ビジネスではよく感情を排除した合理的

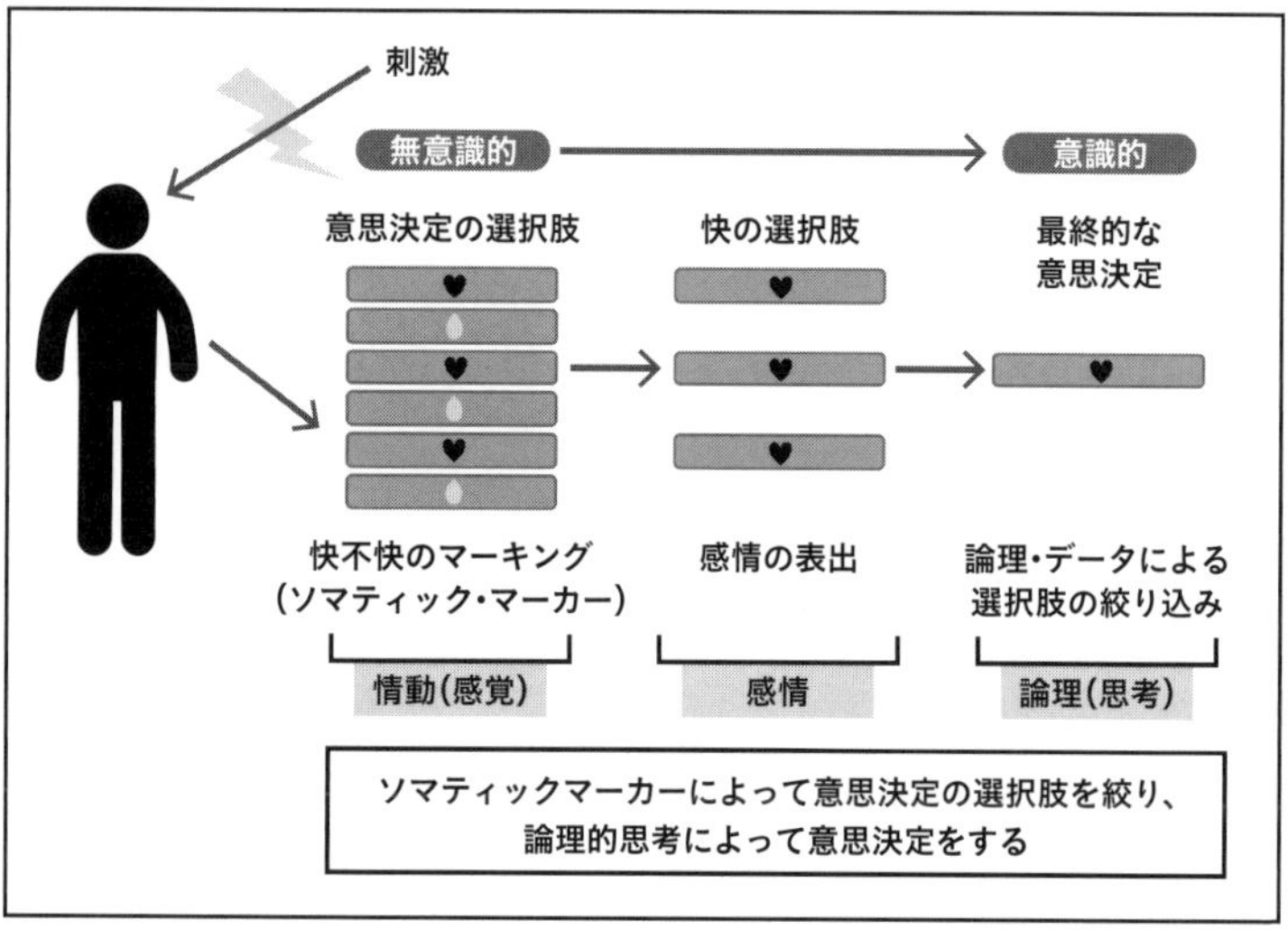

■ 図7-3　ソマティック・マーカーによる意思決定

な意思決定が推奨されている風潮もありますが、ソマティック・マーカー仮説では過去の似たような場面を参照し、**快・不快の情動と感情に基づきあらゆる選択肢の中から候補を絞り、最終的に理性によって1つの最適な選択肢に絞ることで意思決定を行っている**といいます（図7-3）。

このソマティック・マーカーは「メンタルモデル」や「価値観」とほぼ同義です。自身の中に生じる情動の身体感覚や感情への気づきがないと、無意識に支配された感情的な意思決定や偏りのあるいつも同じパターンの行動をとってしまうようになります。

▼情動・感情に意識的になる

メンタルモデルに支配された意思決定と行動は脳・神経系に刻まれたパターン（ソマティック・マーカー）によって生み出される身体的な問題である可能性が高いです。ビジネスでの意思決定は感情を排除するのではなく、感情に支配される「感情的な意思決定」を減らしていくことが重要です。ソマティックマーカーの仕組みを理解すれば、いま抱いている感情に俯瞰的になれたり、その背景の体験経験に目を向けやすくなります。感情的な意思決定には大きく2つあると考えています。1つは「アレルギー」で不快なことを過度に避けること、もう1つは「中毒」で快なことに囚われてしまうことです。

生きていくうえで嫌なことを乗り越えたり、好きなこととの範囲から抜け出さないといけない場面は多くあります。特に人との関わりの中では共同体の維持のために個体としてはネガティブなことに取り組まなければならない場面もあります。それに呑まれず、意識的に実行するには情動・感情への気づきが重要です。

情動や感情の気づきは脳の島皮質が担っています。この部分は脳の側面にあり、内側に入り込んだまさに独立した島のような場所に存在します。

島皮質の働きは情動・感情に気づくことで強化されていきます。実際に、マインドフルネスを実施している際に脳を調べると島皮質が活性化することが研究でわかってます。脳は使われている部分がより強化される性質を持つため、マインドフルネスの実践の繰り返しによって島皮質はより強化されていきます。より情動や感情に気づくことができるようになるのです。

また、自身のメンタルモデルや価値観を言語化して無意識から意識に記憶を移していくことも有効です。例えば過去の体験とそのときの感情をセットに人生の年表をつくってみて、どんな体験からどんな感情を得たのか、メンタルモデルを言語化しましょう。そのメンタルモデルがそのあとの人生にどのように影響しているかなどを紙に書くことも有効です。きっと、アレルギー、中毒の観点で振り返るとより鮮明に見えてくるはずです。

メンタルモデルは生存のために培われてきた大切なものです。しかし、そこからの囚われに意識的になることで過去に縛られずに自分の可能性を広げることができます。

▼POINT

☑過去の体験から生まれたメンタルモデルによってヒトの行動はパターン化されてしまう。
☑メンタルモデルは過去の体験とそのときの情動・感情によって脳に刻まれたソマティック・マーカーであり、無意識的に意思決定・行動に影響を及ぼす。
☑メンタルモデルに囚われないために情動・感情の気づきを司る島皮質を鍛えることが重要である。

▼具体的な方法

・マインドフルネスの実践により島皮質を強化する。
・過去の経験とそのときの情動や感情を振り返り、メンタルモデルの形成過程を言語化する。
・中毒とアレルギーの観点でメンタルモデルを見て、認識を鮮明にしていく。

20 知覚バイアス

～「知っている範囲」を増やす～

▼専門性が高いと視野が狭くなる？

私たちは基本的には企業の中で1つの部署に所属し、専門性を高めていく方向性で成長していきます。具体的な部署を例に挙げます。例えば営業部はヒアリング力、提案力などを高め、いかに顧客に商品製品を買ってもらって数字を上げるか日々努力しています。同じようににマーケティング部はマーケティングに求められる能力を身につけ、KPI達成のために日々仕事をしていきます。しかし、営業部とマーケティング部が会議をするとき、話が嚙みあわなかったりお互いを否定しあってしまったりします。そしてお互いに「あの部署は仕事をしていない」などと罵りあってしまったりします。

ヒトは知識やフレームワーク、個別の目標に意識が向いていると全体像を見失ったり、自分の担当の範囲しか目がいかなくなってしまいます。そして長く同じ部署や役職にいること

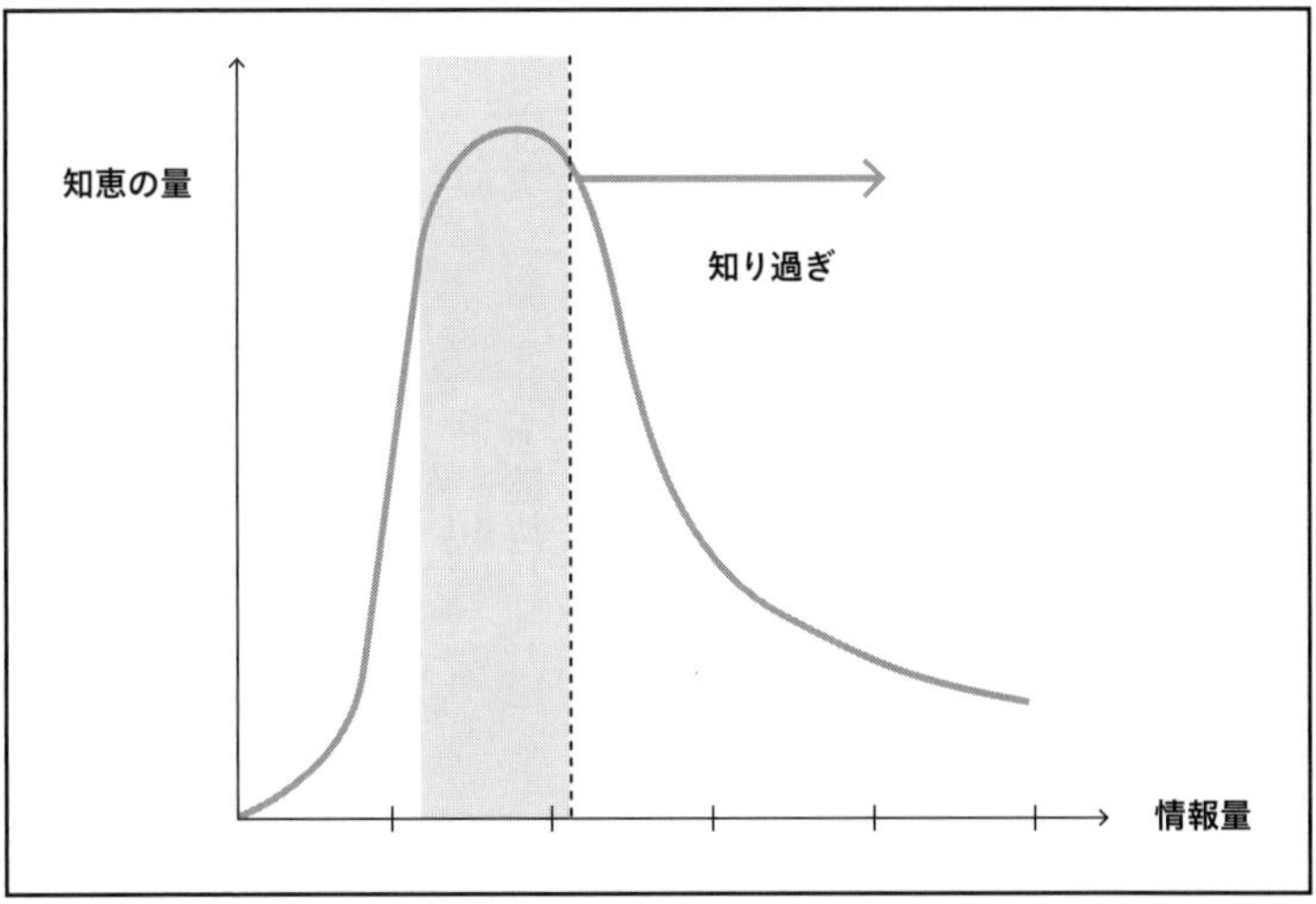

■ 図7-4　情報量と知恵の量の関係
出所：安宅和人『イシューからはじめよ』2010, 英治出版

で特有の常識が刷り込まれていきます。安宅和人氏は著書『イシューからはじめよ』（英治出版）の中で「情報量」と「知恵の量」の関係について次のようにまとめています（図7-4）。

これは、情報量が全くない状態では気づきは生まれませんが、**情報量が一定割合を超えると気づきが少なくなっていく**ことを示しています。経験の長い管理職や熟練のプロフェッショナルほど、起きた出来事を既存のフレームに当てはめて理解しようとしてしまうのです。いわゆる「頭が固い」ことはこういった状態によるものでしょう。これはアカデミックな世界でも同じことがいえます。ゲシュタルト療法の開発者フレデリック・パールズ氏は、当時主流だった心理学の二大勢力「行動主義心理学」と「フロイト心理学」を書籍『人間性心理学』の中で批判しています。「ユニークで多種多様な人間行動をギリシャ神話に出てくる「プロクルステスの寝台」の理論に当てはめようとして、多くの精神病理学派は、お得意の観点から説明つかない人間行動の様相を、無視するか、あるいは避難している」、と。

プロクルステスとは捕らえた旅人を鉄の寝台に乗せて、寝台より頭や足がはみ出たら切断し、短ければ引きのばしたという悪人です。つまり、既存のフレームで物事を都合のよいように解釈することを批判しています。こういった**知識やフレーム、メンタルモデルなどによってヒトの知覚は歪められ、自身にとって都合の良い自己認識、世界認識をしてしまう**ようになります。

▼脳は見たいものしか見えない

私たちは過去の経験により生き残りに有利な学習をしていきます。そして次に同じ状況に遭遇したときに素早く対応できるようになります。前節で触れたメンタルモデルは生き残りの方程式のようなもので、1度モデルができてしまうと行動と知覚の両方に影響を及ぼします（図7-5）。

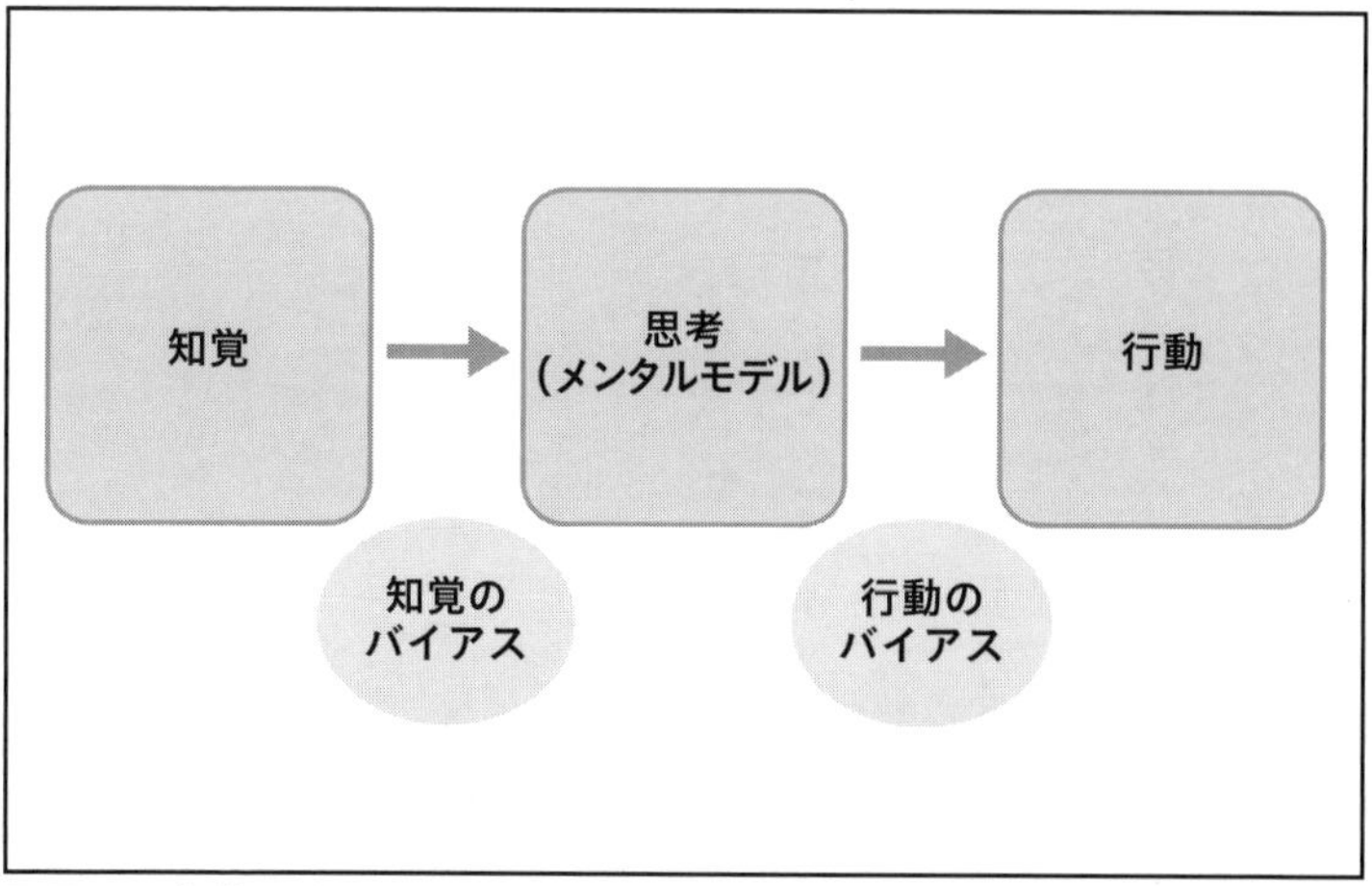

■ 図7-5　知覚から行動までの流れ

私たちは**過去の経験をもとに、危険なことや好ましいことを知覚しやすい**ようにできています。経験によって刻まれたソマティック・マーカーが強く反応するためです。つまり**経験していないことや知らないことに対しては、気づきが生じにくい**のです。そしてこの知覚バイアスの厄介なところはコントロールが難しい点です。例えば、答えを知っている間違い探しを、ゼロベースでもう1度楽しむことは不可能に等しいでしょう。知覚を変えるためには、前提の知識やフレーム、メンタルモデル自体に働きかける必要があります。

▼ 知覚の幅を広げる

意識をある対象に向けることで、ヒトは細部の小さな変化まで見ることができます。また、全く興味がないことよりも興味があることを優先的に知覚することができます。私はよく本屋に行くのですが、本の形がほとんど同じ新書コーナーであっても「身体」や「生命」が入ったタイトルの本を一瞬で見つけることができます。しかし、そのときにどんな本が隣にあったかは全く認識されず、記憶にも残っていません。いわゆる「引き寄せの法則」はこの知覚のバイアスによって望んだことに気づきやすいことを説明しており、望んだものが自然とやってくるという法則ではないと考えています。

1つの視点に囚われず知覚の幅を広げるには**知識の範囲を広げて、教養を身につけることが重要です。**しかし、ここでいう教養を身につけることの本質は知識量を増やすことではありません。今までと異なる観点を身につけることにポイントがあります。包括的な視点から物事を見るフレームワークとしては、ケン・ウィルバー氏の四象限（クアドラント）が有効です。組織の中でメンバーのモチベーションが下がっているとき、単純に本人のモチベーションが下がっていると捉えるのではなく、モチベーションを下げるような組織風土や評価システムがあると捉えれば、よりレバレッジの効いた解決策をひねり出せるかもしれません。

前述の通り、自身のメンタルモデルによる反応の情動・感情への気づきを高めることで囚われを小さくすることも有効です。マインドフルネスの実践などで島皮質を活性化させて、自身のメンタルモデルから生じる知覚バイアスを小さくしていくことをお勧めします。

POINT

☑ 専門性を高めすぎるとそのフレームに縛られ、新たな気づきが生まれにくくなってしまう。

☑ メンタルモデル（ソマティック・マーカー）は知覚にも影響を及ぼし、それはコントロールが難しい。

☑ 知覚の範囲を広げるには、教養としてさまざまなものの見方を身につけることが有効。

具体的な方法

・クアドラントのフレームで多面的に物事を捉える。
・マインドフルネスによって島皮質を鍛え、自身のメンタルモデルに気づきやすくする。
・さまざまな分野の本を読んだり、普段行かない場所へいってみたりして自分の中に新たな視点をつくる。

21 行き詰まり

～環境によるアイデアへの影響～

▼会議室にこもってもアイデアは出ない

突然ですが、みなさんに質問です。次ページに掲載した画像のAとBの会議室では、どちらが自由にアイデアを発想できそうでしょうか？

Aは一般的に「重たい」意思決定や「堅い」会議を実施するようなイメージ、Bは「軽い」会話や、「柔らかい」雰囲気のミーティングが実施されそうなイメージがあるでしょう。ほとんどの人がBの方が自由にアイデアを発想できそうだと答えると思います。スペースとしての機能面はほぼ同じです。机と椅子があり、明るい照明がともされ、広い空間です。しかし、デザインによってこんなにも感じる感覚が違うのはなぜでしょう。

イノベーションの第一歩は、いかに現状のバイアスを取り除き、ゼロベースでフラットな視点で物事を捉えることからはじまります。しかし、この物事を認識する認知は環境に大き

A

B

く影響を受けてしまい、これは意識的にコントロールすることが難しいです。ここでは環境が認知に与える影響を知り、バイアスは外すのではなくバイアスを意識的に有効利用する方法について見ていきます。

▼感覚が認知を変える

感覚が認知を変えるという例で面白い実験があります。ひらめきのイメージとして「光る電球」を思い浮かべる人は多いと思います。頭の上でピカッと電球のあかりがつくイメージでしょうか。実は、ひらめきや発想に電球が影響を与えるという結果を得た実験があります。実験ではグループを2つに分け、発想力が問われる問題を解いている最中に部屋が暗いとしてあかりをつけ、そのときあかりの種類によって正答率にどのような変化があるかを調査したシンプルなものです。片方のグループでは裸電球をつけ、もう片方のグループでは蛍光灯をつけたところ、裸電球のグループの正答率は44％で、蛍光灯のグループの正答率は22％に止まりました。同様にＩＢＭとアップルのロゴのどちらを見ると創造性が高まるかという実験でも、イノベーション・クリエイティブのイメージがあるアップルのロゴを見た被験者の方が創造性が高い結果になりました。

感覚が認知に影響を与える現象を「身体化された認知」といいます。これまで見てきたように学習・記憶の形成や概念の獲得の前段には感覚の知覚があり、そこから生まれる情動・感情と過去の体験や知識を統合して認知が形成されます。このとき、内臓感覚の内受容感覚（モヤモヤ、ムカムカなどの五感以外の感覚）と五感の外受容感覚はそのとき生じた記憶や概念とリンクが生じます。

身体化された認知の例としてほかにもさまざまな例があります。コーヒーを持たせたあとある人を評価させると、ホットコーヒー（温かい）を持っている人は「あの人は温かい人だ」と評価し、アイスコーヒー（冷たい）を持っていると「あの人は冷たい人だ」と評価する傾向にあるという実験結果もあります。孤独と冷たさにも主観的な感覚・感情のリンクがあり、孤独な状態では体温が下がるということがわかっています。私たちは場の状態の表現として「温かい雰囲気」とか「冷たい空気」といった表現をしますが、実施に室温が下がっているわけではありません。これは、そのときに感じる全ての感覚が実施に温かさ、冷たさを感じているときに生じている状態に似ていて、錯覚を起こしている状態だと考えられます。これらの感覚・感情の両方の知覚は島皮質が担っています。島皮質は身体の温かさと心の温かさを感じるときに両方で活性化するため、それぞれの温かさを混同してしまうのですが、この島皮質の活性が低いとこういった感覚・感情が捉えられなくて身体化された認知の効果は発揮されません。日常から自分の感覚・感情に気づく訓練をしていくと、島皮質が活性化し、より身体化された認知の効果を受けるようになります。

▼環境を変えると認知が変わる

多くの方は毎日同じオフィスに通って同じ席に座り、パソコンをつけてメールのチェック、スケジュールを確認して作業に取りかかるでしょう。基本的に決まった場所で決まった作業（ここでいう決まった作業とはルーティーンワークのことではなく、形として同じような動きの作業をするという意味）をしているのではないでしょうか。在宅勤務の方も基本的には毎日同じ部屋で同じ時間に同じような格好で仕事をはじめます。しかし、このことが発想を凝り固まらせてしまうことがあります。ずっと座って決まった作業をすることによって感じる「堅さ」「不自由」「拘束」「狭さ」などのイメージは実際に私たちの発想力に影響を及ぼします。こういった感覚を感じる場所では柔軟なアイデア、自由な発想、縛りのない会議、発想の広いブレインストーミング（以下ブレスト）は実現しにくいのです。

逆にいえば、**自由で広々とした感覚を感じるような場所でブレスト会議をすれば発想力が広がります**。例えば自由、広さ、開放といったイメージがある場所といえば、森や海などの広大な自然が思いつきます。アイデア出しの発散のフェーズでは屋外でミーティングを実施し、収束のフェーズでは通常の会議室など堅いイメージのある場所で実施するなど目的に合わせて場所を変えることは有効です。また身体の動きも関連してきます。自由に歩きながらアイデアを考えるのと、決まったルートを歩いてアイデアを出すのでは前者の方が発想力が高いということがわかっています。もしアイデアに煮詰まっているときは1カ所に詰まって考えるのではなく、気分転換も兼ねて散歩などをしながら考えるというのも効果的かもしれません。

グーグルなどイノベーティブだとされている企業のオフィスは斬新で独創的なものが多かったりしますが、これはメンバーに自由や広がりといった感覚を与え、実際にそういった認知へ結びつけることができるのです。オフィスデザインを企業の理念などとリンクさせると、無意識レベルで感覚として浸透していくのです。

POINT

☑ヒトの認知は環境から感じる感覚によって大きく影響される。
☑感覚と認知のリンクを身体化された認知といい、心理的な状態と身体的な状態を結びつける。
☑目的に応じて必要な感覚を感じるような場所に移動をする。

具体的な方法

・アイデアを広げたいときは屋外、まとめたいときは屋内など場所を変える。
・アイデアが煮詰まったときには自由に動きながら考えてみる。
・オフィスを目的に合わせてデザインする。

Chapter 8

創造性を発揮する

キーワード

デフォルトモード・ネットワーク
→221ページ
セントラル・エグゼクティブ・ネットワーク
→222ページ
サリエンス・ネットワーク
→222ページ

創造性とは？ ～論理思考の限界～

新規事業の立ち上げ方にはいくつかの型があります。さまざまなフレームワークで分析し、市場や自社の状況を把握、精緻なビジネスモデル・事業計画を構築して実行することが多いでしょう。しかし、市場予測に基づいた新製品の開発や、他社の模倣によるサービス開発を突き詰めると、必ず合理性によるコモディティー化が起こります。現に新型のスマートフォンはどこのメーカーが出しても大体トリプルレンズであったり、金融業界で扱われる金融商品はほとんど同じようなサービスになっていたりします。一方、付加価値としてストーリーをつむぎ共感を巻き起こすなどの潮流がありますが、それはあくまで製品サービスの味付けとして働くことがほとんどです。本当に優れた製品やサービスのストーリーは、会社やそのメンバーから自然と生まれてくるものであるはずです。いくら市場を正確に分析して、共感を生み出しやすい文脈を付与してみても、あくまで現状を別角度から表現しただけで、本質的には新規性がないこともあります。

一方で、斬新なアイデアは、突然思い浮かぶことがあります。朝シャワーを浴びているときにふと沸き起こってきたり、今までの人生経験がふと1つのストーリーとしてつながって「こんなことを実現したい」という願望が生まれたり……。古代ギリシャの数学者アルキメデスはお風呂に入っているときに、水槽に物体を沈めて増えた水の堆積を調べれば物体の体積を測ることができることに気づき、うれしさのあまり服を着るのを忘れて表に飛び出し、「ユリーカ！(Eureka!)」叫んだそうです。この言葉は「わかったぞ！」という意味で、何かを発見したときの感嘆詞として使われています。

このように、**イノベーションには論理的に導き出せない偶発性・カオス・セレンディピティが重要です。**この章ではイノベーションの0→1フェーズ（まだ見ぬ事業のアイデアを生み出すフェーズ）に当たる「創造性を高める」ということに関して、主に脳科学の観点から考察していきます。扱うテーマは、「マインドワンダリング」「アート思考」「リトリート」です。

22 マインドワンダリング
～「ぼんやり」から発想を生む～

▼考えれば考えるほどアイデアが出ない？

ビジネスではさまざまな場面でひらめきが求められます。新しい企画のコンセプト出し、提案資料のまとめ方、課題仮説の切り口の検討などには、大まかな流れやフレームワークが存在しますが、実際はその通りに考えられることは少ないでしょう。そんなときデスクでパソコンに向かって数時間唸って何も進展しない、さまざまな切り口で発想するもどこかしっくりこない、そして締め切りの時間となりモヤモヤしたまま提出する……。みなさんにも少なからずそのような経験があるのではないでしょうか。認知科学の領域では、**ひらめきは次の4つの過程を経て実現する**といわれています。

・初期の試行錯誤(impasse)：思いついた解決策で試行錯誤を繰り返す。
・あたため(incubation)：一旦止めて気晴らしや別の作業をして離れる。
・ひらめき(illumination)：これまで思いつかなかったアイデアが生まれる。
・評価(validation)：ひらめきで得たアイデアを評価・実行する。

いくら考えてもアイデアが出ない状況は、ここでいう「初期の試行錯誤」を繰り返している状態といえるかもしれません。シャワーを浴びているときにアイデアが出る、散歩しているときにふと新しい発想が湧く、これは「あたため」から「ひらめき」のフェーズへの移行です。このように一見何の関係もないことをしている状態がとても重要なのです。

では、このような現象が起こるのはなぜか、それは脳の機能によって説明することができます。ここではひらめきが起こりやすい脳の状態について触れていきます。

▼ぼーっとしているときの脳の状態

脳には大きく3つのモードがあるといわれています。1つ目がデフォルトモード・ネットワーク（Default mode network、以下DMN）で無意識的な状態を指します。これは、**ぼーっと**

していたり白昼夢を見ているような状態です。過去の回想や未来の空想とすでに持っている記憶や知識をミックスしている状態ともいわれています。

2つ目がセントラル・エグゼクティブ・ネットワーク（Central-executive network、以下CEN）で、意識的で何かに注意を払ったり、評価やコントロールするときに使われている状態です。基本的に**物事に集中しているとき**はこの状態です。

そして3つ目がサリエンス・ネットワーク（Salience network、以下SN）です。サリエンスとは「目立った、際立った」といった意味で、脳内での際立った反応、つまり**気づきのネットワーク**といわれています。具体的にはDMNとCENの切り替えを行っていて、ぼーっとすべきときや身体の空腹や痛みなどを感じるときはDMNに、車の運転や緻密な作業をするときにCENへと切り替えます（図8-1）。

DMNとCENはどちらが良い悪いというようなことではなく、適切なタイミングで適切なモードに切り替えられることが重要です。例えば車を運転しているときにDMNになってしまうと事故を起こしかねませんし、スピードと正確性が求められる作業をしているときにDMNになってしまうと別のことを考えてしまったり、過去や未来について思い耽ってしまって効率的に作業ができなくなってしまいます。一方でブレインストーミングの際に効果性や収益性などを考えすぎるとCENが働きアイデアが出なくなったり、上司に何かアイデ

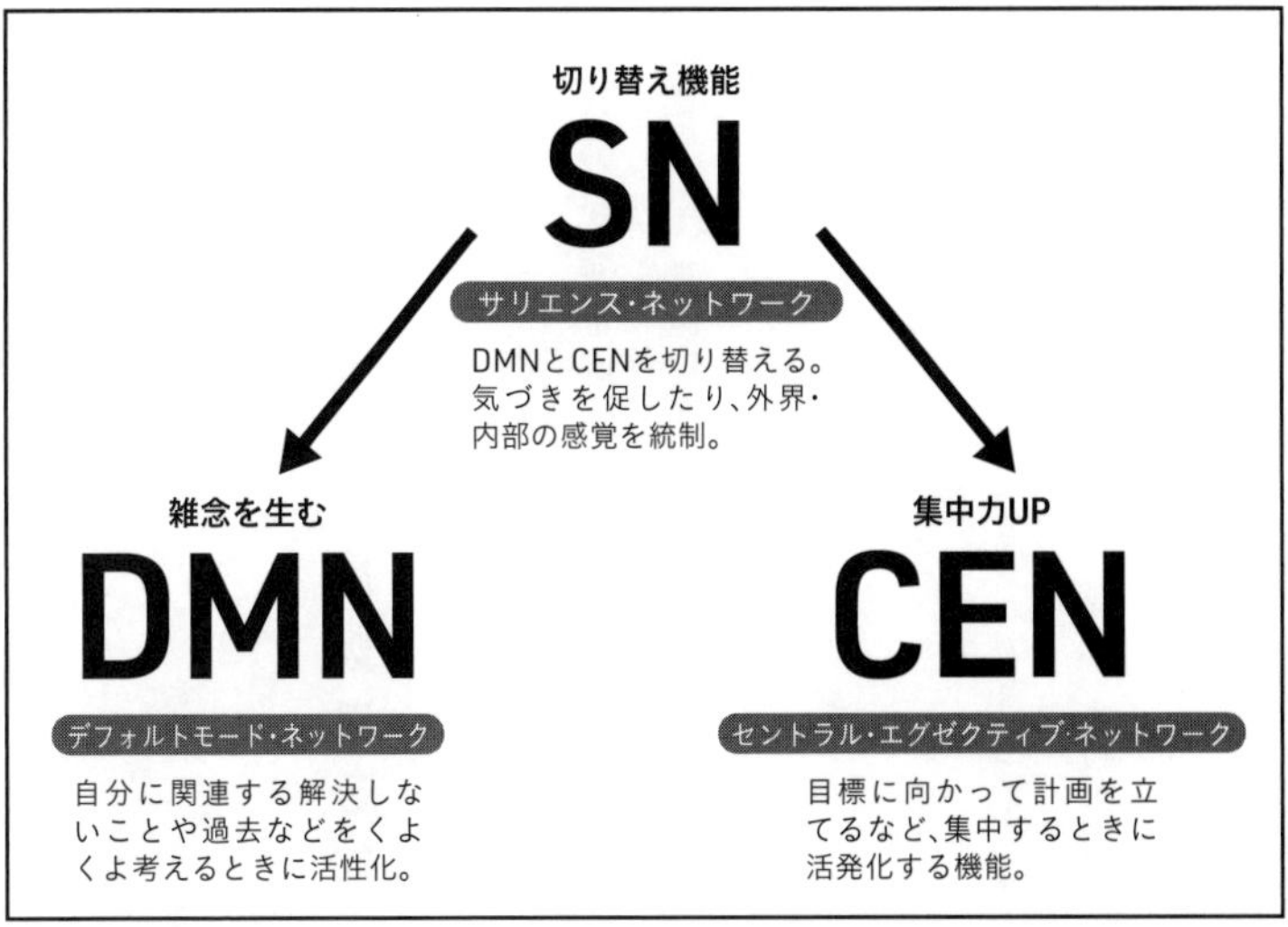
切り替え機能
SN
サリエンス・ネットワーク
DMNとCENを切り替える。気づきを促したり、外界・内部の感覚を統制。
雑念を生む
DMN
デフォルトモード・ネットワーク
自分に関連する解決しないことや過去などをくよくよ考えるときに活性化。
集中力UP
CEN
セントラル・エグゼクティブ・ネットワーク
目標に向かって計画を立てるなど、集中するときに活発化する機能。

■ 図8-1　脳の3つのネットワーク

アを求められたときでも正解を意識しすぎて何も出てこなくなってしまいます。

ここで改めてひらめきの4つの過程を見てみると、次のようにそれぞれで別のモードが使われてることがわかります。

・初期の試行錯誤(impasse)：CEN
・あたため(incubation)：DMN
・ひらめき(illumination)：SN
・評価(validation)：CEN

考えすぎてアイデアが出ない状態とは、CENが過度に使われることでDMNが抑えられている状態であり、そのためDMNによる記憶や知識のミックスによるひらめきが起きにくくなっている状態といえます。

シャワーを浴びているときや散歩をしているときにアイデアがひらめくのはＤＭＮが働いているためと考えられます。このような**ぼーっとしている状態を「マインドワンダリング」といいます。**

▼仕事の中に息抜きを加える

これまで見てきたように創造性を高める、ひらめきを生み出すにはＤＭＮのマインドワンダリング状態を適切なタイミングで導くことが重要です。マインドワンダリングとは**自分の内側に意識が向いている状態**です。これは、思考を働かせるのではなく身体感覚を感じている状態だといえます。よって、身体への適度な刺激が入るような行動は有効で、シャワーを浴びたり散歩をしたりすることはこれに当てはまります。呼吸を整えることや心臓の鼓動を感じるといったこともマインドワンダリングを導きます。クロノタイプ（１４９ページ）を意識するとよりスムーズに導入できるでしょう。

単純作業によっても、マインドワンダリング状態を導くことができます。単純作業とは、思考の力を使う必要のないくらい簡単な作業や本人にとって慣れている作業です。例えば皿洗いや洗濯物をたたむ行為などがそれに当たるかもしれません。単純なリズムでの繰り返しも有効です。例えば散歩やランニング、EDM（エレクトロニック・ダンスミュージック）などのリズムがあり歌詞がない音楽を聴くことも良い手法でしょう。お経を読む際に木魚が叩かれるように、世界中の儀式の中でこのようなリズムや音楽がよく使われています。先人たちはマインドワンダリングの引き起こし方を感覚的に知っていたのかもしれません。

POINT

- ☑ 一旦別の作業をするなど考える対象から離れるとひらめきが生まれる。
- ☑ 脳にはDMN、CEN、SNの3つのモードがありひらめきにはDMNが重要である。
- ☑ DMN活性化しているマインドワンダリング状態を導くためには身体感覚に意識を向ける、単純作業をすることなどが有効である。

▼具体的な方法

・呼吸や心臓の鼓動など内側の感覚を感じる。
・散歩やランニングなどの単純な運動。
・リズムがあり歌詞のない音楽を聴く。

23 アート思考

〜論理分析を超える新たな思考法〜

▼正解を考えすぎてアイデアが出ない

成熟した日本企業にとって新規事業開発、イノベーション創出はとても重要な課題です。新規事業開発の部署が出島的に立ち上がり、市場を分析してターゲットを特定し、どのくらいの収益が見込めるかを予測します。そもそも新規事業は企業の新たな収益源を確保するためにあるので、収益性の観点はとても重要です。ですが、これまでも述べてきたように収益性のみを追い求めると、論理的に答えが集約されてしまい、製品サービスがどんどんコモディティー化する傾向があります。「どうすれば売れるか」という正解を求めすぎると答えが同じになる、もしくは答えが出せなくなっていきます。そういったときに現状を打破するのが、感性やアートの力です。

アートは現在、ビジネス文脈でとても注目されています。アメリカでは理系教育のス

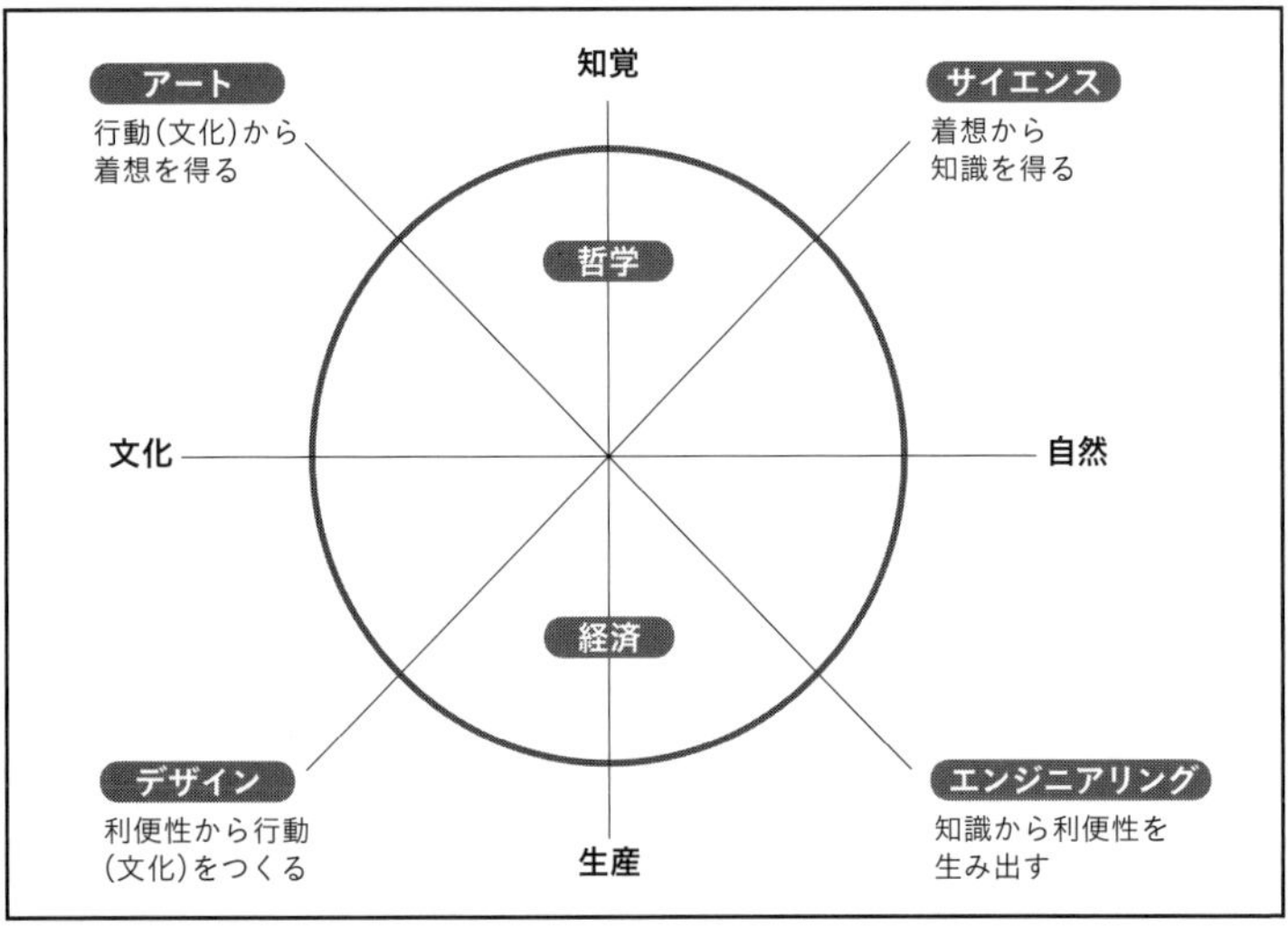

■ 図8-2　創造性のクレブスサイクル

ローガンとしてSTEM（Science：科学、Technology：技術、Engineering：技術、Mathematics：数学）に対してA（Arts：芸術や教養）を加えたSTEAM教育が注目されています。また、MITメディアラボのネリ・オックスマン氏は「創造性のクレブスサイクル（Krebs Cycle of Creativity）」というモデルを提唱しています。これは、生き物のエネルギー工場であるミトコンドリアの中で回る「クレブスサイクル」から着想を得た、社会やビジネスで価値やエネルギーを生成するモデルです（図8-2）。

アートと近い概念でデザインがありますが、デザインは「感性による課題解決」が主であり、他者が起点となるため答えがあります。一方でアートは「感性による問題提起」であり、起点は自身の内面で答えは自分の中にしかありません。これらの観点での思考法をデザイン思考、アート思考といいます。

デザイン思考とアート思考を比べたとき、現在はデザイン思考の認知度の方が圧倒的に高いのではないでしょうか。しかも、デザイン思考とは明確な型があるのに対して、アート思考は明確な型があまり確立されていません。そもそもアートを本質的に見れば、型を確立すること自体が矛盾しているともいえるので、型はつくれないのかもしれません。

現代のビジネスの状況を見てみると、特にアート・文化から着想を得る機会が枯渇していてクレブスサイクルが回らない状況ができてしまっています。いくらデザインを高めてもそれは課題解決であり、ゼロベースで何かを創出するものではないことが多く、個人の感性や内面の表現であるアートの要素がないとイノベーションは生まれないのです。ここでは近年注目されているアート思考を脳科学の観点から考察していきます。

▼アート鑑賞によるアート思考

『13歳からのアート思考』（末永幸歩著、ダイヤモンド社）では「『自分だけの視点』で物事を見て、『自分なりの答え』を作り出すための作法」とアート思考を定義しています。アート思

『西へ』(1934-1935)

『ワン：ナンバー 31』(1950)

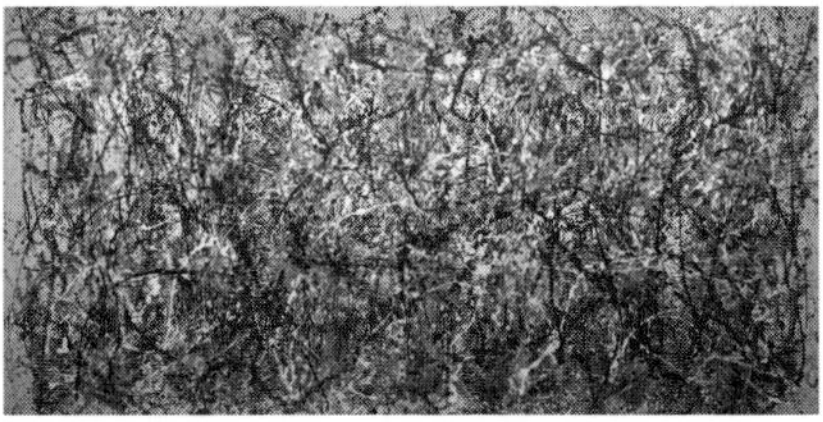

考を実行するには、「自分だけの視点」をつくる必要があるのです。つまり、アーティストと同じような脳の状態になる必要があり、これはアート鑑賞によって実現できると考えています。

アート作品を鑑賞しているとき、私たちの脳の中では2つの処理が行われています。それは大きく抽象画と具象画によって異なってきます。例えば、上の2つの絵画をご覧ください。

みなさんはどんなことを感じましたか？ この2つの絵画はどちらもアメリカの画家ジャクソン・ポロックによって制作されたものです。『西へ』は「西に向かっている道中なんだろうな」「暗い感じがする」などの感想が浮かんでくることでしょう。作成された当時の世界の情勢や作者の宗教観、国の文化などの背景を理解すると、より鮮明な感想が思い浮かぶと思います。一方で『ワン：ナンバー31』はタイトルもよくわかりませんし、何かを描いているのかも抽象的でわかりにくいと思います。

前者がモノの形や概念をリアルに表現した「具象画」なのに対し、後者ははっきりと何かを表現しているわけではない「抽象画」

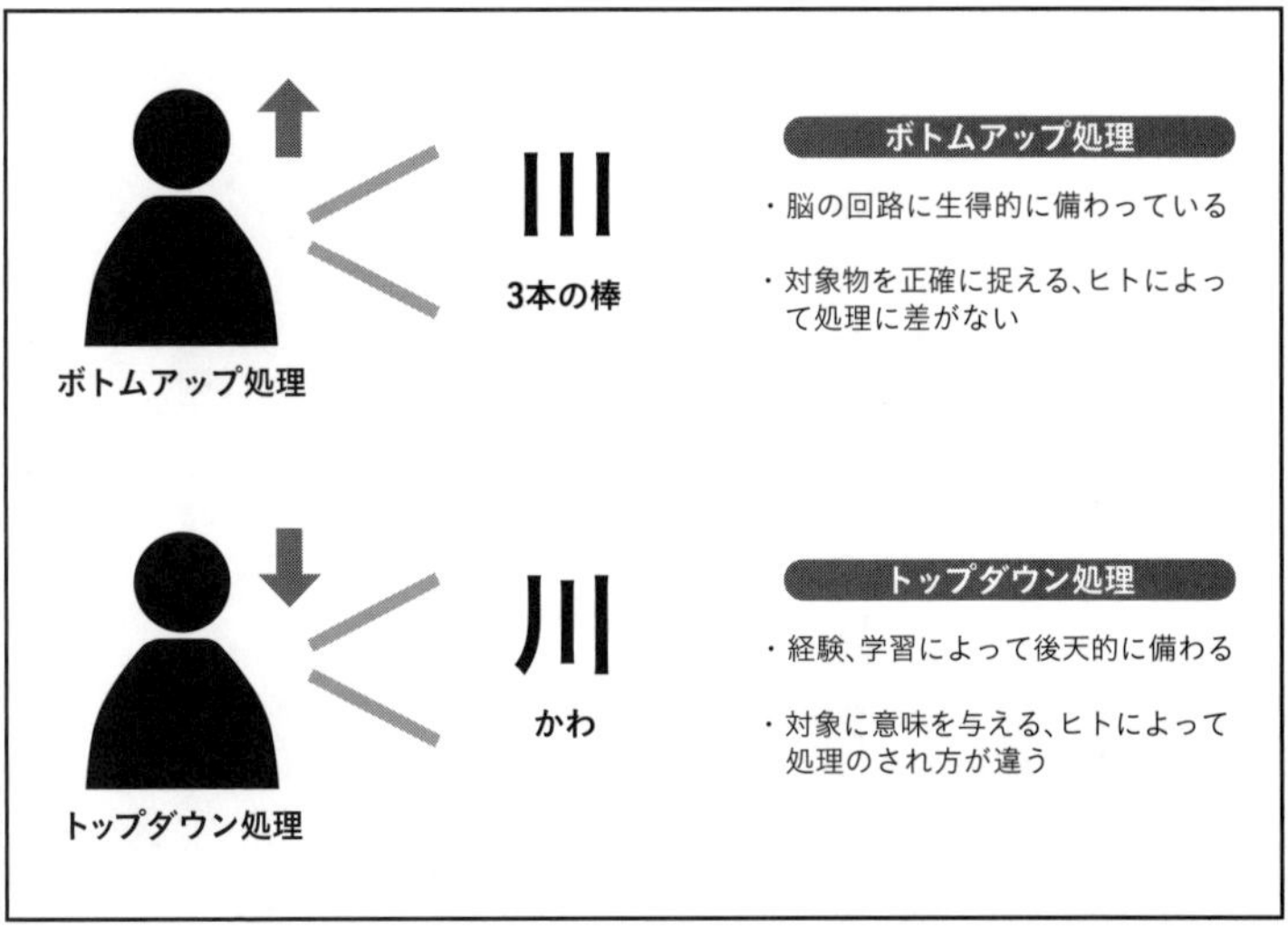
ボトムアップ処理
3本の棒
ボトムアップ処理
・脳の回路に生得的に備わっている
・対象物を正確に捉える、ヒトによって処理に差がない
トップダウン処理
かわ
トップダウン処理
・経験、学習によって後天的に備わる
・対象に意味を与える、ヒトによって処理のされ方が違う

■ 図8-3　「トップダウン処理」と「ボトムアップ処理」

です。ポロックはアクション・ペインティングという絵の具を直接垂らしたり飛ばしたりして表現する画法で有名な、抽象表現主義の代表的な画家の1人です。

脳内では前者の具象画を見たときは**「トップダウン処理」**と呼ばれる方法で処理され、後者の抽象画を見たときは**「ボトムアップ処理」**と呼ばれる方法で処理されます（図8-3）。ボトムアップ処理は**モノの形をそのまま捉える、色を感じとるなどもともと生物としての人間に備わっている処理方法**です。しかしボトムアップ処理のみだと対象を解釈しきれないため、それを補うためにトップダウン処理があります。トップダウン処理は**過去の体験や記憶・学習によって獲得した概念やイメージによっ**

て処理される方法で、ボトムアップ処理によって得られた感覚的な知覚に意味や概念・イメージを与えます。

つまり、抽象画では曖昧な知覚に過去の記憶を混ぜ合わせることによって、新たな着想を得ているのです。これがアート鑑賞によってひらめきを得る原理です。具象画や言語を介した場合、具体的なイメージや概念が入ってしまい、どうしても発想に影響を及ぼします。

▼アート作品からアイデアを着想する

アート鑑賞、特に抽象画鑑賞には自身がこれまで体験したこと、学習・記憶などの内面に隠れたエッセンスを抽出する力があります。具体的なイメージや言語を介した発想だと既存の概念や社会的な常識などに縛られ、新しい発想はなかなか生み出されません。前章で触れたように、言語や概念は経験によって得られた感覚に意味づけをして体系化されたものです。よって、どうしても鮮明な感覚は切り取られて省略されてしまいます。だからこそ**曖昧な表現、意味がわかりにくいイメージを用いることでその感覚を呼び覚ますことができる**のです。

組織開発の分野では組織の「ありたい姿」や「ミッション・ビジョン・バリュー（MVV）」

などを策定する際、オブジェなどのメタファーを使うことがあります。例えばＡＩ（アプリシエイティブ・インクワイアリー）では未来の理想のイメージをオブジェや寸劇で表現をし、感性を使って具体化していきます。メタファーを使うことで知識として知っているあるべき論や正解などではなく、個人の中にある率直な思いや希望を引き出しやすくなるのです。

アート鑑賞ではなく、自然の中での散策なども有効です。森や海、川は絶えず動きがあり、固定した具体的なイメージはありません。ある意味「自然の抽象画」の宝庫です。自然の中で「何かが降りてくる」というようなスピリチュアルな体験は、自然の抽象画によって引き起こされたアート思考といえるかもしれません。

POINT

☑ アートは感性を使った課題提起であり、イノベーション創出の起点となる。
☑ アート思考はアート鑑賞によって導入されやすくなり、脳の中の隠された概念やイメージをボトムアップ処理によって引き出す。

具体的な方法

・アート鑑賞をする際は抽象画をメインにする。
・森や海、川など自然の中で抽象的なイメージをぼんやり感じてみる。
・物事をあえてあいまいに表現してみる。

24 リトリート
～自然の中で生まれるアイデア～

▼集中しすぎてアイデアが出ない

仕事をしている中での休息や気分転換は心身の疲労回復だけでなく、パフォーマンスや創造性の向上にとっても重要です。しかし現代のビジネスでは休憩時間は極力短い方が良いとされ、休憩時間が長いとサボっているように捉えられてしまいます。散歩のためにオフィスの外に出ることなどもってのほかという会社もあるでしょう。しかし、ずっと椅子に座って考えていたり、ストレス過多の状態ではクリエイティブなアイデアが出なかったり、本来の生産性を発揮できないということは感覚的に理解できると思います。

アメリカ・ミシガン大学の心理学者レイチェル・カプラン氏とスティーブン・カプラン氏の注意回復理論はこれらの現象をうまく説明してくれます。注意回復理論には注意の仕方として**「方向性注意（1つの対象に注意を向けている状態）」**と**「選択的注意（注意が複数に分散し**

ている状態）」があり、方向性注意は長時間の使用はできません。方向性注意を回復させるためには選択的注意、つまりぼーっとしたり、さまざまなことに注意を向けたりすることが必要だと述べています。前節でＤＭＮ（221ページ）やＣＥＮ（222ページ）について触れてきた通り、脳の機能は常に一定ではなく、さまざまな機能が連携することによって多様なパフォーマンスを発揮しています。**気分転換やぼーっとしていることは無駄ではないのです。**そして注意回復理論では特に自然の中では方向性注意が起こり、選択的注意が回復する効果があるとされています。

現在ではリモートワークの普及もあり、リゾート地や自然の中で観光や休息を取りながら働く「ワーケーション」が流行してきています。ワーケーションは「ワーク」と「バケーション」を合わせた造語ですが、このように仕事の中で自然に触れる機会を増やすことでさまざまな恩恵を得られることがわかっています。ここでは自然の中で得られるさまざまな恩恵、特に創造性やひらめきについて解説します。

▼自然の中で生まれるひらめき

「22マインドワンダリング」、「23アート思考」で見てきたように、私たちのひらめきは注意や実行機能が働きすぎると起こりにくく、この状態を0→1フェーズでは抑えることによって無意識からアイデアを引っ張り出すことができます。その効果は特に自然の中で受けることができます。

自然は私たちの身体に感覚器を通じてさまざまな刺激を送ってきます。その刺激は光や音のような「感じられる」ものもあれば、識別できない匂いのような「感じられない」ものもあります。ある実験で自然の風景を見せた被験者の脳の状態を調べたところ、島皮質と前帯状皮質が活性化されることがわかりました。これらはサリエンス・ネットワークの主な活動領域で、ＤＭＮとＣＥＮの切り替え、気づきや直感に関わっています。一方で都会の写真を見せると不安や恐怖を司る扁桃体が活性化しました。また「本物の自然の風景」「自然の映像」「ただの壁の風景」の3つのグループに分け、どのグループがストレスからの回復が早いかを検証した実験では、「本物の自然の風景」と「自然の映像」のグループは早く回復し、かつほとんど差がなく、「ただの壁の風景」のグループでは回復が遅いという結果が得られました。つまりリアルでもバーチャルでも自然の風景からの恩恵は受けられるのです。

これらの現象は自然の中にあるフラクタルパターンによって説明できます。**フラクタルとは「部分が全体の相似形をなす形」のことをあらわす言葉**で、自然界はほとんどがフラクタルで形成されています。例えば雪の結晶や木や森、川や海の流れ、ブロッコリーやロマネスコなどです。そして私たちはフラクタルを見るとリラックスし、美しいと感じます。**実際にフラクタルを見ているとリラックスしているときの脳波が検出されます。**

フラクタルと脳の関係は未知の部分が多いです。しかし、人間の視覚系はフラクタルを処理しやすい構造になっていて、フラクタルを見ると情報処理がスムーズにいくためストレスが下がりリラックスするという説もあります。これによってCENが抑えられ、DMNやSNの状態が優位になるのではないかとも考えられます。

フラクタルは自然界だけでなく、芸術作品の中にも隠されています。中でも代表的なのは「23アート思考」でも紹介したジャクソン・ポロックの絵画です。彼のアクション・ペインティングは具体的に何を表現しているのかを捉えることは難しいです。しかし、多くの人を感動させているのは、フラクタルを表現していたからなのかも知れません。

▼自然の中で状態を整える

自然の中で過ごすことの恩恵には、さまざまなものがあります。

・ストレスホルモン・コルチゾールの値を減らす。

・交感神経を抑え、副交感神経を活性化させる。
・血圧、心拍数を下げる。
・ナチュラルキラー細胞が活性化し、免疫を高める。

これらの恩恵はフラクタルの視覚による効果だけではありません。森林から出る抗菌物質フィトンチッド、木の擦れる音や川の流れる音など、嗅覚や視覚に与える自然ならではのさまざまな刺激によって生み出されています。バーチャルな自然の景色、アロマや人工の音源ももちろん効果はありますが、やはり確実に恩恵を受けるためには実際の自然に触れ、自然の中に入る機会を日常に取り入れたり定期的に設けたりすることが有効でしょう。一方でPCやスマートフォンなどの電子機器に触れる時間を減らすデジタルデトックスも必要です。特にスマートフォンは常に新しい情報や通知が流れてきて、脳疲労やストレスはどんどん蓄積していきます。

ビジネスでの生産性、関係性、創造性を高める点においても自然に触れることはとても効果的です。近年では企業内でのリトリートプログラム、ワーケーションなどさまざまな取り組みや施策が流行しつつあります。とはいえ場所を移動するにはやはり大きなコストがかかるため、毎回の会議を屋外でやるのではなく、経営合宿やプロジェクトのキックオフなど重

自然界のフラクタルパターン

要な場面で活用すれば、費用を抑えつつ大きな効果が狙えるはずです。特に創造性が求められる集まりでは積極的に活用するとよいでしょう。自然の中でブレインストーミングをしたり、焚き火を囲みながらの対話はDMNにアクセスし、SNが気づきをあたえてくれるはずです。

POINT

☑ある対象に集中しすぎるとＣＥＮが働き、アイデアが湧きにくくなる。
☑自然の中ではＣＥＮが抑えられ、リラックス状態になることで創造性が高まる。
☑日常や定期的なイベントに自然の要素を入れることで創造性の向上以外にもさまざまな効果を得ることができる。

具体的な方法

・観葉植物、ＰＣのデスクトップを自然の風景に変えるなど身近に自然を取り入れる。
・定期的にＰＣやスマートフォンに触れない時間をつくる。
・ワーケーションなどのイベントには森林浴や焚き火などを取り入れる。

Chapter 9

シナジーを起こす

キーワード

オキシトシン
→027ページ
サリエンス・ネットワーク
→222ページ
ニューロダイバーシティ
→263ページ

シナジーとは？
～カオスがイノベーションを生む～

イノベーションに関して、これまでに「思い込みを外す」「創造性を発揮する」という観点で見てきました。しかし、これらの要素を満たすだけではイノベーションは起きず、最終的には**異質なものとの接触やコラボレーション**が必要です。これらの現象を**シナジー**と呼びます。シナジーとは日本語では相乗効果と訳され、単体が組み合わさることで単体が生み出せる以上の価値が出せたり、全体が部分の総和より大きくなるような1＋1が2以上になる現象のことをいいます。

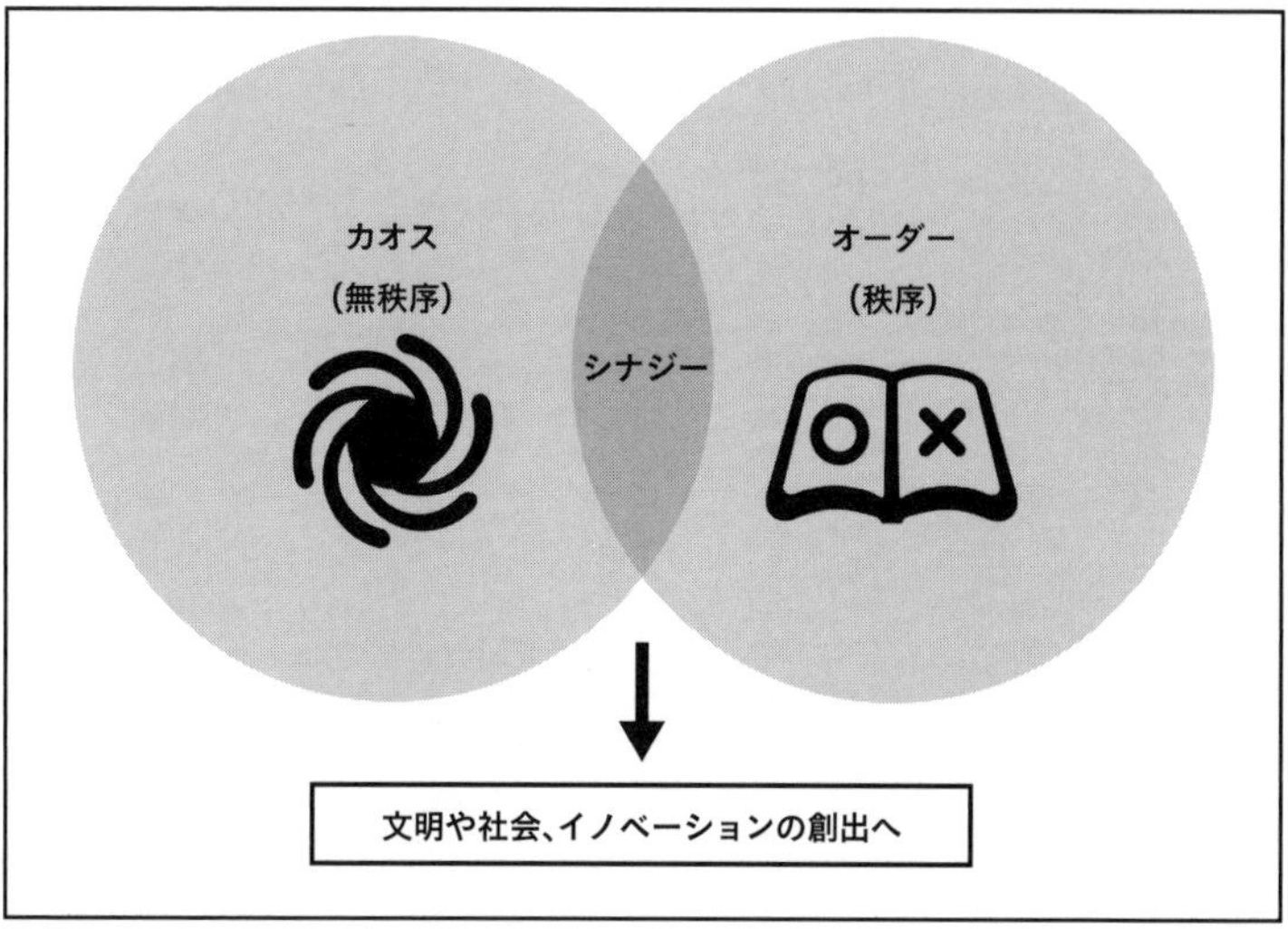

■ 図9-1　カオスとオーダーの間でシナジーが起こる

シナジーという言葉はビジネスでは複数の企業が交わるM&Aでの場面、人同士の協力による新しい価値創出やオープンイノベーションといった場面で使われることがあります。これらに共通することは異質なものとの接触、つまりカオスな状態が起点にあります。カオス（無秩序）が交わり新たなオーダー（秩序）でまとまるとき、シナジーは起こるのです（図9-1）。これは、決してビジネスに限った現象ではありません。物質の生成から生命の誕生、遺伝子レベルでの突然変異から生殖による子孫の誕生、文明や社会の発達まで自然界のイノベーションや発達・進化は全てカオスが起点だといっても過言ではありません。これは物理から化学・生物、はたまた社会や経済においても共通な絶対的な法則かもしれません。

ＶＵＣＡと呼ばれる現代において、日本企業の多くがいかにカオスを排除するかに躍起になっています。組織として知識を生み出すための「知識創造理論」を提唱した野中郁次郎氏の言葉を借りるならば、オーバー・プランニング（過剰計画）、オーバー・アナリシス（過剰分析）、オーバー・コンプライアンス（過剰法令遵守）の状態です。

私たちビジネスパーソンはオーダーをつくるのがとても得意です。しかし、イノベーションを起こすためには、私たちの組織や個人それぞれのカオスをもう1度取り戻す必要があります。カオスこそが本質的なイノベーションの重要成功要因なのです。

本章ではカオスの交わりによるシナジーに関して、何がオーダーを高めてしまうのか、どうすればカオスを組織内に取り込めるかについて生命科学的な視点から見ていきます。テーマは「同調圧力」「越境学習」「ダイバーシティー」です。

25 同調圧力
～仲が良いチームに潜む危険性～

▼なぜ日本企業はイノベーションが起こりにくいのか

多くの企業で新規事業を立ち上げ、新しい収益の基盤や価値創造に必死に取り組んでいます。しかし、いずれもそう簡単に形になるものではありません。なぜ、なかなかうまくいかないのでしょう？　市場分析の甘さや社内のリソース不足、事業を立ち上げるうえでのナレッジやスキル不足などさまざまな理由がありますが、これらはいってしまえばお金で解決できます。マーケティングや新規事業開発のコンサルタントを雇って膨大なデータ、他社事例からの経験則などをもとにコンサルディングを受ける、必要なリソースはアウトソーシングなどで賄うなどいくらでもやりようがあります。しかし、そういった取り組みをしても新規事業はうまくいかない場合がほとんどでしょう。特に**立ち上げの前と直後あたりで必ずといっていいほど社内で反発の現象が起こることが多い**です。これは新規事業に関わらず、社内の新しい取り組みやルール設定、中途社員の入社などでも少なからず起こっている事象です。これがいわゆる**「同調圧力」**と呼ばれるものです。

同調圧力とは**「特定の集団の多数派・マジョリティーが少数派・マイノリティーに対して意思決定を誘導したり、合意形成を強いたりする方向に働く見えない力」**のことです。目に見えない同調圧力とは、2017年に流行語大賞をとった「忖度」や、職場やコミュニティー、人間関係での力関係や感情の状態を読んで発言を抑え行動を変える「空気を読む」という行為がそれに当たります。

この同調圧力の本質は人間の本能に刻まれた「集団の維持」です。特にパート1で見てきたように人間は集団を形成しながら繁栄した社会的な動物であり、基本的にはその集団が維持され安定することにポジティブな反応を示すようにプログラムされています。そのため、どうしても集団の大きいマジョリティーが力も持つ方向にエネルギーが流れてしまうのです。

新規事業は性質上どうしてもマイノリティーにならざるを得ません。マジョリティーに合わせていても、本質的には新しい価値を生み出ていない可能性が高いからです。大多数が好むものは、たいていすでに世の中に存在しています。そのためどうしても同調圧力の餌食になり、出る杭は打たれるような状態になってしまうのです。この章では同調圧力が生まれる仕組みと、どのようにすれば同調圧力による縮小が起きにくい組織の状態をつくれるかを生命科学の観点から解説していきます。

▼オキシトシンと同調圧力

同調圧力は集団の維持のために働く人間の本能的な性質で、個人の意識で防ぐことがなかなか難しいものです。実は同調圧力とはセクショナリズム（93ページ）とほとんど同じメカニズムで説明することができます。つまり**オキシトシンの性質によるもの**なのです。

人間は集団を形成することによって繁栄することができた種族です。今までも述べてきた通り、その集団の形成に役立つホルモンがオキシトシンで、個人間や集団間でオキシトシン分泌がある関係性が築けている状態が絆の強い集団です。**オキシトシンは強い絆を生み出す反面、敵と味方の区別をつけるホルモンであるため自集団以外に対しては排他的になる傾向が出てきます。**これがセクショナリズムの原理です。この原理は同調圧力にも適応できます。例えば集団の中で周りと違ったことをする者、ルールに縛られない自由人、集団の利益を搾取するフリーライダーは集団の秩序を乱す不安因子となり、本能的に集団から排除される対象になるのです。

新規事業の立ち上げに限らず何か新しいことをするとき、周りから抜きん出るような行動をする際、組織には必ずそれを応援しなかったり暗に邪魔したりする人が現れます。さらには、そのイノベーターが失敗したときに「ざまーみろ！」と心の中でうれしがる人さえも出てきます。しかし、これは一部の性格が悪かったり虫の居所が悪い人だけが抱く感情ではありません。人間にもとから備わっている**「シャーデンフロイデ」**という感情の現れなのです。

シャーデンフロイデとはドイツ語で「シャーデン：損害」「フロイデ：快楽」を意味し、他人が失敗したときに湧き上がる喜びの感情のことです。一見すると、こんな醜い感情のことを否定したくはなりますが、ヒトが進化する中でシャーデンフロイデが残ったことには意味があります。これは集団を維持するための感情で、オキシトシンの分泌と関係のある現象です。例えば、ある集団でルールを破ったり利益をただ食いするフリーライダーが現れたとき、その人物を制裁する必要があります。しかし、その制裁の際に反撃を受けるリスクもあるので制裁はそのままでは行われません。利益を取り戻すメリットより反撃を受けるデメリットの方が大きいためです。このとき、制裁のインセンティブとなるのがシャーデンフロイデです。この快の感情が制裁を行うときのインセンティブとなり、集団の秩序を取り戻すのです。そしてこの現象はオキシトシン活性が高い人物の方が起こりやすく、実際に**シャーデンフロイデを感じているときに快楽物質のドーパミンの分泌が起こっている**ため、この行動を続ける方向にヒトは基本的にプログラムされているといえます（図9-2）。

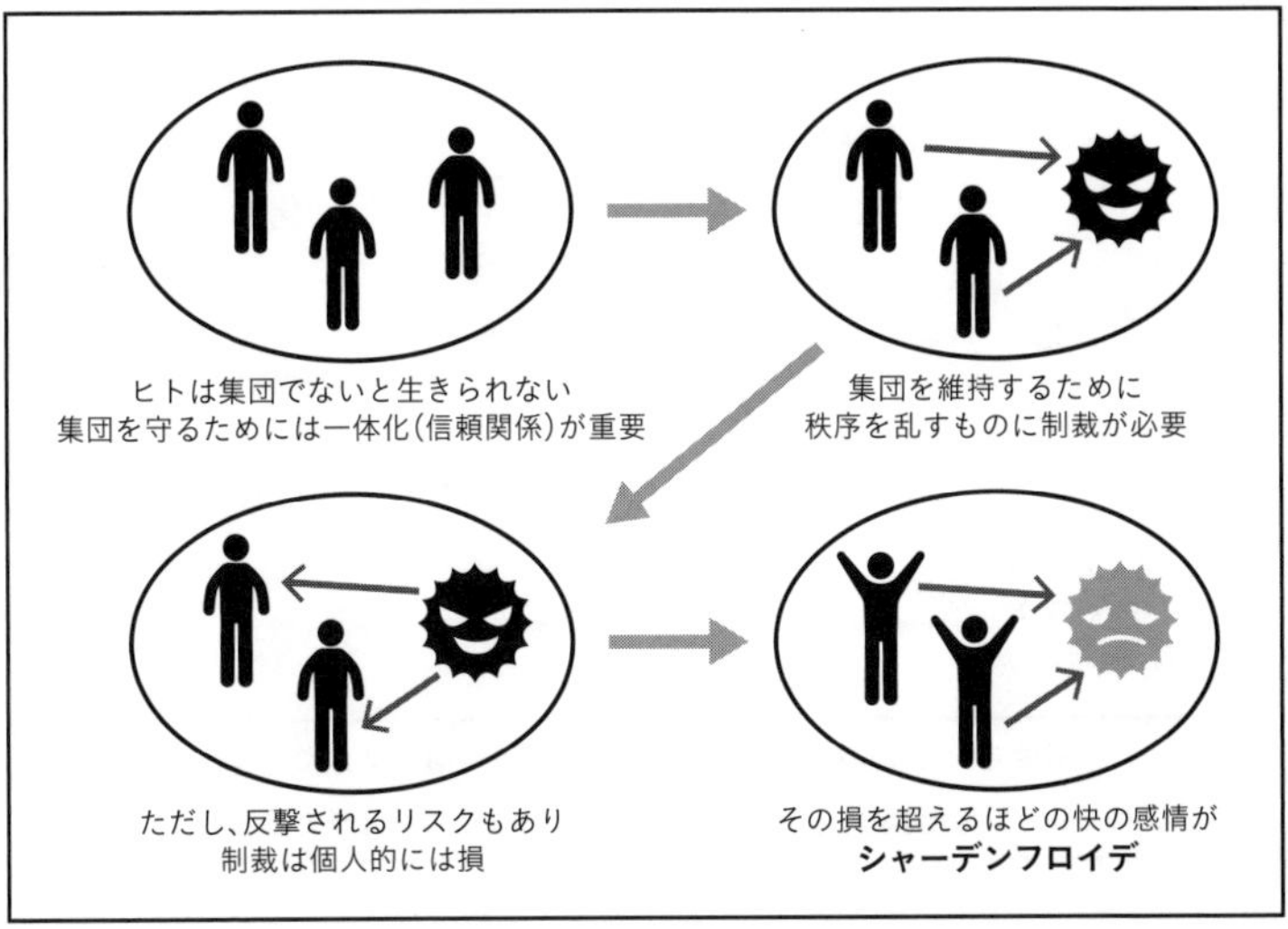
ヒトは集団でないと生きられない
集団を守るためには一体化(信頼関係)が重要
集団を維持するために
秩序を乱すものに制裁が必要
ただし、反撃されるリスクもあり
制裁は個人的には損
その損を超えるほどの快の感情が
シャーデンフロイデ

■ 図9-2　種の存続とシャーデンフロイデ

このシャーデンフロイデが組織としての「出る杭は打たれる」という風土につながります。つまりイノベーションや新規事業といった新たな取り組みは、組織の秩序を乱す対象として認識されてしまうため、応援されなかったり、足を引っ張られることで軌道に乗る前に消えていくのです。そしてそれは集団を維持しようというある意味オキシトシンによる善意によって生み出されるのです。

▼同調圧力を超えるオキシトシンの力

オキシトシンによる結びつきの強い組織では同調圧力が起こりやすいのですが、それは決して悪意によるものではなく集団を

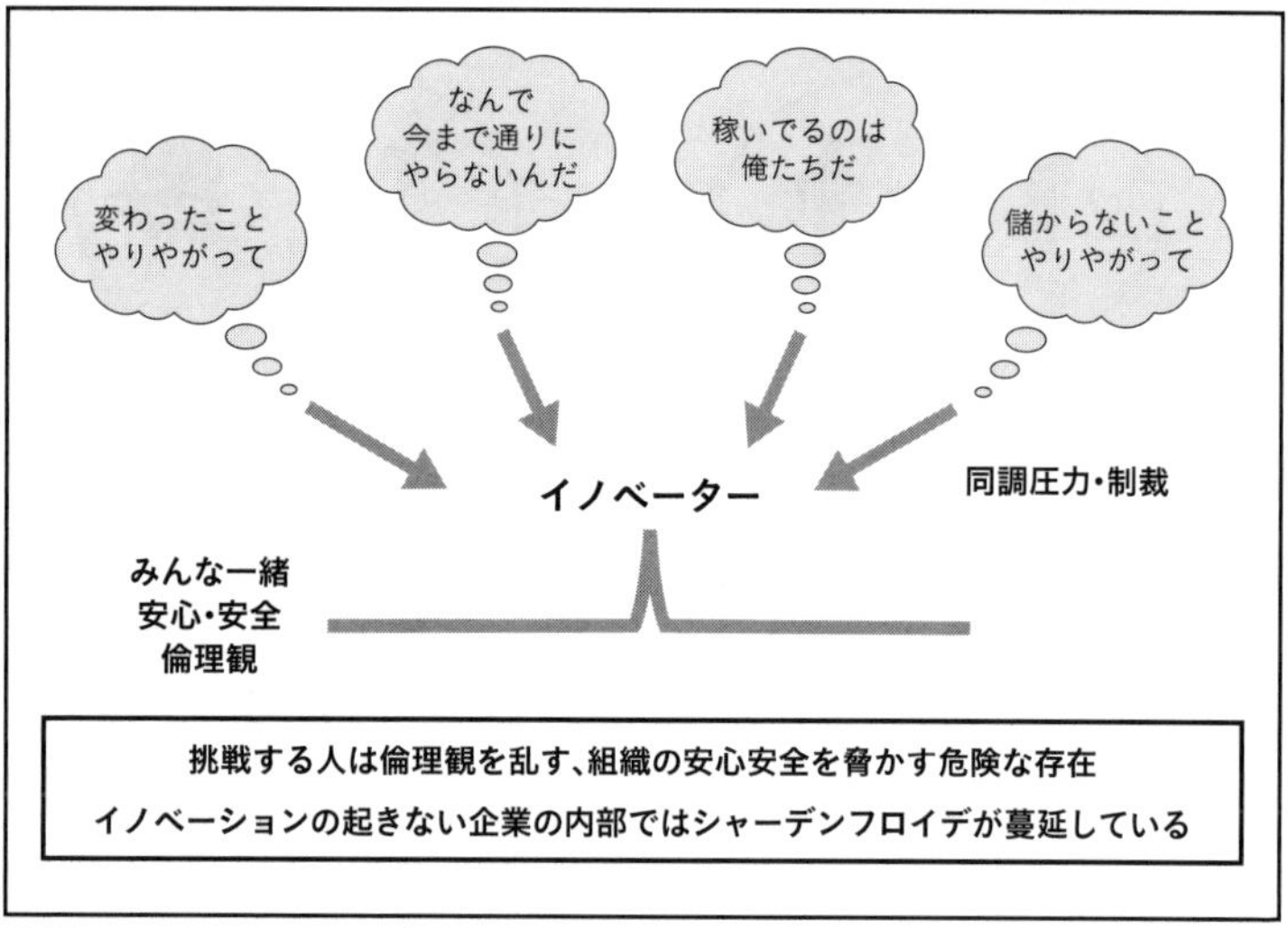
変わったこと
やりやがって
なんで
今まで通りに
やらないんだ
稼いでるのは
俺たちだ
儲からないこと
やりやがって
イノベーター
同調圧力・制裁
みんな一緒
安心・安全
倫理観
挑戦する人は倫理観を乱す、組織の安心安全を脅かす危険な存在
イノベーションの起きない企業の内部ではシャーデンフロイデが蔓延している

■ 図9-3　イノベーションが起きにくい組織風土

維持しようとする性質の負の側面の現れです。新しいことに取り組むイノベーターはある意味その秩序からはみ出した危険因子で、敵と見なされている状態になっていると考えられます（図9-3）。

全てのイノベーションの失敗の原因がオキシトシンによる同調圧力というわけではありませんが、日本社会においては重要な観点だと思われます。**特に日本人は民族として同調圧力が強いといわれている**ので、この仕組みを理解し俯瞰的に自分や組織の状態を見ていけると負の効果を小さくできます。挑戦を奨励する制度を設けることもよいでしょう。

イノベーション領域のキーワードとして「オープンイノベーション」という言葉

があります。オープンイノベーションとはリソースを自社内に収めるのではなく、他社や外部機関と連携することで開発のコストを削減や新たな価値創造を目指す取り組みのことをいいます。オープンイノベーションは自社内のみでの新規事業開発における閉塞感を打破する目的がありますが、もちろん万能な取り組みではありませんし、そもそもイノベーションはそう簡単に起こるものではありません。特にオープンイノベーションの失敗のパターンとして、組織の連携による失敗があります。情報共有が密に取れていなかったり、目的意識にずれがあったりするパターンです。どちらの組織も相手の組織を利用して利益を得ようという意識だとどこかで軋轢が生じてきます。それを防ぐためには本当の意味での仲間意識を醸成する必要があり、それはオキシトシンの分泌の範囲を広げることにあります。具体的には金銭的な利益を超えた「組織を超えた共通の目的」と「密なコミュニケーション」が求められます。よって、共通の目的を作成するワークショップなどを行うことも重要です。

組織を超えた共通の目的とは、「こういった社会課題を解決したい」「こういう世界を実現したい」というようなものが例として当たります。その目的への心からの合意と密なコミュニケーションがあればオキシトシンの分泌が促進され、本当の意味で共にシナジーを起こせる共同体になれるでしょう。

POINT

☑ 新規事業開発などの新たな取り組みは社内の同調圧力によって潰されることがある。

☑ 同調圧力とは集団を維持するための人間の本能であり、オキシトシン分泌と相関がある。

☑ オキシトシン分泌の範囲を広げることで互いが仲間だと認識できるようになり協力して新たな価値を生み出せるようになる。

具体的な方法

- 組織のルールを最小限にして自由な行動を推奨する。
- 心から共感できる組織を超える共通の目的を明確にする。
- 部署、部門、組織を超えてコミュニケーションを密に取る。

26 越境学習
～違和感から生まれるイノベーション～

▼留学で価値観が変わるのはなぜか

みなさんの中には、留学を経験したことがある人もいるでしょう。留学の目的は専門知識の習得や語学学習などがありますが、異文化に触れるという経験を求めて行く人も多いのではないでしょうか。現地の人と交流し、現地の食文化に触れ、日本では見ることのない風景を見て、はたまたちょっと危険な体験もして……と、日々の体験がどれも経験したことのないものであったかと思います。価値観が大きく揺さぶられる非日常な体験です。そして帰国後はグローバルな視点で物事を捉える力が身についたり、多様性の理解が深まったりなど考え方や価値観が少なからず変わります。

ビジネスでも企業間の留学体験が盛んになってきています。そういった組織をまたいだ学習体験を「越境学習」といいます。越境学習とはビジネスパーソンが所属する組織の枠を超

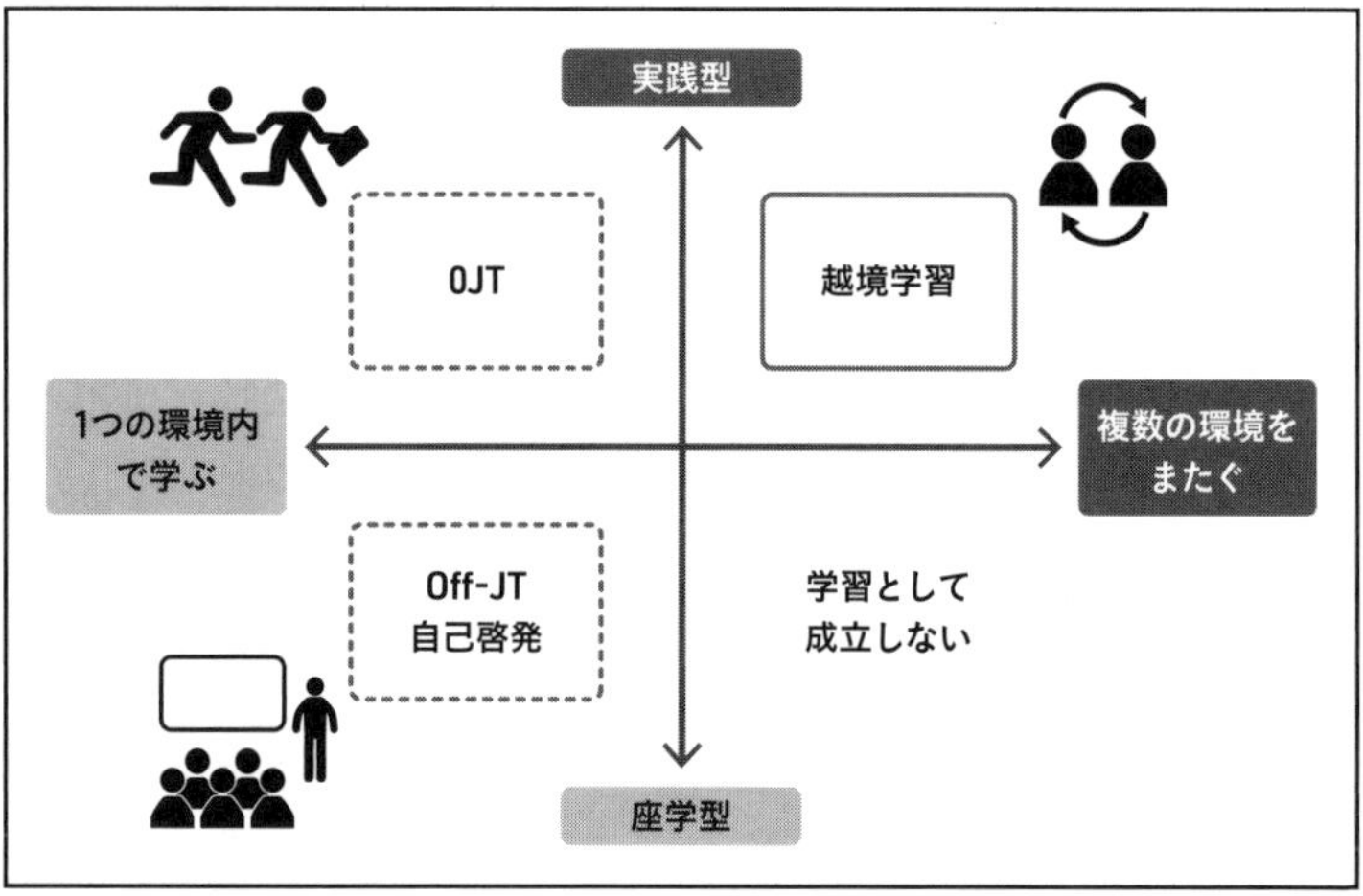

■ 図9-4　越境学習の特徴
出所：DRIVE!『ビジネスセクターからの「越境人材」が、社会起業を盛り上げる』
https://drive.media/posts/21323

えて自発的に越境し、自らの職場以外の学びの場を求めることと定義され、具体的には民間のビジネススクールや社会人大学院、社外の仲間との勉強会などが挙げられます。社内でのＯＪＴや研修などのOff-JTとの関係性をまとめると図９‐４のようになります。

越境学習のメリットは自律的なキャリア形成、多様性の理解とその適応力などがいわれていますが、その本質は**異文化と触れることによる違和感を感じる体験**にあります。葛藤や摩擦、違和感を感じるような体験によって、**今までの価値観が崩され二項対立を超えた新たな考え方や価値観を得ることができるようになる**のです。留学での体験も企業をまたいだ活動も範囲は違えど、どちらも越境学習です。

ここでは普段とは違う環境から感じる違和感がどのようにイノベーションに結びつくか、脳科学の観点から見ていきます。

▼違和感がイノベーションを起こす

人が留学や越境学習の異文化体験によって違和感を感じるとき、脳内ではある部分が活動しています。それは前帯状皮質（ACC）と呼ばれる部分です。この前帯状皮質は島皮質と共に働き、脳の3つのモードの1つであるサリエンス・ネットワークの中枢を担っています。サリエンス・ネットワークとは無意識的なデフォルトモード・ネットワークと意識的なセントラル・セグゼクティブ・ネットワークの切り替えを行う橋渡し的な存在です。

違和感を感じているとき、それは過去の経験体験の記憶にない新しいもしくは記憶と違う体験をしているときです。もう少し具体的に脳内を見ていくと、**違和感を明確に感じる前、普段とは異なる体内での環境変化に対して前帯状皮質がシグナルを島皮質に届けます。**すると島皮質はそのシグナルを違和感として主観的に感じるように反応します。つまり前帯状皮質によって生じたシグナルに対して島皮質がキャッチする能力が高ければ、より鮮明に違和感を感じることができるようになるのです。

これらの違和感は過去の経験体験との参照によって生まれます。つまり無意識的にデフォルトモード・ネットワークを活性化させ、そこから生じる違和感をサリエンス・ネットワークで処理して気づきに変えます。そして主観的に感じた違和感に対してセントラル・エグゼクティブ・ネットワークによって分析、言語化されるのです。この**過去の体験経験と違和感のブレンドによって生まれる着想が新たなアイデアとして生まれてくる**のです。

▼企業をまたいだ越境学習

これまで見てきたように普段と異なる環境に身を置いたときに感じる違和感は過去の経験体験とシナジーを起こし、新たな着想がアイデアとして浮かんできます。しかし、常に同じ職場で同じ人と同じ仕事するということを繰り返していると、違和感を次第に感じにくくなっていきます。脳は使えば使うほどその機能が強化される性質があります。そのため日頃から小さな違和感を感じる訓練をしておくことが重要です。自身の体調の変化、身体の感覚や呼吸の状態など日常には小さな変化がたくさんあります。そういった変化に気づいていくことで気づきの島皮質が強化されていきます。便利になった現代において自身の葛藤や違和感はストレスとされ、解消される対象と短絡的に捉えられていることが多いと思います。しかし、葛藤や違和感を新たなイノベーションの種と捉えると、そういったものもすぐに解消しようとせず、保留しながら味わい尽くすことが重要だと考えられます。

企業としては**人事異動や社内副業を通じて社内の異なる文化を体験させる経験も施策として有効です。**営業部と管理部のように、同じ会社でも全く異なる雰囲気や風土の組織は多くあります。意図的に今までと異なる組織に異なる人材を配置することで新たな価値の種が育まれるかもしれません。

企業間の人材交換や地域への派遣、副業体験も違和感を感じるうえでとても有効です。ライフネット生命保険株式会社の創業者で立命館アジア太平洋大学学長の出口治明氏は「よいアイデアは『人・本・旅』から」といっています。脳科学の観点で見ても、これらは非常に重要です。異なる価値観の人と触れる、自身が知らない知識や体験を本から得る、旅先の経験したことのない文化に触れると、違和感を感じることがたくさんできます。越境学習をするうえでもただ新しい知識を得るだけではなく、積極的に普段触れないような人と交流する、やったことないことにチャレンジしてみる、新しい環境に飛び込んでみることを意識するとより有意義な体験ができるでしょう。

▼POINT

☑越境学習の本質は普段と異なる体験による違和感を感じることである。

☑違和感は脳の前帯状皮質、島皮質を含むサイレンス・ネットワークで処理され、過去の経験体験とブレンドされて新たな着想を得る。

☑企業内での部署移動、企業をまたいだ人材交流によって意図的に違和感を感じさせるような施策がイノベーションにおいて有効である。

▼具体的な方法

- 違和感をすぐに解消せず、味わい尽くす。
- 異なる部署への人事異動、社外との人材交流や地域派遣、副業体験をする。
- 知識のインプットだけでなく、異文化体験を重要視する。
- 普段会話をしない人とも話してみる。

27 ダイバーシティー
～組織に潜む大きな可能性～

▼異質との接触がイノベーションの大原則

最後にカオスを最も端的にあらわす言葉、ダイバーシティーを扱います。ダイバーシティーとは日本語では多様性という意味ですが、最近では性別や年齢、宗教や身体の状態などさまざまな条件の人を受け入れるという「インクルージョン」の意味を包含した使われ方をします。そして、人材育成・組織開発領域で最も注目されている概念の1つです。

その背景にはグローバル化が進む世界からの要求、注目の高まるＳＤＧｓの目標にある主に人や国、ジェンダーの平等への関心の高まりがあると考えられます。また人口減少が進む日本においては労働力確保の名目で女性活躍や高齢者雇用、外国人労働者活用といったテーマと密接に関わっています。

ダイバーシティーについて考えるとき、目に見えやすいものやわかりやすいものが注目さ

	先天性	後天性
人工	出身 人種	価値観 宗教
自然	遺伝子 脳の特性	遺伝子修飾 脳の配列

■ 図9-5　ダイバーシティの分類

れがちです。性別や年齢、人種などがそれに当たります。一方で価値観や宗教など目に見えない部分も理解を進める必要があります。しかし、ダイバーシティーの例を挙げるとキリがなく、全てを細かく見ていくことにはあまり意味がありません。ダイバーシティーを先天性・後天性、人工・自然の軸で分類すると図9-5のようになります。

人工の領域は社会の価値観や文化の影響を受けやすく、解釈によって大きく変わってしまうこともあります。国というものは実際には人間が設定した集団の単位であり、明確に人を分ける要素にはなりません。価値観なども置かれた環境によって捉え方が変わってきます。つまり**本当の意味でのヒトのダイバーシティーは自然の領域によって生み出されている**といえます。ヒトの生物的なダイバーシティーを理解することで、いかに自分が他者と異なるのか、またいかに個人のダイバーシティーを組織や自らが抑え、視野に入れないようにしているかが理解できます。ここではヒトの生物的なダイバーシティーについてミクロな視点で捉えていきます。

▼生き物としてのヒトの多様性

「うちの会社は同質な社員が多い」といった声を多くの組織で聞くことがありますが、そもそもヒトを含む生物は、とても多様性に富んだ存在です。完全に同質と思われる一卵性双生児も生活習慣によって見た目や性格が大きく変わることがわかっています。なぜ同じゲノムを持っているのに見た目や性格が変わるのか、それは**エピジェネティクス**（32ページ）によって説明できます。一卵性双生児の双子は確かに生まれたときは同じゲノムを持っています。そしてそのあとほぼ同じゲノムを持って生きていきます。それにもかかわらずこれらの違いが出るのは、**生活習慣や考え方、置かれた環境によって遺伝子の修飾が変わり、遺伝子から発現するタンパク質が変わってくる**ためです。これらの遺伝子から発現するタンパク質は成長の過程で見た目や性格に影響を及ぼし、一卵性双生児という全く同じゲノムを持つ双子を大きく変えるのです。

「-ome」とは「全ての〜」という意味で、遺伝子（gene）の全体像をゲノム（genome）とい

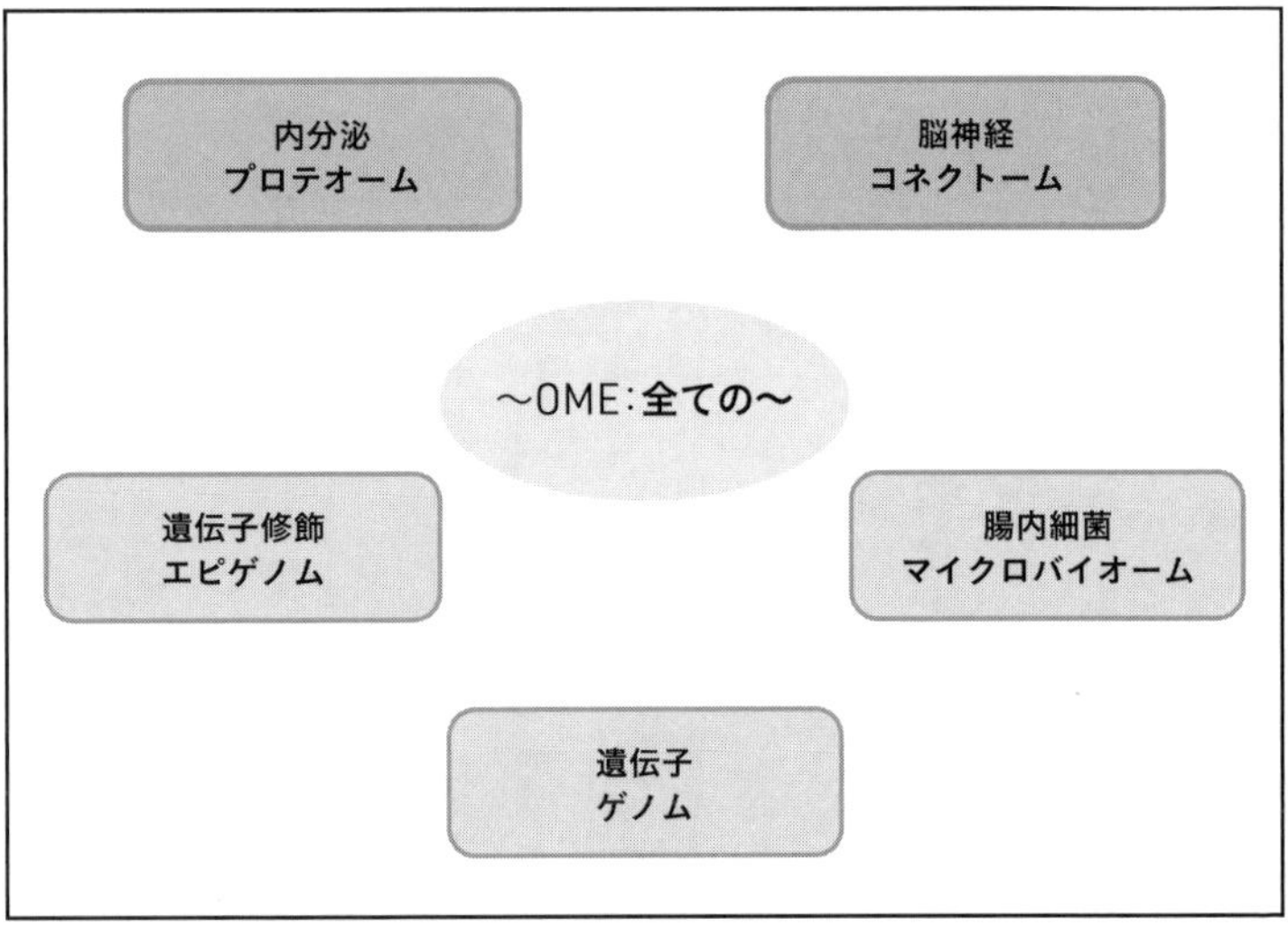

■ 図9-6　ポテンシャルの源泉

うように、ゲノム上の遺伝子修飾の全体をエピゲノムといいます。ヒトは生活習慣、思考習慣、置かれた環境からの刺激により遺伝子修飾が変化します。これが双子の変化を生む源であり、ヒトの多様性の最深部領域に当たります。ほかにも神経細胞のつながり（connection）の全体であるコネクトーム、細胞内のタンパク質（protein）の全体のプロテオーム、ヒトの共生微生物の全体であるマイクロバイオームなど多くの観点があります（図9-6）。これら全てが調和をし、ヒトの性格や能力、身体やパフォーマンスを決めているのです。これは過去の生きてきた過程、環境、ヒトからの刺激など唯一無二の全てのプロセスが反映されます。

ここまでヒトの生物的な視点からの多様性を見てきましたが、いいたいことは**生物的な観点で見ると同質な人を探す方が難しい**ということです。ダイバーシティーの本質はここにあり、**個人のポテンシャルをどう解放していくか**が今後のポイントになっていくと考えています。

▼ダイバーシティーを組織に生かす

ダイバーシティーの活用とは、これまで見てきた生物的な違いをもとに、同じ組織内においての同じ現象に対する個々人の知覚と反応の違いを活用することです。例えば**ニューロダイバーシティー**という考え方があります。ニューロダイバーシティーとは、いわゆる発達障害（生まれつき見られる脳の働き方の違いにより、幼い時期から行動や思考・感情に特徴がある状態）と呼ばれていたヒトを含め脳の多様性を包含し、違いを認めて生かすという概念のことです。

例えばＡＤＨＤ（集中力が続かない、落ち着かない、ミスが多いといった特徴のある発達障害の一種）と呼ばれる注意欠陥・多動性障害の性質は、確かに不注意気味でじっとしていられず、思いつきで行動してしまうという側面もあります。一方で新しいことにチャレンジできる、枠に囚われないクリエイティブな発想を持つという側面もあります。このように表現すると、受ける印象も大きく変わってきます。イノベーションが求められるビジネスにおいて、必要な人材ともいえるかもしれません。

ヒトの多様性は必ず生かせるフィールドがあり、そのマッチングによってプラスにもマイナスにもなるのです。この違いが企業の経営における柔軟性や対応力、レジリエンスを高めると考えられます。今後ダイバーシティーが企業の競争力の源泉として大きなウエイトを占めることになるでしょう。

生まれてからの全ての経験はエピゲノム、コネクトーム、マイクロバイオームなどに刻まれ、価値観や性格、能力として表出します。全ての経験が一人ひとりの状態を形づくるのです。こう考えると同質な人が存在することは生物的にありえなく、同質な状態は組織の風土やシステムによってつくられているものだといえます。もともと自然は多様性にあふれているものです。多くの企業で「同質な社員しかいない」という現象は人のあり方でなく、**同質化を強いているシステムや構造、文化・風土に問題があることがほとんど**です。

組織内のダイバーシティーを強化するには守るべきルールを必要最低限の数にし、大きなミッションやビジョン、バリューを設定することで、自社のあり方、目指すべき方向、価値観の枠組みであるOB杭が生まれ、その範囲の中で迷いなく活動することができます。

また、企業内の人材育成も個人の複雑性、カオスを解放する教育が有効です。「どんなことを考えてもよい」「どんなことを感じてもよい」というように、思考や感覚の解放するような教育をするとよいでしょう。部下やチームのメンバーと関わるときは、社会人になってから身につけた考え方やスキルだけでなく、生まれ持った才能、生まれてから過ごしてきた全ての経験、体感したストーリーを生かすような接し方を心がけてください。具体的には個の内面を引き出すコーチング、多様なメンバーでの対話などが考えられます。

みなさんの組織は多様性にあふれているでしょうか。それとも同質な人材ばかりでしょうか。ダイバーシティーは企業にとっての大切な資本であり、その資本はすでに組織内に間違いなく眠っています。

POINT

- ☑ **ダイバーシティーのうち自然の領域、生物的な多様性に注目することが望ましい。**
- ☑ **ヒトは遺伝子や神経、共生微生物のレベルで多様性があり、それは過去の経験によって大きく変化する。**
- ☑ **生物的なダイバーシティーは企業の競争力の源泉となり、それを高めていくことが求められる。**

▼具体的な方法

- 守るべきルールを必要最低限の数に減らす。
- 個人の内面のポテンシャルを引き出すコーチングを行う。
- バックボーンや年齢、出身が異なるような多様なメンバーで対話を行う。

Part 4

健康的でナチュラルな組織づくり

「ティール組織」の流行もあり、組織を有機的な生命体として捉える流れが大きくなりつつあります。このパートでは「生命から学ぶ組織づくり」というテーマを生理学や神経科学、複雑系科学や進化論などの観点で解説します。「生命とは何か」という問いと共に、生命体的な組織の可能性について探りましょう。

Chapter 10

生命から学ぶ組織の作り方

キーワード

オキシトシン
→ 027ページ
腹側迷走神経
→109ページ
自己組織化
→276ページ

これまで全ての章を通して人間を生き物として捉え直し、生き物としてのヒトのモチベーションや関係構築、創造性について見てきました。一方で組織もまた生き物として捉える風潮があります。「組織は生物のようである」というような表現を1度は聞いたことがあるのではないでしょうか。本章では生き物のあり方や生命科学の観点から生命体的な組織について、主に「生命体的組織」と表現されるティール組織をベースに論じていきます。テーマはティール組織で取り上げられている3つのブレイクスルー、「セルフマネジメント」「ホールネス」「エボリューショナリー・パーパス」です。

生命体的組織の潮流
〜生命性のあるチームをつくる〜

いま、多くのビジネスシーンで「生命」というキーワードが登場しています。それは20年代初頭から続くフレデリック・テイラーの科学的管理法の原理に基づく機械的な組織運営・モデルに感じる限界、ＳＤＧｓから展開される地球環境や生命の多様性などへの関心、そして発展する自然科学や人文科学の知見から生まれた新たな世界への認識よるものだといえるでしょう。**あらゆるものが無機質な「機械」ではなく、有機的な「生命」として捉えられるよう変化してきています。**

アクセンチュアが発表した２０２０年のメタトレンドについてのレポート『ＦＪＯＲＤ ＴＲＥＮＤＳ２０２０』のテーマは「原理原則の再考」で、ビジネスやテクノロジー、デザインについての７つのトレンドを紹介しています。その中の１つに「生命中心デザイン」が紹介されています。これは、人間中心の「Ｉ」（私）だけではなく、地球やほかの生き物も含めた「ＷＥ」（私たち）の視点でデザインを再考することで、本当の意味で全てがＷｉｎ-Ｗｉｎでサステナブルな状態に企業は変容していくべきであるという流れです。人間とは地球の中の多様な生物の中の一部です。独立した支配的な存在になれるわけがなく、また本質的にはそれを望んでいないはずです。

このような生命体としての原理原則の再考は組織の文脈にも広がりつつあります。そして、それを加速させたのは**「ティール組織」**という概念であるといって間違いないでしょう。日本でも2018年に書籍が出版され、多くのビジネスパーソンが手に取りました。ティール組織は組織の発達理論とも形容されます。人類は科学技術の発達や認知機能の拡大に伴い、環境適応やよりよい組織運営のためにモデルを進化させてきました。その段階に色で名前をつけ、主にレッド、アンバー(琥珀)、オレンジ、グリーン、ティールの5段階としました(図10-1)。

その中でも最も新しい段階「ティール組織」は進化型組織と形容され、世界中でようやく現れた新しい組織モデルとされています。そしてこの組織のメタファーが「生命体」です。ティール組織は生命体のように全てが有機的につながり合い、個のポテンシャルを最大限解放しつつ、環境と関わりながら変容を続けるシステムのような組織です。書籍ではティール組織への3つのブレイクスルーを「セルフマネジメント」「ホールネス」「エボリューショナリー・パーパス」としています。これらの要素には、ティール組織のベースとなっているインテグラル理論の考えや自己組織化などの複雑系科学、自然の生き物のあり方から学ぶよ

組織の型	特徴	ブレイクスルー	事例	比喩
進化型 （ティール）	・社長や管理職からの指揮命令はない ・組織の進化する目的を実現するため、メンバー全員が信頼に基づいて独自のルールや仕組みを工夫しながセルフマネジメントら、組織運営を行う ・法律上会社の社長は存在するが、意思決定は必要な構成員がその場で行う	・セルフマネジメント ・ホールネス ・エボリューショナリー・パーパス	パタゴニア ビュートゾルフ モーニングスター	生命体
多元型 （グリーン）	・人生には成功か失敗か以上のものがあると考える ・平等と多様性を重視し、多様なステークホルダーを巻き込んで合意形成し物事を進める ・伝統的なピラミッド組織の形態をとりつつも、文化と権限委譲を重視し、従業員のモチベーションを高める ・一人一人の価値観を重視	・権限委譲 ・価値観を重視する文化 ・ステークホルダーを大切にした経営	サウスウエスト航空 スターバックス	家族
達成型 （オレンジ）	・「目標を定めて未来を予測し、効率を高めてイノベーションを起こすことによって成果をあげる」（成果の追求） ・前進するための鍵はイノベーション ・個人の責任と役割を明確にし機能的に行動する ・ピラミッド型組織の形態を取り、成果に応じて昇格することが可能（成果・実力主義、アメとムチ） ・関係性が希薄化し、社員が疲弊する	・イノベーション ・目標と結果への説明責任 ・実力主義	営利企業 多国籍企業	機械
順応型 （アンバー）	・ピラミッド型の階層構造にある極めて型にはまった役割 ・トップダウンによる厳格な上意下達の指揮命令（全てを上が決める）と管理の徹底 ・トップの意思決定を実現するための明確な規範と賞罰 ・何より「安定」が重視される（中長期視点の獲得）	・形式的な役割 ・原因と結果のプロセス	教会 カリスマ経営 官僚	軍隊
衝動型 （レッド）	・集団をまとめるために組織のトップは常に暴力を行使 ・組織をつなぎとめるのは恐怖（怖れのマネジメント） ・極度の短期志向で、混沌とした環境下には強い ・「今」が大切だという方針のため、長期的視点の欠如	・分業 ・命令による権限の発揮	マフィア ギャング	群狼

■ 図10-1　5つの組織モデル

うなエコロジーの哲学が組み込まれています。

本章ではティール組織の裏にある科学的な背景とこれまで触れてきた生命科学的な観点、また生命のあり方についてのさまざまな哲学を交え、新たなモデルとされている生命体的組織モデルの可能性について探究していきます。

28 セルフマネジメント
～自然なまとまりのあるチームをつくる～

▼セルフマネジメントとは何か？

「セルフマネジメント」は日本語では自主経営と訳されますが、この意味は誤って認識されているケースが多いです。セルフマネジメントとは言葉の通り**自分で自分を律する、自律型人材**というような表現です。そのため自分自身をコントロールできる優秀な人材でないと成り立たないといった捉え方をされますが、そういった意味ではありません。セルフマネジメントとは**従来型のピラミッド構造、権力のヒエラルキーに基づく組織運営を手放し、フラットな組織構造から生まれる有機的なネットワークに基づいて組織運営を行う**という考え方です（図10-2）。中央集権型ではなく、自立分散型の組織構造がベースとなっています。トップダウンによる指示命令はなくメンバー一人ひとりに意思決定権があり、信頼に基づいて運営されています。

セルフマネジメントは、1000人を超えるような大組織でも運営可能だとされています。実際に、オランダで在宅介護サービスを提供しているビュートゾルフでは約9000名のメンバーが明確なリーダーなしで働いています。

ヒエラルキーを構築してきた私たちの考え方は、世界を完全に理解することによって明確な根拠を持って未来を予測し、生き残ろうとするものがほとんどです。しかし、ヒトの認知能力、科学技術の発展により世界はどんどん予測不可能なものになっていきました。正確には世界はもともと非常に複雑で予測不可能であり、人類の進化によってそれが少しずつ認識できるようになってきたといえるでしょう。

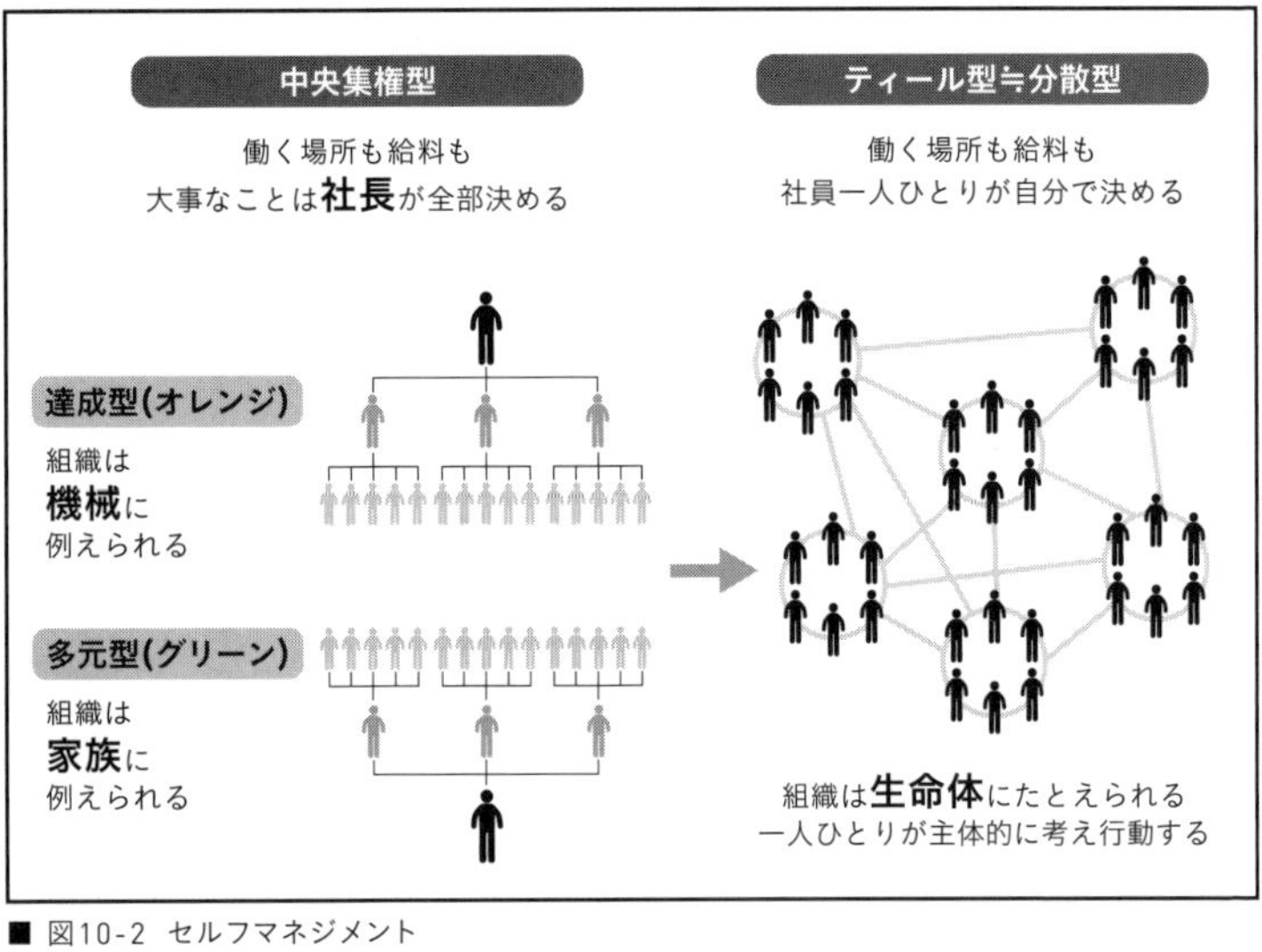

■ 図10-2 セルフマネジメント

予測可能な世界においては優秀なリーダーが中央集権的にメンバーを管理し、計画通りに行動させることは正しいといえるかもしれません。一方で、一人のヒトの認知機能で対処できる容量を遥かに超えたこの世界に適応するには、組織としての集合知を使うことが解決の緒になります。そして、自然界の集合体のあり方や複雑系科学の知見がヒントを与えてくれます。

▼生命の秩序の源

ヒトの身体の60兆個を超える細胞はそれぞれが独立しながらもほかの細胞と調和して全体として生命を成り立たせています。脳や心臓、肝臓などの臓器レベルでも同じことがいえます。鳥の群れも1羽のリーダーの鳥が管理しているのではなく、全体がまるで1つの生き物のように調和して空を飛んでいます。一方で、熱力学第二法則「エントロピー増大則」では外部とのエネルギーのやりとりのない閉鎖系では秩序は徐々に崩壊し、乱雑さが増して最終的には均一になるということをいっています。水に垂らしたインクが徐々に拡散して均一になるといったイメージです。物理的に見ると個々の要素は基本的にバラバラになり、無秩序に向かうように変化していきますが、自然界ではむしろ秩序が生まれるように変化するパターンがあるのです。

権力によってメンバーを管理しない、組織構造をピラミッドのように明確に構築しない、そのような組織を組織として成り立たせるためにエントロピー増大則を超える何らかの秩序が必要になります。この秩序を生み出す現象として**自己組織化現象**があります。**自己組織化現象とは先ほど挙げた細胞や臓器、鳥の群れ、雪の結晶やなど自然界のさまざまな場面で秩序を生み出す仕組み**として知られています。アメリカの理論生物学者のスチュワート・カウフマンは、自己組織化はカオスと秩序の間の「カオスの縁」で起こると主張しています。またゆらぎのある非平衡系の自己組織化：散逸構造論でノーベル賞を受賞したベルギーの物理学者イリヤ・プリゴジンは自己組織化の条件を次の3つであるとまとめました。

①開放系：外とのエネルギーのやりとりがあるオープンシステムである。
②非平衡系：システムの中のエネルギー分布にゆらぎがある。
③自己加速系：エネルギーを増強させるポジティブフィードバックがある。

この3つの条件がそろうとき、一見バラバラの要素が秩序を形成し、組織が形成されるのです。ティール組織の背景にはこの自己組織化の力が大きく影響しています。

▼セルフマネジメントをチームに生かす

自己組織化の3つの条件である「開放系」「非平衡系」「自己加速系」の逆の状態を考えてみると、組織の崩壊の条件が見えてきます。

①「開放系」↓「閉鎖系」

閉鎖系とはシステムが外部とのエネルギーのやりとり、つまり**仕事や情報のやりとり、ヒトやモノ、お金の交換がない**系であると例えることができます。この組織では外部からのエネルギーの流入がないため、内部は徐々にゆらぎのない均一な状態（平衡状態）に移っていきます。人材の新陳代謝、採用が滞っている組織では、何か工夫をしない限り人材の多様性が生まれず、組織にいる人が同質なものになっていくというのは簡単にイメージがつくのではないでしょうか。

一方で、開放系を維持するには競合他社などの外部環境をコントロールし、ヒト・モノ・カネ・情報などのリソースを封じ込め、利益を独占し境界の壁を高めようとするのではなく、社内・社外の境界の壁を低くしていくことが重要です。そうすることで、計画からは生まれない共創・オープンイノベーションなどの新たな秩序が生まれてくる可能性が高まります。

②「非平衡系」→「平衡系」

平衡系とはシステム内のエネルギーにゆらぎがない均一な状態です。エントロピーが増大しきった状態をいいます。ちなみにこの状態を熱力学では「熱的死」といって、宇宙は徐々にこの状態に向かっているといわれています。エントロピーが増大しきった熱的死の状態はシステムが変化する能力を使い切った状態ともいわれています。同質なメンバーしかいない組織では変化へのきっかけが生み出されにくいということです。

組織の非平衡系を維持するには**組織内にゆらぎ・カオスを起こしていくことが必要**です。大きな方向性として社会的な立場、**権力などのソーシャルパワーの分散と個人の資質や強み才能などのパーソナルパワーの解放**があります。組織のヒエラルキーの解放、フラット化はまさにソーシャルパワーの分散に当たります。ティール組織の中で紹介されている意思決定プロセスの「助言プロセス」もこれに当たります。一方でパーソナルパワーの解放は個人のモチベーションの源泉の探究、強みや才能の発見、身体が健康でフラットな状態へのサポートなどがあります。こうすることによってメンバー個人のヒトとしてのポテンシャルが解放され、組織内は非平衡系に移行していきます。

③「自己加速系」↓「自己減速系」

自己減速系とはシステムの内部の物質やエネルギーが時間経過と共に減少していく状態をいいます。生命科学で例えるとコルチゾールなどのストレスホルモンは分泌されすぎないようにネガティブフィードバックが働き、正常値に戻そうとします。こうすることによってシステム内の恒常性が保たれています。この状態では**組織は変化をすぐに修正し、常に一定に保とうとします。**そのため変わったことをするメンバーや挑戦するメンバーのことを叩く動きが生じてきてしまいます。「否定・妨害・搾取」によるシステムです。

自己加速系を維持するには反対に**「共感・応援・贈与」のシステムを構築していくこと**が重要です。メンバーが新たな挑戦をしたとき、それに共感して応援し、情報やスキルなどの自分の提供できるリソースを贈与するような状態です。このときの関わり方は何もしないかフルコミットするかの0か1ではなく、小さくとも自分のできる範囲で与えることが重要です。その循環・ネットワークが組織内に構築されていけばポジティブフィードバックによってエネルギーは増幅し、そこから新たな価値や強固な関係性が生まれてくるはずです。

このような3つの条件を維持しようとすれば自ずと自己組織化が起こるはずです。これがセルフマネジメントについて科学的な視点から見た本質です。この原理を押さえないままさまざまな手法を取り入れても、仏作って魂入れずの状態になりかねないでしょう。

POINT

☑ 複雑性の大きい世界において計画によるマネジメントには限界がある。

☑ セルフマネジメントとはヒエラルキーによる管理ではなく自己組織化の原理を用いた秩序の維持である。

☑ 3つの条件「開放系」「非平衡系」「自己加速系」を維持することで自己組織化は生じる。

具体的な方法

・人材交流や情報の透過性を上げることで組織の境界の壁を下げる。

・権力の分散や個人のポテンシャルの解放によって、あえて組織内のゆらぎやカオスを生み出す。

・コミュニティやウェブサイトなどの情報やスキルを共有しやすい場をつくる。

29 ホールネス ～ありのままのチームをつくる～

▼ホールネスとは何か

ワークライフバランスという言葉が世間に浸透してきて数年が経ちました。有名企業での若手社員の過労死がニュースに取り上げられたり、過労死が「Ｋａｒｏｓｈｉ」として英語で通じるようになったりと、日本の中で働き過ぎや劣悪な労働環境による死が身近な存在として認知されていると思います。ちなみに過労死が「Ｋａｒｏｓｈｉ」としてオックスフォード英語辞典に掲載されたのは２００２年が最初です。

そんな中で、今までよりもプライベートを大事にしようという動きがあります。ノー残業デーやプレミアムフライデーなどの早く仕事を終えようとする制度や、勤務時間が健全な状態かをツールを使って管理する取り組みが進んできています。これらの取り組みは基本的には労働環境の是正など働きやすい環境づくりに対しては良い取り組みです。しかし、これらの大前提には「仕事とプライベートは別物」「早く仕事を切り上げてプライベートを充実させたい」「なるべく働かないで人生を過ごしたい」といった声があります。**仕事や職場は自分の人生から分離した存在**だと捉えられているということでしょう。また、会社で出世レースに勝つためにありのままの自分を押し殺して、強くいなければ負かされる場であると認識している人もいるかもしれません。

ホールネス（Wholeness）とは日本語で全体性と訳され、**一般的には抑えるべきとされている個人の感情や非論理的で直感的な発想を恐れずに行い、ありのままな存在でいられる状態**を意味します。全体性を取り戻す過程でヒトは分断された自分の内部のポテンシャルやリソースとつながり、自分が自身を取り巻く環境や社会といった「全体」の中の一部であるという認識を得ます。これらは「内のつながり」「外のつながり」と表現できます（図10-3）。言い換えると人間が本来の姿に戻っていく人間性の回復、生命性の回復の過程だと表現することができます。

本節では全体性の回復の過程にある自身の内とのつながり、外とのつながりについて生命科学や生態学などの観点から解説してきます。

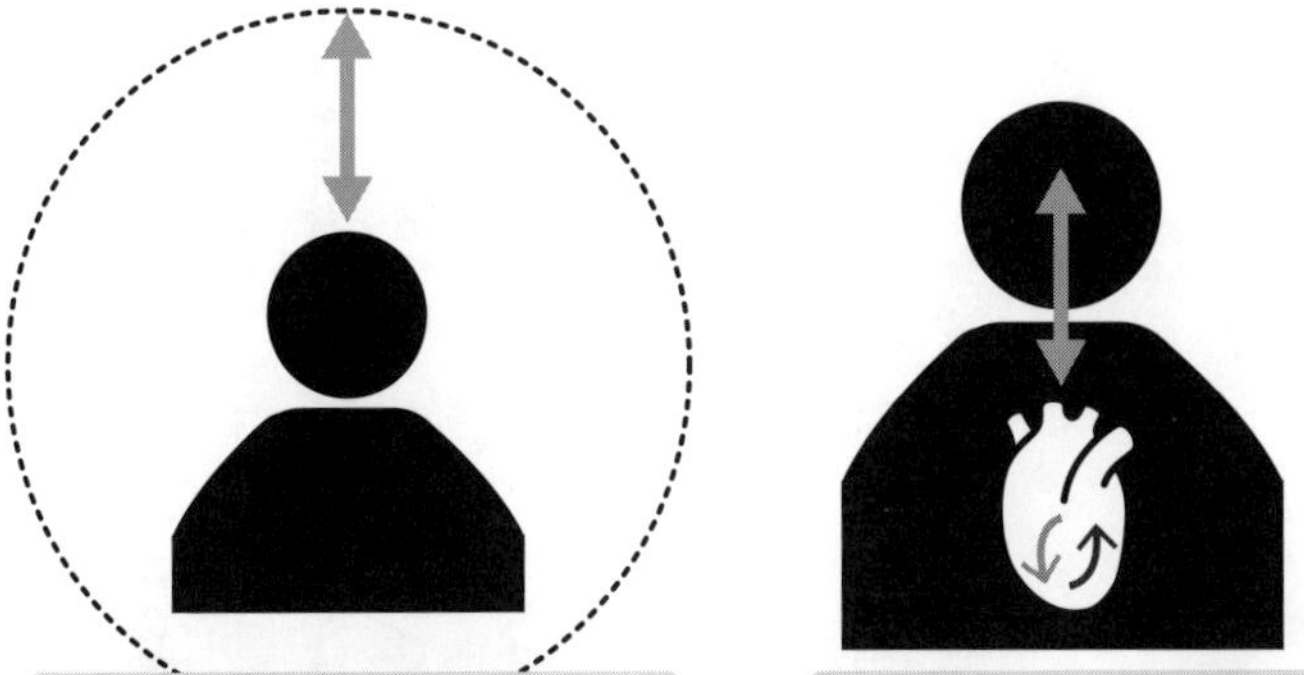
環境・自然・社会
身体・感覚・感情
・人間関係やコミュニティー参加など社会的なつながりがある
・自然と触れ合う機会がある、自然のリズムに調和した生き方をしている
・自身の身体感覚を感じられる
・自分の思考・感情を内省できる

■ 図10-3　外のつながり・内のつながり

▼生命のエネルギーの源

生命は自身のありのままのエネルギーを存分に生かしながら、自然から与えられた役割を生態系の中で全うして生きていきます。食物連鎖のピラミッドのように消費者（動物）、生産者（植物）、分解者（微生物など）はそれぞれ全体の中で自分にしかできない役割を環境と調和しながら全うしています。

ありのままのエネルギーを生かすには自身の内面のポテンシャルを解放することが必要です。また、環境と調和した役割を担うためには環境や他者とのつながりの感覚を取り戻す必要があります。

さっそく内のつながりと外のつながりを見ていきましょう。

・内のつながり：ポテンシャルの解放

精神分析で有名なジークムント・フロイトは無意識下に抑圧された感情や記憶が神経症を引き起こすと考えました。ヒトは過去の体験から学習し、記憶を形成しますが、繰り返し感じる苦痛は感じなくすることで自身の精神を守る働きがあります。無感情症（アレキシサイミア）、無体感症（アレキシソミア）はこういったことの現れです。このとき、意識下でその感覚が上がってくることを認知できないだけで、**無意識下で身体への反応は必ず起こっています。**特定の反応に偏りが生まれた状態もポテンシャルを解放できていない状態ともいえます。ポリヴェーガル理論から見ても腹側迷走神経が使えず、交感神経（過覚醒）や背側迷走神経（低覚醒）に偏った状態では刺激に対して適切な反応ができません。よって、**身体に余計な負担がかかったりコストを支払ったりすることになります。**これは内分泌系にも同じことがいえ、ストレスホルモンの分泌が過多になると、その他のホルモンの分泌が抑制されたりします。このように、ポテンシャルを解放することとは、1つのエネルギーを過剰に使うことではなく、自身の中でバランスが取れたナチュラルな状態でいるということなのです。

・外のつながり：環境とのナチュラルな関係

東京大学名誉教授で生命科学、生命関係学を研究していた清水博氏は生命の関係性について、「多様な生き物が共存できる『いのちの居場所』が広がってきたのは、いのちの『与贈循環』によってである」といいます。「与贈」とは清水氏がつくった造語で「直接的な見返りを期待することなく、自分たちが生活していく居場所に与え贈っていくこと」を意味します。

生命は直接的な見返りを求めない他者への無償の行為でも、自身のエネルギーが増幅するようにできています。これまで何度も登場したオキシトシンにはポジティブフィードバックの仕組みやセロトニンとドーパミンを誘導する機構があること、他者とのつながりが腹側迷走神経を活性化する事実からも確かなことだといえます。このように、**他者との関係の中でエネルギーが循環するナチュラルな配置によって、生命のエネルギーはとても高まった状態になる**のです。

▼ホールネスをチームに生かす

組織とメンバーの全体性を取り戻すには「自身を解放できる」「全てをさらけ出せる」な

どの自分らしくあれるような個人へのアプローチと組織全体へのアプローチがあります。

個人へのアプローチでは、ビジネスで抑圧される対象となりがちな**感情の解放**が効果的です。具体的には相手の内面を引き出すコーチング的なコミュニケーション、非暴力コミュニケーション（NVC）やストーリーテリングなど感情や深い部分にあるニーズや価値観を曝け出すようなコミュニケーションが有効です。

『ティール組織』の中で、革新的なカリキュラムと組織モデルで注目されているドイツの公立学校、ベルリンセンター福音学校（ESBZ）では生徒も先生も全員が非暴力コミュニケーション・センターで訓練を受けていると紹介されています。また教育研修としては従来の組織では組織内での立場に応じて従業員を補助する階層別研修、営業スキルや財務分析など目標達成に向けたスキルアップ研修の大きく2つに分けられるのに対して、ティール組織では共通の文化を確立するための研修と自己研鑽研修の2つが大部分を占めます。この際、階層別でなく全員参加であったり、メンバーが互いに教え合う方法を取ったりしています。こうした取り組みを通じて**チーム全体として一体感を持ち、自身の内面を表現することでつながりを取り戻していく**のです。身体や感覚へのアプローチとしては身体心理療法であるソマティック・エクスペリエンス（SE）などが知られています。SEでは身体感覚にフォーカスしながら神経系に刻まれているトラウマ、神経系の反応パターンの偏りを解消していくアプローチです。既存の心理療法ではどうしても意識下に上がってくる言葉によって相手の状態を判断することになりますが、身体心理療法では無意識下にある身体反応からの深い判断ができます。

組織全体へのアプローチではメンバーがありのままの自分でいられる制度やシステム、組織文化をつくる必要があります。すると、プライベートと仕事を含めた人生において重要なこと、大切にしたいことを組織に対して負い目を感じずに優先できるようなものになります。例えば家族との行事、大切な仲間との集まり、好きなアーティストのライブや見たいテレビがあるといったことでもよいかもしれません。そういった**個人にとって重要なことを諦めなくてよいように働く場所、時間を自分で選べるような制度**が必要です。

自分が大切だと思う仕事をすることができるような柔軟な副業制度も効果的です。評価も仕事の業績のみでなく、メンバーのらしさや人間性の解放、真に実現したいことに向けた探究の場に変えていくべきです。そうした取り組みを続けていくことでメンバーの全体性は取り戻され、仕事とプライベートは別とするワークライフバランスではなく、1人の人間の生き方に基づいたワークライフインテグレーションが実現されていきます。

▼POINT

☑現代のビジネスでは個人の自分らしさや人間性を抑圧することがほとんどである。

☑ホールネスとは自身の個人のポテンシャルの解放（内のつながり）と環境とのナチュラルな関係性（外のつながり）が実現された状態である。

☑普段抑圧されている感情や感覚へのアプローチ、大切なことを優先できる自由度を高めることで全体性は取り戻されていく。

▼具体的な方法

- NVCやストーリーテリングなど個人の内面を曝け出すコミュニケーションをする。
- 無意識下にある身体の欲求にフォーカスする身体心理療法を行う。
- 働く場所、時間、内容を自由に決められる柔軟な勤務体系や副業制度を取り入れる。

30 エボリューショナリー・パーパス

～進むべき方向に進むチームをつくる～

▼エボリューショナリー・パーパスとは何か？

多くの企業では、企業理念やミッション・ビジョン・バリュー（MVV）などが定められていて、浸透のために朝礼で唱和したりカードや小冊子をつくって常に持ち歩かせたりしています。これらの理念の内容を見ると「目標達成」や「成長」などの言葉が前面に出ているケースが多いです。本来、理念はメンバーのモチベーションを高め、心から実現したいこと、目指すべき方向性の指針となるはずのものですが、いつの間にか売上達成や企業の成長が目的となっているケースがほとんどではないでしょうか。これは、『ティール組織』でいうところのオレンジのパラダイムが前提になっています。

もしくは社会貢献や環境保護などSDGsの文脈に沿った崇高なことを定めていても、実際の事業内容や組織の中身が伴っていない場合も多いでしょう。企業としてそういったことを謳わなければ社会から認められない、遅れている企業と思われるのではないかといったプレッシャーがあるのかもしれませんが、これは「SDGsウォッシュ」と呼ばれ、激しい批難の対象になります。

「ティール組織」でいうレッド、アンバー、オレンジ、グリーンまでの組織では環境は自らを脅かすという恐怖・自己防衛本能によって突き動かされているといわれています。これは、生き残りへの執着です。一方でティール組織では**生き残りへの執着はなく、自らの存在目的によって突き動かされます。**なぜ成長が必要なのか、なぜ売上を達成することが重要なのか、なぜこの組織は存在するのか、既存の理念ではそういったことは欠けている場合があります。

エボリューショナリー・パーパスとは直訳すると「進化する目的」などと訳されますが、単に存在目的とも訳されています。この「エボリューショナリー」のニュアンスは「目的は進化する、変化する」といったものです。多くの理念は1度トップで策定されると基本的には変わらないものですが、エボリューショナリー・パーパスとは**組織を生命体のように生きたシステムとして捉え、組織が向かいたがっている方向やありたい姿への情熱に耳を傾け、それに寄り添っていくこと**を目指します。1度定めた理念に固執すると組織がいま本当に向かいたがっている方向へ進むことを阻害し、エネルギーを下げることになるのです。

本節では複雑系科学や生命の進化の仕組み、自然の姿からエボリューショナリー・パーパスの本質について探っていきます。

▼生命の進化の源

自然界と人間界は大きく異なります。全てを理解しているリーダーによって生き残り戦略が組まれ、トップダウンで指令が末端に行き渡り、構成要素がそれぞれ任された役割を担う。自然界は、このようなつくりになっていません。例えば森は誰かの計画によって紅葉や落葉を制御されているわけではなく、それぞれが環境と調和することで変化していきます。

例えば体内では血糖値が下がったときはグルカゴン、コルチゾール、アドレナリン、ノルアドレナリン、成長ホルモン、チロキシンなどが関わっていて、血糖値が上がったときはインスリンが調整をします。それぞれのホルモンが独りよがりに分泌されると体内のバランスはすぐに崩れてしまいます。今までは脳が全ての臓器を管理していると考えられていましたが、いまでは**各臓器や細胞が自律的にコミュニケーションをし、全体の調和を取って変化していることがわかっています。**機械的な組織で行われる「予測→制御」では、予測の精度が追いつかない、もしくはリーダーの負担が大きすぎる状態になっていきます。一方でそれぞれが自律的に「感知→応答」をしていくことで複雑な世界に対応していくことができます。

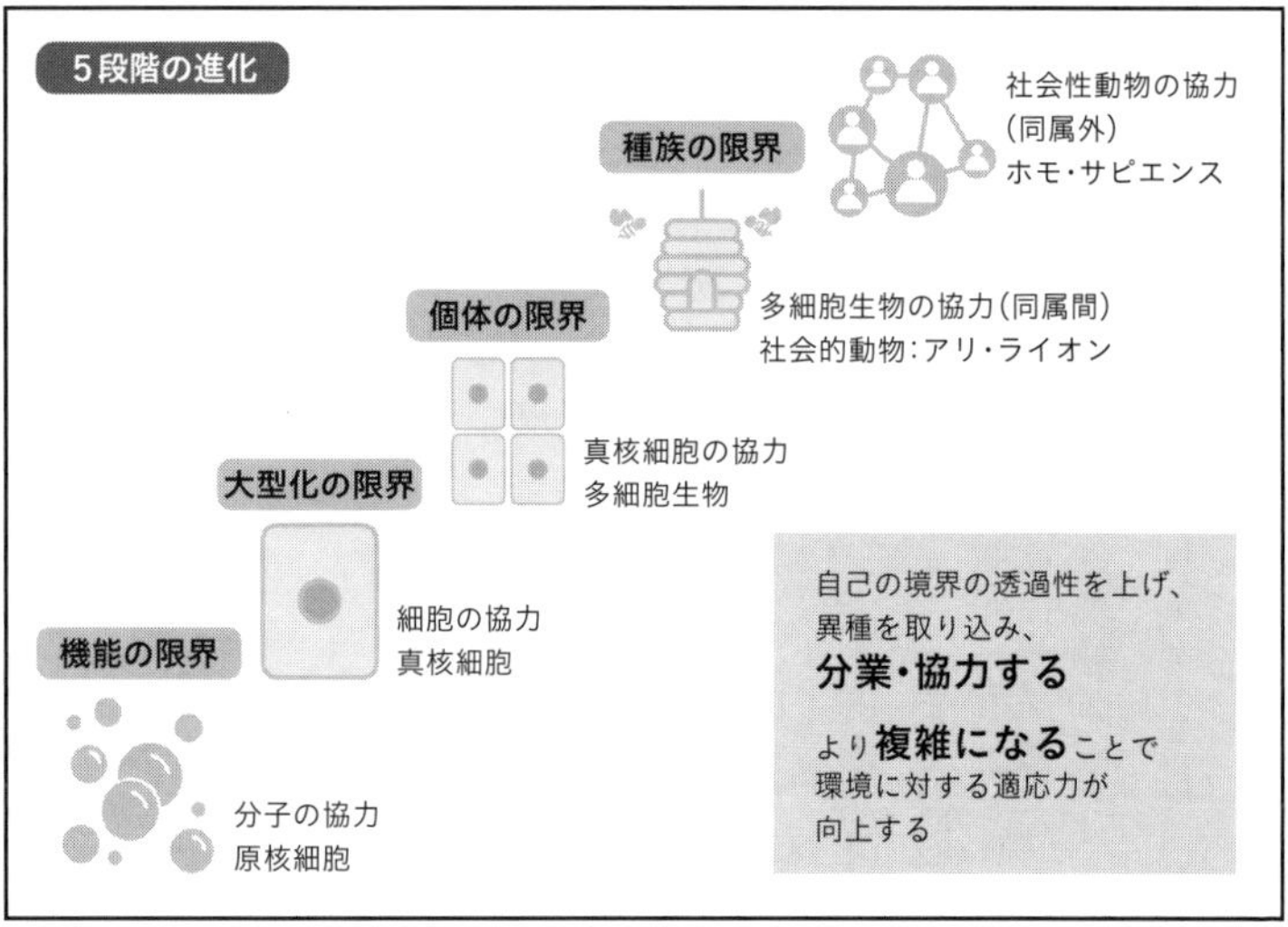

■ 図10-4 生命の進化の5段階

進化生物学を研究している東京大学教授の市橋伯一氏は生命進化のパターンとして次の5段階をまとめています(図10-4)。

- DNA、RNA、タンパク質、資質などの分子間の協力による細菌の進化。
- 細胞内に取り込んだ細胞と取り込まれた細胞の協力による真核細胞の進化。
- 真核細胞同士の協力による多細胞生物の進化。
- 血縁のある多細胞生物間の協力による社会性の進化。
- 血縁のない多細胞生物間の協力による社会性の進化(真社会性)。

そしてこの進化の共通のパターンとして協力関係があることを指摘しています。このように生命には異種と協力しながらより複雑な方向に進化する大きな流れがあり、そして複雑性を構成する多様なメンバーによって環境への適応力を上げていくのです。

▼エボリューショナリー・パーパスを組織に生かす

カウフマンは著書『自己組織化と進化の論理』（筑摩書房）の中で、自己組織化は秩序とカオスの間にある「カオスの縁」で起こり、そして生物進化においては、まず自己組織化が働いて初期の形をつくり、のちに自然淘汰が生き残りか淘汰かを決めると述べています。つまり多様なメンバーによるエネルギーとそれらのつながりと協力によって自己組織化が起こり、その変化の感覚がエボリューショナリー・パーパスとしてメンバーに感覚に降りてくるのです。

ビジネスに置き換えると自然淘汰はマーケティング、自己組織化はイノベーションだといえます。ドラッカーは企業の基本機能をマーケティングとイノベーションとしましたが、現在の多くの企業では自然淘汰の恐怖を克服するために市場を分析するマーケティングに重きを置いています。これでは、メンバーのエネルギーから立ち上がってくる自己組織化によるイノベーションが置き去りにされてしまっています。

エボリューショナリー・パーパスが立ち上がるためには**メンバー一人ひとりが環境に対するセンサーとなり、感じた変化を伝達するような場が必要**です。具体的にはメンバーの感性を抑圧しない開かれた組織であり、定期的な対話の機会があることです。そしてセンサーの感知範囲を広げるべく構成メンバーの多様性を担保することも重要です。メンバーが1人増えるだけで組織内のエネルギーが変わり、自己組織化によって立ち上がってくるエボリューショナリー・パーパスも変わってくるかもしれません。メンバーが加わるタイミングも含め定期的に「この組織はどこに向かいたがっているのだろうか」と耳を傾けることが必要でしょう。

世界はもともと複雑で予測できないものです。そして、私たちの認知機能や科学技術の発達によって複雑な世界をありのままに感じることができるようになってきました。そんな中でも組織の進むべき方向のアンカーになるのが自己組織化によって立ち上がってくるエボリューショナリー・パーパスです。組織は全く未来を予測せず、全てを成り行きに任せていくことで成り立つわけではもちろんありません。ですが、「予測→制御」の要素を少し小さくし、自然なエネルギーの流れに身を任せる「感知→応答」の要素を少し取り戻していくと生命の進化としてナチュラルな状態になれるかもしれません。

POINT

☑ 多くの企業の理念は形骸化されていて、モチベーションの源泉や目指すべき方向性を示す機能を失っている。
☑ エボリューショナリー・パーパスとは環境に対して感知→応答し、常に変化していく組織の存在目的である。
☑ 生命の進化は自然淘汰と自己組織化によって起こり、メンバーの多様性を増やすことで環境に対するセンサーが増え、より精度の高い目的が立ち上がってくる。

具体的な方法

・リーダーによる「予測→制御」のみでなく、メンバーの自律的な「感知→応答」の要素を取り入れていく。
・多様なメンバーをありのままに受け入れる。
・新しいメンバーが加わるタイミングなどに定期的に自社の存在目的に対する対話を行う。

おわりに

生命科学でヒト・組織の問題は解決できる

本書では、30のテーマを生命科学的に解説してきました。これまで古典的な経営学、心理学的なアプローチでしか説明されていなかったことが生命科学によって、より深く理解できることがおわかりいただけたのではないかと思います。手法や経験則の伝聞では捉えきれなかった深い部分、ヒトと組織の中で起こっている問題が立体的に捉えられるようになったのではないでしょうか。生命科学を学ぶ意義は、まさにここにあります。

生命科学を含む科学は私たちにパワフルな洞察を与えてくれますが、その前提が変わるとき、物事の見え方も大きく変化します。今までの当たり前である前提を疑えば、問題だと思っていたことが当たり前になり、何でもないと思っていたことが問題になったりします。だからこそ私たちは常に探求を続けていく必要があるのです。

▼生き残りから生きがいへ

最後に実験を1つご紹介します。アメリカのイリノイ大学のソル・シュピーゲルマン氏の実験です。遺伝物質であるRNAとRNA複製酵素、RNAの材料となる物質を混ぜて温めると、RNAは倍々に増えていきます。しかし、この反応を繰り返し行うと複製スピードは上がり、短いRNAが合成されはじめ、もともと4000塩基あったRNAが200塩基まで短くなりました。そして内部にコードされていた遺伝子も短くなることで消失してしまいました。これは、「人工的に進化する生命体をつくれた」ともいえますが、どこか通常の生命体とは違うような気がしませんか？　実は生命の進化と非生命の進化には「現状維持・単純化」と「複雑化」の違いがあるのです。

これはヒトと組織にも同じことがいえます。ヒトも組織も現状維持・単純化の方向に進んでいくと、物理としての生命とは別の「生命性」と呼べるものが生まれなくなってしまうのです。それは外部環境との対立が前提の「生き残り」のOSで動いている状態かもしれません。生命体として生き残りや現状維持はとても大切です。しかし、私たちの中には別の仕組みを備わっています。それは「生きがい」のOSです。「生き残り」のみで生きている状態を「生命1・0」とするのであれば、それに「生きがい」を加えた状態は「生命2・0」と表現できるでしょう。

アップデートするというよりも、本来の姿に戻るといったイメージです。

生命情報が刻まれている遺伝子のことを「GENE」（ジーン）といいます。リチャード・ドーキンスは『利己的な遺伝子』（紀伊國屋書店）の中で、「すべての生物は、遺伝子を運ぶための生存機械だ」と表現しています。一方で彼は「MEME」（ミーム）という言葉も提案しています。これは文化、情報、技術、考え方、意志など文化を継承するための伝達単位を指します。生き残りのためにジーンのみを残すか、生きがいによるミームを残すか、これはヒトも組織も共通する生命体として命題といえるでしょう。生命体の唯一の定めは「死」のみですが、どんな生き様を選択し、表現するかは自分次第なのです。

▼生命体としての自分との対話

私たちは数字を達成するために淡々と働く無機質な機械ではなく、意志を持った有機的な生命体です。しかしその意志はときに自身の身体から切り離され、一人歩きしてしまうことがあります。頭では無理をしていないと思っていても、身体には負荷がかかっている、身体はワクワクしているのに頭でそれを抑えようとしてしまうなど身体と分離された状態です。生命体は何億年もかけて自身の構造・デザインを自然に調和の取れた状態に進化させてきました。そこには生命のデザイナーの意志とも呼べるものがあるのかもしれません。その意志を理解したうえで身体の声に耳を傾けることができれば、自身が今まで問題だと思っていたことが当たり前になり、何でもないと思っていたことが課題となったりします。取るべき選択も見えてきます。人生100年時代といわれている現代で、働き方やチームのあり方はより生命としてナチュラルな状態でないと長く続けることは難しいでしょう。たくさんの方が生命として生き生きと働けること、本書がその環境づくりの一助となることを願っています。

2021年6月　鈴木 泰平

- アントニオ・R・ダマシオ著、田中三彦訳『感じる脳』2005, ダイヤモンド社
- 佐藤友亮『身体知性』2017, 朝日新聞出版
- 安宅和人『イシューからはじめよ』2010, 英治出版
- 安宅和人『シンニホン』2020, ニューズピックス
- 日本人間性心理学会編『人間性心理学ハンドブック』2012, 創元社
- 神田房枝『知覚力を磨く』2020, ダイヤモンド社
- 鈴木規夫、久保隆司、甲田烈『入門 インテグラル理論』2020, 日本能率協会マネジメントセンター
- タルマ・ローベル著、池村千秋訳『赤を身につけるとなぜもてるのか?』2015, 文藝春秋
- 山口周『世界のエリートはなぜ「美意識」を鍛えるのか?』2017, 光文社
- 日本認知科学会編、阿部慶賀著『創造性はどこからくるか』2019, 共立出版
- エリック・R・カンデル著、高橋洋訳『なぜ脳はアートがわかるのか』 2019, 青土社
- 塚田稔『芸術脳の科学』2015, 講談社
- 秋元雄史『アート思考』2019, プレジデント社
- 末永幸歩『13歳からのアート思考』2020, ダイヤモンド社
- フローレンス・ウィリアムズ訳、栗木さつき、森嶋マリ訳『NATURE FIX』2017, NHK出版
- 宮崎良文『Shinrin-Yoku(森林浴)』2018, 創元社
- 石山恒貴著『越境的学習のメカニズム』2018, 福村出版
- ゲイル・サルツ著、竹内要江訳『脳の配線と才能の偏り』2017, パンローリング
- 仲野徹著『エピジェネティクス』2014, 岩波書店
- スチュアート・カウフマン著、米沢富美子監訳『自己組織化と進化の論理』2008, 筑摩書房
- スチュアート・A.・カウフマン著、水谷淳訳『WORLD BEYOND PHYSICS』2020, 森北出版
- 桜田一洋『亜種の起源』2020, 幻冬舎
- 中山智晴『競争から共生の社会へ〔改訂版〕』2016, 北樹出版
- 久保隆司『ソマティック心理学』2011, 春秋社
- 清水博『〈いのち〉の自己組織』2016, 東京大学出版会
- 市橋伯一『協力と裏切りの生命進化史』2019, 光文社
- ポール・J・ザック著、柴田裕之訳『経済は「競争」では繁栄しない』2013, ダイヤモンド社

- ジョンJ．レイティ、リチャード・マニング著、野中香方子訳『GO WILD 野生の体を取り戻せ！』2014, NHK出版
- デヴィッド・ボーム著、金井真弓訳『ダイアローグ』2007, 英治出版
- フランス・ドゥ・ヴァール著、柴田裕之訳『共感の時代へ』2010, 紀伊国屋書店
- ジャコモ・リゾラッティ、コラド・シニガリア著、柴田裕之訳、茂木健一郎監修『ミラーニューロン』2009, 紀伊国屋書店
- 中村和彦『入門　組織開発』2015, 光文社
- 中野信子『シャーデンフロイデ』2018, 幻冬舎
- フレデリック・ラルー著、鈴木立哉訳、嘉村賢州解説『ティール組織』2018, 英治出版
- ボストン コンサルティング グループ 編著『BCG 次の10年で勝つ経営』2020, 日本経済新聞社
- 丹羽真理『パーパス・マネジメント』2018, クロスメディア・パブリッシング
- キャシー・L・ケイン、ステファン・J・テレール著、花丘ちぐさ、浅井咲子訳『レジリエンスを育む』2019, 岩崎学術出版社
- ヴァン・デア・コーク、ベッセル著、柴田裕之訳、杉山登志郎解説『身体はトラウマを記録する』2016, 紀伊国屋書店
- チャディー・メン・タン著、柴田裕之訳、一般社団法人マインドフルリーダーシップインスティテュート監修等『サーチ・インサイド・ユアセルフ』2016, 英治出版
- ダニエル・ピンク著、勝間和代訳『When　完璧なタイミングを科学する』2018, 講談社
- ケリー・マクゴニガル著、神崎朗子訳『スタンフォードの自分を変える教室』2012, 大和書房
- M.チクセントミハイ著、大森弘監訳『フロー体験入門』2010, 世界思想社
- ジョアン・ハリファックス著、海野桂訳『Compassion（コンパッション）』2020, 英治出版
- ダニエル・Z・リーバーマン、マイケル・E・ロング著、梅田智世訳『もっと！』2020, インターシフト
- 花丘ちぐさ『その生きづらさ、発達性トラウマ？』2020, 春秋社
- ケリー・マクゴニガル著、神崎朗子訳『スタンフォードのストレスを力に変える教科書』2015, 大和書房刊
- 島薗進、伊藤浩志著『「不安」は悪いことじゃない』2018, イースト・プレス
- C・オットー・シャーマー著、中土井僚、由佐美加子訳『U理論［第二版］』2017, 英治出版

参考文献

- 駒野宏人『「生きるスキル」に役立つ脳科学』2019, セルバ出版
- 山口創『からだの無意識の治癒力』2019, さくら舎
- ステファン・W・ポージェス著、花丘ちぐさ訳『ポリヴェーガル理論入門』2018, 春秋社
- シャスティン・ウヴネース・モベリ著、瀬尾智子、谷垣暁美訳『オキシトシン【普及版】』2014, 晶文社
- 高橋徳『オキシトシン健康法』2016, アスコム
- シャスティン・ウヴネース・モベリ著、大田康江訳、井上裕美監訳『オキシトシンがつくる絆社会』、2018, 晶文社
- 加藤雅俊著『奇跡のホルモン・スイッチ』 2019, 幻冬社
- 樺沢紫苑『脳を最適化すれば能力は2倍になる』2016, 文響社
- 樺沢紫苑『いい緊張は能力を2倍にする』2018, 文響社
- アルボムッレ・スマナサーラ、有田秀穂『仏教と脳科学』2012, サンガ
- 中野信子『脳内麻薬』2014, 幻冬社
- 加藤雅俊著『奇跡のホルモン・スイッチ』2019, 幻冬社
- 中尾光善『環境とエピゲノム』2018, 丸善出版
- エイミー・C・エドモンドソン著、野津智子訳『チームが機能するとはどういうことか』2014, 英治出版
- ポール・J・ザック著、白川部君江訳『トラスト・ファクター』2017, キノブックス
- 青砥瑞人『BRAIN DRIVEN』2020, ディスカヴァー・トゥエンティワン
- 大久保孝俊『3Mで学んだニューロマネジメント』2017, 日経BP
- Johnmarshall Reeve, Ching-Mei Tseng, “Motivation and Emotion volume 35 Cortisol reactivity to a teacher's motivating style: The biology of being controlled versus supporting autonomy”, 2011
- ジャン・デセティ、ウィリアム・アイクス編著、岡田顕宏訳『共感の社会神経科学』2016, 勁草書房
- ポール・J・ザック著、白川部君江訳『トラスト・ファクター』2017,キノブックス
- ロッシェル・カップ著『日本企業の社員は、なぜこんなにもモチベーションが低いのか？』2015, クロスメディア・パブリッシング
- 柴田彰『エンゲージメント経営』2018, 日本能率協会マネジメントセンター
- ユヴァル・ノア・ハラリ著、柴田裕之訳『サピエンス全史 上・下』2016, 河出書房新社
- サイモン・シネック著、栗木さつき訳『WHYから始めよ！』2012, 日本経済新聞出版社

本書内容に関するお問い合わせについて

このたびは翔泳社の書籍をお買い上げいただき、誠にありがとうございます。弊社では、読者の皆様からのお問い合わせに適切に対応させていただくため、以下のガイドラインへのご協力をお願い致しております。下記項目をお読みいただき、手順に従ってお問い合わせください。

●ご質問される前に

弊社Webサイトの「正誤表」をご参照ください。これまでに判明した正誤や追加情報を掲載しています。

正誤表　https://www.shoeisha.co.jp/book/errata/

●ご質問方法

弊社Webサイトの「刊行物Q&A」をご利用ください。

刊行物Q&A　https://www.shoeisha.co.jp/book/qa/

インターネットをご利用でない場合は、FAXまたは郵便にて、下記“翔泳社 愛読者サービスセンター”までお問い合わせください。
電話でのご質問は、お受けしておりません。

●回答について

回答は、ご質問いただいた手段によってご返事申し上げます。ご質問の内容によっては、回答に数日ないしはそれ以上の期間を要する場合があります。

●ご質問に際してのご注意

本書の対象を越えるもの、記述個所を特定されないもの、また読者固有の環境に起因するご質問等にはお答えできませんので、予めご了承ください。

●郵便物送付先およびFAX番号

送付先住所	〒160-0006　東京都新宿区舟町5
FAX番号	03-5362-3818
宛先	（株）翔泳社 愛読者サービスセンター

※本書に記載されたURL等は予告なく変更される場合があります。
※本書の出版にあたっては正確な記述につとめましたが、著者や出版社などのいずれも、本書の内容に対してなんらかの保証をするものではなく、内容やサンプルに基づくいかなる運用結果に関してもいっさいの責任を負いません。
※本書に記載されている会社名、製品名はそれぞれ各社の商標および登録商標です。

著者紹介

鈴木 泰平（すずき・たいへい）

東京理科大学基礎工学部生物工学科卒。大学で分子生物学やタンパク質工学、エピジェネティックスなど生命科学を幅広く学ぶ。「研究者になりたい」という志を持って入学したが、研究室の風土が合わず挫折を経験する。また大学アメフト部での活動の中、チームの雰囲気の良さによって個人のパフォーマンスやチームのモメンタム（勢いや流れ）が大きく変わることを体感。「人は場の雰囲気や風土に大きく影響される」ということを強く実感し、組織開発に興味を持つ。

その後ワークハピネスに参画。自身のバックボーンである生命科学のナレッジを生かした人材育成・組織開発の手法を開発、提供をする。

自身の探求テーマは「生命の原理原則に基づいた人材育成」「場に命を与える組織開発」。

● カバーデザイン　山之口 正和（OKIKATA）
● 本文デザイン　山之口 正和＋沢田 幸平（OKIKATA）
● DTP　BUCH$^+$

科学的に正しい
チームメソッド30

メンバーが実力以上の力を発揮できるチームの作り方

2021年8月26日　初版第1刷発行

著　　者　鈴木 泰平
発 行 人　佐々木 幹夫
発 行 所　株式会社 翔泳社（https://www.shoeisha.co.jp）
印　　刷　昭和情報プロセス 株式会社
製　　本　株式会社 国宝社

ISBN978-4-7981-6975-0　Printed in Japan